李健健 主编

吏传

LIZHUAN

7

中国文史出版社

图书在版编目(CIP)数据

立传.7/李健健主编. —北京：中国文史出版社，2014.6
ISBN 978-7-5034-5060-0

Ⅰ.①立… Ⅱ.①李… Ⅲ.①传记文学－作品集－中国－当代 Ⅳ.①I25

中国版本图书馆CIP数据核字(2014)第119824号

本书由中国华信能源有限公司资助

立 传 7

主　　编: 李健健
责任编辑: 马合省　卢祥秋
封面设计: 创佳工作室
出版发行: **中国文史出版社**
网　　址: http://www.chinawenshi.net
社　　址: 北京市西城区太平桥大街23号　邮编: 100811
电　　话: 010-66173572　66168268　66192736（发行部）
总 策 划: 北京瀚青立传文化传播有限公司
网　　址: http://(www.lizhuan.net　E-mail:hqlizhuan@163.com
印　　刷: 北京东君印刷有限公司
开　　本: 170mm×240mm
印　　张: 22印张　字　数: 250千字
版　　次: 2014年6月第1版
印　　次: 2014年8月第1次印刷
定　　价: 59.80元

卷 首 语

陈思和

新世纪以来，中国经济高速发展、和平崛起于世界已经成为一个事实，但是离作为一个世界性的强国还有不小的距离。其原因之一，作为一个世界性的强国，除了有高度发展的经济作为基础以外，同时还必须承担起人类各个领域的重大责任，培养一批世界著名的领袖人物，输出具有民族特色的思想文化造福于全人类。没有伟大人物的伟大民族是不可想象的。

腾飞前的中国是一条潜龙，它从身处深渊到腾云驾雾，必然会拖泥带水，翻天覆地，近百年来民族经历的苦难屈辱和内乱外患所造成的积习沉渣都会汹涌泛起，形成今天社会的种种问题和矛盾。但是我们相信，中华民族如果不是潜藏着巨大生命能量和人性积极因素，绝不可能在短短的30年内获得如此快速的发展。目前，世界注视着中国，中国也必须有一种新锐的眼光来发现和发扬自己民族的优秀、健康和阳刚因素。这也是民族精英在改革开放30年里脱颖而出的关键所在。

本丛书以传记为主要媒介形式，以当代中国各个领域的优秀人物以及未来中国思想文化的创造者和探索者为关注对象，通过新传记形式来书写优秀人物身上的积极因素，通过具体的人物故事的书写，进而达到弘扬民族文化精神的目标，高扬人文精神和人性的力量，讲述创业人士的艰辛之路，传达各个领域的探索成就，树立中华民族在21世纪必然造福于人类的自信。

本丛书所提倡的人物传记，不是传统意义上的史料为主的年谱式传记，更不是新闻体的人物报道、浅层次的人物采访和娱乐性的八卦小道消息，而是用文学笔法写真实的人物，叙真实的事件，传真实的思想，强调当代中国的民族精神和积极因素。

本丛书面向高端，整体展现当代中国优秀的头脑、前沿的思想和尖端的信息；立足普及，通过文学的描述、励志的事迹、人性的传达以及审美的形式，将民族的优秀人物事迹呈现给大众，将中国未来的美好理想介绍给世界。力求各阶层读者都可以从中获得励志榜样和人生启迪，海外华人读者可以从中了解中国的现状和未来。

2011年10月10日于上海

目 录

　　虽然我们这一代错生在一个毫无文化含量的时代里，虽然当时的学校斯文扫地，不学无术，像个文化垃圾场，但是请你们相信，在一个最混乱的年代里，在一个少年的心中，教师仍然是神圣的职业。你们在一群群无知少年中间走来走去，满腔怨恨，眼睛里看出去的可能是发自内心的鄙视，但又不敢发出丝毫抗议之声，唯恐灾难降临到你们的头上。但是还是要请你们相信，在这无知少年的一群里仍然有人记得你们，尊敬你们，把你们的名字深深记在心中作为一种荣耀。你们的一言一行仍然在教育我们，影响我们，直到我们长大成人。

　　我的外祖父始终是以对社会的警惕和提防的态度来熏陶我，要求我独立地做人，独立地追求，尽可能不要受到这个社会的伤害。这些社会经验在我还没有踏入社会就灌输给我了，但是，现在我突然感受到一种从未有过的开阔的襟怀，仿佛真的容纳了很多很多的空间。

　　之所以选择周长胜作为传主为其立传，是因为他的生命彰显了坚毅、勤奋和自我改变命运的真实性。他从挖煤、拉筐的井下工人成长为书画艺术家的传奇人生，给我们的启示为：人的力量是内心的力量。人只有从内部进行变革，产生"内发力量"，才能维护生命尊严，追求人生幸福，最有价值、最有意义地开发自我潜力,一切梦想皆成现实!

周长胜遭遇厄运,并从人生的低谷艰难跋涉。奋斗的人,苍天厚爱。他牢牢把握求学的机遇,之前从没有见过宣纸的他,竟能以超人的意志追赶并完成学业,使自己走出困境,抵达水草丰美的溪畔。在绘画领域,他不断求学、精进,虽不能独步画坛,成为巨擘,但他改变命运轨迹的人生,像一面镜子折射阳光。

北漂画家仿佛被卷入滚滚红尘,你不得不随着洪流向前奔涌,追名逐利,渴盼成功,焦灼、屈尊、无奈常常在夜深人静时吞没自己。原本是闲情逸致、愉悦身心的雅事,有时却变成枷锁,沉重而痛苦。

■活雷锋郭明义　　　　　　李春雷／159

历史真是惊人地相似!雷锋和郭明义这两个时代典型,虽然相差半个世纪,却有着太多的交集:都是鞍钢工人,都在铁矿上班,都从这里入伍,都在东北那疙瘩儿当兵,而且都是汽车兵……最让人不可思议的是,介绍他们入伍的竟然也是同一个人——余新元。

其实,我们每一个人距离崇高并不远,只要你相信它存在,只要你不懈地追求,只要你从一点一滴做起,你就会一点点地接近崇高,变成一个高尚的人。

有人总结,郭明义有四献:献血、献工,献钱物、献遗体。这四献,几乎就是一个人的一切。可是,郭明义说,其实我只献出一个字:爱——对这个国家、这个社会的深情挚爱!

■浮光掠影看今生——王宝库自传　　　　　　王宝库／245

我终于出世了,呱呱坠地之后的哭声自然是底气不足。据大人告知，我出世后的肉体似乎是一只退了毛的小老鼠而极度地缺斤短两，堂房大个子伯父所穿布鞋的任何一只，都可以放得下我。

我这一家祖父辈婚姻关系的数度调整和奇特组合，跌宕起伏，转圆曲折，奇奥诡谲，颇富戏剧色彩，当堪称太行山民情风俗千年延续的一个当代反映。

我这一辈子经历了诸多大不幸，然而这些大不幸却往往皆能转化成为大幸运，从而印证了中国文化"福兮祸之所伏，祸兮福之所倚"之大辩证。

■追忆潘先生 金德仪 / 293

潘先生喜爱年轻人的朝气。除了讲课日，白天和晚上本地外地都有自荐上门的人。潘先生来者不拒，有问必答，他说凡是好学生，他均愿传授。

潘先生一无提纲手稿，从容不迫，侃侃而谈，前后章节衔接，有引申补缺，又复回原处。他的脑子一如电脑精确，出口成文，一无差错，如数家珍。台上的潘先生谈吐风度，光彩夺目，与台下似乎说话不多的他判若两人。

■把自己当传主 给文学开生路 王成军 / 311
——自传是实行"为生者立传"的最佳模式之一

之所以提倡更多的人参与自传写作，是因为，即使是当时普通的一个市民，假如他能把他所观所历，记诸笔端，哪怕是口述方式记载，也是对历史甚至是文学的贡献。

我们主张自传出版的及时性，反对自传的延迟某某年后出版的方式。只有这样，自传的对话性特征才能得以实行，由此来看，主张"为生者立传"还是个颇富有道德价值的学术话题。

一个人的生命最好能由他本人来记录。如果他能言行一致，利用他曾经使许多人永垂不朽的清晰言辞、优雅文字，来书写自己一生的历史，那么，在世间的传记文学中，也许会留下一部完美的典范之作。

我的中学时代

陈思和　著

一、靖南中学

1967年11月，经过了一年多时间的孤魂野鬼似的日子以后，我们这批小学毕业生终于也要归口了。考试制度已经废除，全上海的小学中学都一片混乱，校长领导被批斗，教师们纷纷组织各种造反队、战斗队，互相对立和争斗，陷入了愈演愈烈的派性之争，学生组织之间武斗不断，不过也都是小打小闹，打群架而已。这一年多我基本上在家里闲居，没有到学校去，到暑假就接到了学校的通知，说这次小学生进中学都是按照地区划分，我所住的凤城地区归附近一个普通中学。但是好像也没有任何教师来联系，就这样我从邮递员手里拿到一张入学通知书，就成了中学生。

靖南中学不是一家有历史的学校。它建立于1964年，大约是为了适应杨浦区工人新村孩子就近上学的需要设立的，程度也不高。听说因为靠近杨浦名校控江中学，它起先取名为控江二中，但遭到了控江中学的反对，以为是侵犯了名校的名誉权；又因为它建立在控

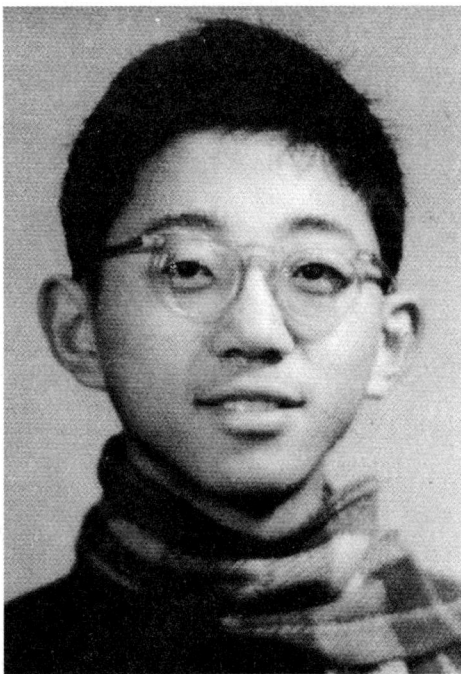

中学时代的陈思和，摄于1969年，上海市杨浦区鞍山照相馆。

注： 本文是作者正在写作的自传《土中蛹》的一个片断，记载了作者在"文革"中的中学时代。

江路边上一条小马路靖宇南路上，故也曾打算取名靖宇中学。上海路名是按照全国地理方位来设名的，杨浦区地处东北，以东北三省城市设路名。东北有靖宇县，为纪念抗日英雄杨靖宇将军，但杨浦区设靖宇南路，应该是取自靖宇县而非取自杨靖宇，可是一旦学校取靖宇为名又有麻烦了，有关部门考虑到以英雄为校名还是慎重为宜，所以改作了不伦不类的靖南中学。由此可见，这所学校实在是没有什么地位和影响，也被人看不大起的。

我那时已经结交了一批少年朋友，都是本幢楼上下的邻居们。那位父亲在检察院工作的朋友名叫王沂波，是我少年时代最要好的伙伴，他是山东沂蒙人氏，母亲是华东师大中文系毕业的大学生，左手能写出一笔好字，很有文化修养。王沂波身材壮实，十四五岁已经人高马大，终日穿军装，戴军帽，是典型的"大模子"；我比他瘦得多，但身子也在不断往上蹿高，我发育早，个头也不矮，肩宽腰细，那时候叫作"三角身坯"。我们俩进中学以后几乎形影不离，这给我们也带来了好处，一般爱惹是生非的小混混不大敢欺侮我们。我们俩住在一个楼里，他住101-103，我住113-114，我们整日无所事事，经常就两手插在裤袋里，晃来晃去地在敞开式走道上瞎聊天（上海方言叫"吹牛皮"，并不是说谎的意思）。他那时候能从父亲那里看到一些内部书，什么拿破仑啊，十大元帅啊，经常是我们之间聊天的话题。记得接到通知书的时候，我们就知道是分在一个班级，我问他说：听说这家中学风气很坏，被人称作流氓阿飞学校，是这么回事吗？他仰着头说，不怕，我有一个朋友叫陈某某，是凤城地区"一只鼎"，也在靖南中学，碰到麻烦可以找他。但后来这个"一只鼎"的陈某某从来就不曾出现过。有一次放学回来，突然路边窜出几个流氓打了王沂波，到底什么原因也不知道，而且看得出来，王沂波虽然个头高大，其实不会打架，显然是吃亏了。我去他家安慰他，他一声不响地坐在书桌前，用一支笔在纸上不停地写着一个名字，就是陈某某，似乎是想让这个"隐身哥们"出来为他报仇，但到底

也没有发生两肋插刀的侠义
故事。

　　同一幢楼里还有一位
与我很要好的少年伙伴，叫
周建国，比我高一年级，
靖南中学小分队的成员。这
么乱七八糟的中学里照样有
文艺小分队，这是时代的奇
迹。"文革"时代野蛮成风
气，但几乎从来没有间断过
群众文艺生活。红卫兵一方
面凶神恶煞似的批斗教师走
资派，另一方面各家组织都

毕业前同学留念，王沂波、陈思和。在
杨浦公园，摄于1970年。

有毛泽东思想文艺小分队，涂脂抹粉载歌载舞，逢年过节都要组织上
街搭台演出，那倒不是忠字舞什么的准宗教活动，而是很不错的歌舞
节目。大多是抬头望见北斗星心中想念毛泽东之类的流行歌，一些少
数民族歌舞也还吸引人。周建国在靖南中学文艺小分队拉二胡、手风
琴什么的，有时候也在群众性舞蹈节目里当配角。个性非常活泼，有
很长一段时间，我们三天两头在一起。小分队经常晚上演出，白天没
有事他就跑到我家来，坐在门口吹口琴拉二胡。我只管自己看书，他
坐在一边拉琴，气氛非常默契。他经常告诉我一些靖南中学里的流氓
阿飞故事。当时中学生私自谈恋爱都被叫作流氓阿飞，他说的故事一
般都是小分队外出演出时，谁为谁洗衣服裤子之类的事情，但说到裤
子似乎就有了一点暧昧的意思。有时候也说一点真格的"流氓阿飞"
行为，那就是意味着"上床了"。当时他似乎也有一个朦胧的对象，
苦于说不出来，就一直说别人的故事。周建国喜欢我家的一把红木二
胡，是我外祖父珍藏的，外祖父拉得一手好二胡，但那时候他已经意

兴阑珊，早就不玩了。周建国每次来就拉着这把二胡，一次把它带出去演出了，接着四五天没有消息。一天晚上他突然敲门，让我出去说话。他紧张地告诉我，小分队出事了，受到对立派的突然袭击，他们一派的几个红卫兵头头都被打伤，其中一个红卫兵团负责人张某某鼻梁骨被打塌。他在逃命中抢出了这把二胡，但琴鼓蛇皮破碎了。他不知道用什么皮蒙在上面，碎掉的红木花纹又被装上新的，刻出了"二胡"两个字的花纹。我向来不惜物，

毕业前同学留念，摄于1969年，周建国，陈思和，背景为居住的凤凰村。

只要外祖父不发现，我倒是无所谓，就混过去了。后来几次搬家这把二胡也不知道流落何方。

　　靖南中学的故事，就是从这些伙伴嘴巴里陆续传到了我的耳中，让我对它充满好奇的想象。这样终于到了1967年11月初的一天，天色晴朗，我与王沂波怀着半是忐忑半是兴奋的心理踏上靖宇南路，这条路并不长，走过去就是靖南中学了。远远看去，门口一片黑压压的人群，高音喇叭发出战斗声讨的怪响，红卫兵们手执短铁棍，拥挤在门口两边。气势不像是欢迎新学期开学，倒像是一场严阵以待的武斗即将爆发。王沂波似乎有点担心，问我：好像有武斗，要不要进去？我当时内心充满了冲动，急于想知道这是一个乱成什么样子的中学，就脱口说，开学了，总是要进去看看的。于是我们就壮了壮胆，雄赳赳地朝这黑压压的人群走去。迎面是一场批斗会。一个教师身份的造反队队员使劲揪住一个脸色灰白的中年女人的颈脖，站在人群当中大声

呵斥。那女人脸孔浮肿，头发又脏又乱，发出鬼怪般的叫声，好像是在自报罪行，为了加强效果，两只手拿着破铁盆和铁棒，说一句敲一下，鬼哭狼嚎。我们真有点被吓住了。后来有人告诉我们，这个女人是"历史反革命"，姓钱，学校里的职员，"文革"中最早被揪出来的。今天是"文革"后开学第一天，所以造反派要把她揪出来"祭"一下。

艰难地穿越人群，我们终于到达了学校大楼。一幢大约四层新式教学大楼，L形，长的一边是教学大楼，短的一边好像是会场。印象中教室里没有一扇玻璃是完整的。走廊墙壁上都是互相攻击的大字报，从外面看过去，远远地就看见从顶楼垂下来大幅标语，每个字都是墨汁刷出来的，三尺见方："打倒金某某！打倒庄某某！"但是又有人马上告诉我，这金某和庄某都是"校革委会"的领导，"教师造反派"的头头，现在正掌握着学校的大权，大标语是对立派故意刷的，大约也是为了给新学期添加战斗气氛。当时还有一个原来的学校领导被结合进了"革委会"领导班子，名叫王友德，高个子，长眉细眼，一脸和气，忙进忙出的总是他在做事。

杨浦区的学校可能真是不多，这批新入学的学生人数特别多，五十多人一个班级，共分了十四个班级。当时共青团组织已经被砸烂，红卫兵组织成为管理学生的唯一组织。红卫兵建制是向军队学的，学校最高组织叫作"红卫兵团"，简称"红团"，每个年级有"红排"，每个班级分别建立"红班"。教师基本不管学生，但也各班分配一个班主任。十四个班级十四个班主任，我记性不错，为了写这篇文章，努力回忆一下，还能记得各班班主任的名字：一班是陆其龙老师，写得一手很好的毛笔字；二班是董锡梁老师，身材高大而粗壮，同学背后唤他阿董；三班欧阳曼丽老师，一位复旦数学系毕业的女教师；四班陆润清老师，青年教师；五班金德骅老师，六班沈耀芬老师，七班钱渝老师，八班记不清是一位姓林还是姓何的女教师，九班吴立人老师，十班胡冠芳老师，十一班黎瑞雄老师，十二班汪琰老师，十三班袁圣清老师，十四班王荷生老师。我今天战战兢兢写下这些名字，并不是想炫耀自己的记性，我此刻心里充满着感恩激情（不好意思，突然想到，昨天刚刚过了西方流行的感恩节）：虽然我们这一代错生在一个毫无文化含量的时代里，虽然当时的学校斯文扫地，不学无术，像个文化垃圾场，但是请你们相信，在一个最混乱的年代里，在一个少年的心中教师仍然是神圣的职业，你们在一群群无知少年中间走来走去，满腔怨恨，眼睛里看出去的可能是发自内心的鄙视，但又不敢发出丝毫抗议之声，唯恐灾难降临到你们的头上。但是还是要请你们相信，在这无知少年的一群里仍然有人记得你们，尊敬你们，把你们的名字深深记在心中作为一种荣耀。你们的一言一行仍然在教育我们，影响我们，直到我们长大成人。

我列举的这些班主任，大多数并没有给我上过课，有几位甚至没有与我说过话，他们也不可能记得我这样一个不起眼的学生，但是他们走在校园里、教室里、操场上，大声或者轻声说话，他们的风采都印在学生们的心田里。1967年底"文革"的动乱还在深入中，还有更加可怕的命运等待着这批教师，但是我记忆中学生与教师的关系还是好的，透过那些狰狞凶险的外在环境，许多老师与学生的关系还是相当融洽。由此我还想说说几位教过我课的老师，说说我对他们的怀念。

我被分配在十三班，前后有过两个班主任。前一位就是袁圣清老师，非常年轻，我们那时十四五岁，她也只有二十来岁，自己还是个娇嫩的女孩子。长得清秀，小小的圆脸，生气了就红脸，嘟着嘴，一筹莫展的样子。学生不怕她，反而都有点喜欢她。不过袁老师带我们的时间并不长，过了一个学期她就调走了，听说是与一个高干子弟结了婚也换了工作。后一位班主任严隽瑜老师，听说是出身苏州望族，但她非常独立，18岁就从师范学校毕业走上教师的岗位，她曾介绍自己有十八年教龄了，推算起来应该是三十七八岁左右，但看上去很见老，直直的头发，一副深色的眼镜，在我们孩子的眼中俨然是个老太太。严老师教我们语文课，说话直截了当，一本正经。记得有一次，大约是珍宝岛事件，同学们写黑板报谩骂苏联新沙皇，文章里有"檄文"两个字，"檄"字我读错了，念了白字，不知道谁背后告诉了她，第二天她碰到我，板着脸指着黑板上这个"檄"字，要我当着她的面念一遍，再给我纠正读音，我至今还记得她一脸严肃的神态。也许是因为出身"高"了一点，严老师平时比较谨慎，凡听到同学们带点自由主义的话，她总是当面纠正批评，弄得大家很没有趣。但她对我们的语文教育还是有成效的。我们这个班级后来出了两个复旦大学的大学生，一个是我，还有一个是张国良，他是新闻系毕业留校，当过新闻学院副院长，后来又作为人才引进去了上海交大，成了学科带头人。严老师家靠近吴淞，我在复旦工作后，有一段时间经常在公车上遇见她，每次说起我们俩，她都充满了骄傲的神情。

除了严老师的语文课以外，印象深的是英语课。"文革"当中没有什么像样的文化课程，语文数学都是摆摆样子的，老师不怎么认真教，学生更不认真学。只有英语课，当时还是迷住了很多同学。最初的英语老师名叫李学平，是个中年教师，风度翩翩，衣着端庄，在一个混乱粗鄙的时代里他始终穿着笔挺的中山装，保持一口纯正的普通话，醇厚的嗓音，进门就大声喊"Long live Chairman Mao"。声震屋宇，一下子就把大家镇住了。在进中学前我已经自修了一本英语自学课本，是外祖父一课课教的。外祖父年轻时在外商办的电车公司工作，懂一点"洋泾浜英语"，所以他教我的英语有很多音都不标准，用的也是一本旧教材，使用的书写体是老式的花体字，看上去很花哨。我在写作业时故意用了这种花体字，英文签名也用了过去的拼法CHEN SZI HUO。李老师在下课时特意跑到我的课桌前对我说，现在西方也已经不用这种花体字了，你以后还是用标准印刷体来写，英文拼音也要按照标准的汉语拼音来拼写。他看我神态上有些失望的样子，就安慰我说，你学英文有些基础，但是不正规地学是不行的，一定要从标准出发，才能发最准确的音，写漂亮的字。可惜我以后一直没有听从李老师的话，还是自说自话地凭着兴趣去学，所以一直也没有纠正好英语的发音。李老师后来在1968年清理阶级队伍时被揪出来，被监督劳动去打扫厕所。他一双细嫩的手根本就无法把垃圾扫进畚箕，有时候着急了，狼狈地蹲下身子用双手当作扫帚，把垃圾一点一点捧进畚箕。学生们看了都觉得心酸，几乎没有调皮捣蛋的学生去侮辱他。我曾听班上女同学说，她们每次看见李老师干不了粗活的狼狈样子，都想去偷偷帮助他，但又不敢，怕被人看见了汇报上去受批评。李老师被批斗后，英语老师换了刘镇源老师，我的感觉里是一位和善的老太太，头发花白，身体很不好，脸是浮肿的，据说是有严重的心脏病，说话声音很低，有板有眼。但孩子眼睛里看不出别人的年龄，现在想起来也许刘老师也只有四十多岁。由于有英俊潇洒的李老师在前，这个平平凡凡的老太太就不太有吸引力，课也就平淡地过去了，但她对我却有特殊的帮助。我当时正在自学英语，她主动借了一本英语语法自学教材给我，并且在她指导下我学完了这本语法教材。我的一点英语基础就是她帮助我打下的。那个时候教师帮助学生学习文化知识不但无功反而有罪，这一点教师都有切肤之痛。她在课外指导我英语，主要形式是我主动向她请教，她被动地答疑，每次指导完毕，她总是微笑着说：你已经学得太多了，可以停止了。但我下次找她请教，她依然耐心地教我。两年半的中学生生活，刘老师成为我接近最多的老师。

最后还要讲讲数学老师沈耀芬，也是一个活泼的青年女教师，长得很漂亮，说话时有一点点傲气。那时数学课不大有人喜欢，也不考试，她每次讲课也是敷衍了事。但是我还是喜欢上了数学，并且课后总是找她请教。她渐渐发现我真的喜欢学习，就借了一本自学代数第二册给我。这时候我才发现天地间竟有一套这么好的书，那是在"文革"前出版的一套数理化自学丛书，四册代数，四册物理，四册化学，其他还有平面几何、立体几何、解析几何、三角等，一共好像是17册，但在"文革"前没有完全出版，有几本是在"文革"后补全的。这套书的特点是深入浅出，列题丰富，后面附有答案，完全符合自修者的需要。据说读完这套书可以达到高中毕业的水平。我从沈老师那里读到了代数第二册以后，就顺藤摸瓜去上海旧书店，一本一本地淘旧书，差不多把这套书凑齐了，逐步开始自学数理化。但我并没有读完这套书，尤其是化学和物理，读完第一册以后，需要做很多实验，我无法自己去做，慢慢地兴致就淡下来了。但是这套书在我人生道路上真是起了关键性的作用，1977年恢复高考制度以后，我又一次翻出这套书来作为复习材料，顺利应付了第一次高考，进入复旦大学。

也许，靖南中学的教育体制并没有给我什么帮助，两年半的中学生活在知识长进上也没有给我特别大的帮助，但是，靖南中学的老师们依着他们教书育人的本分，在极其不正常的恶劣环境里确确实实地给了我莫大的帮助。我在接受教育的道路上，外祖父的家庭教育是第一个环节，靖南中学是第二个环节，与今天读书成风、应试教育支配一切的时代环境相比，我受到的教育几乎不算什么教育，但于我的人生道路，却起到了莫大的作用。

我在前几年整理旧物时还偶然发现当年为自己制定的一份自学计划，计划很自觉地要求自己在以后几年里，通过自学真正达到高中毕业的水平。我在那份计划的上面还写了一句颇有雄心壮志的话：我决不辜负自己的年龄。字迹乱七八糟，但精神可嘉。那个时候是1969年，我15岁。

二、季节轮换

我们在靖南中学的头一学年就这么糊里糊涂过去了。早上太阳照常升起，我们出门去学校，完全不知道今天会发生什么事情。学校里的课每天都在进行，但没有任何效果。当时有一门课叫作大批判课，任课老师是一位不高不胖、声音有些嘶哑的中年女教师，她完全不管我们，上课铃一响，她进来敷衍几句套话，就打发我们到外面去看大字报。于是我们在学校大楼里荡来荡去，走廊里糊满了各种乱七八糟的大字报；我们看得厌了就跑到外面去，在马路上继续荡来荡去，马路两边的商店橱窗里也糊满了大字报；等我们都看厌了，不知是谁的提议，我们跑到附近的同济大学、复旦大学里去看大字报。那是我第一次迈进复旦的门。校园里到处是批判党委书记杨西光和副书记王零的大字报，红卫兵们用尽侮辱性的语言谩骂，把杨西光说成杨死光，把王零干脆简写成王○。我在一片肃杀的校园里荡来荡去，没有丝毫预感，这座大学将会与我的人生道路相遇，成为我一生的安身立命之地。

很显然，当时中小学校虽然开始"复课闹革命"，其实这"课"如何的"复"，"革命"又是如何的"闹"，完全没有通盘的考虑，原来混乱的地方还是在混乱。至于大学，听说已经折腾到登峰造极，派性造成的武斗、内战闹得不可开交。现在回想起来还如同一场噩梦：年轻的红卫兵为什么能够在短短几个月里聚集起如此巨大的社会能量，迅速瓦解了共和国的社会秩序，进而发展到"群雄割据、诸侯逐鹿"的混乱局面？这在正常思维下简直是不可思议。但我仔细想过这个问题，我觉得主要原因还不仅仅是最高权威，也不仅仅出于他们对领袖的盲目迷信，作为红卫兵基本构成的五届在读大学生和老三届中学生（高中、初中66、67、68级），有其自身的更长远的教育背景。从20世纪50年代初开始，我们的教育基本上是在国家意识形态的统一支配下，实行从上而下的革命化教育，其核心思想是把学生教育看作是革命事业接班人的培养。文化知识从属于革命事业交接班，即如何使刚刚通过战争夺得的国家政权沿着革命理想继续保存下去。那时，孩子进小学开始，就学会唱一首少年先锋队的歌，马思聪谱曲，郭沫若作词，我记得前几句是："我们是新中国的儿童，我们是新少年的先锋，团结起来继承我们的父兄，不怕艰难不怕担子重……黑暗势力已从全中国扫荡，红旗招展前途无限量……"这个所有50年代生人都熟悉的人生启蒙歌，核心词就是"继承"，从小培养学生是社会主义事业的"小"主人翁。这在逻辑上是通的：因为你是国家的主人翁，所以你必须为自己的国家牺牲一切，天下为公。应该说这个教育是成功的，50年代生人从学校接受的是充满阳光的主人翁教育，骨子里相信自己是这个社会未来的当然"主人"。从50年代中期开始，政治运动频繁进行。许多中年人被认为是旧社会过来的人，他们精神委顿面目卑琐，必须进行思想改造；而少年则是"生在新中国长在红旗下"，他们没有什么历史包袱，自信是可以承担好未来社会主人的使命的。在这个前提下，刘胡兰、刘文学、张高谦……一个一个以主人翁形象出现的少年英雄典型被塑造起来，成为全社会学习的样板。毛泽东从来都重视接班人的培养，他的一句名言：你们青年人朝气蓬勃，正在兴旺时期，好像早晨八九点钟的太阳，希望寄托在你们身上。这句话不知道让多少青年人的心燃烧起来。这样一种长期培养的平治天下舍我其谁的狂妄和野心、青春期的反叛和骚动、爱国教育、政治热情以及急功近利的自我设计，都聚集起巨大的生命能量；但是这种勃发的生命能量与正常规范下的教育体制是不相容的，教育从本质上说是传授知识给学生，青年人是被教育者、被管理者，他们身上蠢蠢欲动的当家做主的热情和反叛精神是被压抑的，常常无处释放；再加上1957年以后青年知识分子开始不被信任，逐渐成为思想改造、运动打击的对象，生命热情遭到严重扭曲和压制。毛泽东发动"文化大革命"是从教育领域打开缺口的，废除高考制度、把青年学生引向社会运动、提早许诺他们未来的主人地位，实际上是把长期积压在青年人集体无意识里的主人翁情结激活，尖锐化了教育体制与青年人生命能量之间的冲突。青年人的主人翁欲望以可怕的无序状态爆发出来，具有极大的破坏性。当时的年轻人自愿当逍遥派的数量很少，大多数人都以为自己在从事一场真正意义上的"大革命"，他们纵横捭阖、东南西北，以为可以重新分配父兄打下的江山。所以，大学红卫兵搞派性斗争都是动真格的，造成了一代不可收拾的乱世枭雄。

可是有一天，大约是1968年的暑假，街上突然敲锣打鼓欢天喜地地大游行，学校也通知紧急集合。我们都以为是中共九大召开了。因为那一阵子一直在传说"九大"即将召开，夺了权的各路红卫兵组织都希望在未来的党代会上分得一份果实，所以红卫兵的各大报纸上不断出现有关"九大"的议论。最有影响的是一篇题为《一切为了九大》的文章，是一个中学生红卫兵组织写的。起先老师在课堂上还大加吹捧，过了几天又宣布是"毒草"，要组织批判。当时的情况我已经记不清了，但不久前在网上读到徐友渔先生的一篇文章，提到了这篇文章。他介绍说："上海的'中学生串联会'是众多事例之一，他们发表了震动一时的纲领性宣言《一切为了九大》，其中说：'从解放战争到文化大革命，党内机会主义者同人民的矛盾由次要上升为主要矛盾，为革命的主要对象，并因此而引起的革命阵线内部的依靠、团结、清洗对象的变动，这就构成了阶级阵线的大变动。'他们的异端结论是，在教育界，非党员比党员好，群众比干部好，人们越接近基层越拥护毛泽东思想。他们自以为是在诠释'文革'理论，但他们的'阶级关系变动论'被判为'大毒草'，他们中有的人被抓捕判刑，有的人被逼疯，但多数不改初衷……"如果徐友渔先生的引文和分析没有错，那我的联想是，这篇文章的背景，正反映了红卫兵夺权以后迫切想进入高层权力的心理，他们需要在理论上总结和提升"文革"政治斗争的胜利成果，所以才会出现"一切为了九大"的战略目标。但是他们错了。

那时候凡是"最高指示"发表都是在晚上八点钟的新闻联播，

事先都有通知，各单位红卫兵造反派组织分头通知人集合，敲锣打鼓走到江浦路长阳路口的"区革会"，听广播、表忠心什么的，然后再敲锣打鼓游行回原单位，大约还有通宵学习等活动。不过我们因为是一年级，还没有正式加入组织，一结束就散伙回家了。那次"最高指示"的发表，不是"九大"召开，而是发表"工人阶级必须领导一切"的指示，中央决定派遣"首都工人毛泽东思想宣传队"进驻北京高校。事后才知道，1968年7月26日，北京市3万多名工人组成"首都工人毛泽东思想宣传队"（工宣队）进驻北京各大专院校去制止武斗。清华大学红卫兵组织拒绝工人进驻，发生了流血事件。这些事与批判《一切为了九大》事件如出一辙，暗示了作为学生知识分子的造反运动已经彻底玩完了。接着是毛泽东向首都工人阶级赠送芒果表示慰问，引起了全国性迎送芒果的感恩狂潮。等到蜡制的芒果在全国各省转了一圈以后，工宣队已经浩浩荡荡进驻了全国大、中学校和其他上层建筑，"领导"一切了。第二年"九大"召开，王洪文一伙夺了权的工人造反派坐"直升飞机"进了中央高层，而"文革"初期为搞乱国家秩序立下"汗马功劳"的北京高校几大红卫兵领袖统统被抓了起来，进了班房。历史给无知无畏者开了一个大玩笑。

靖南中学本来就是一家不起眼的普通学校，但也许是比较混乱的缘故，上面派来的工宣队是大名鼎鼎的上钢五厂的钢铁工人。我还记得工宣队进驻时学校师生（各派红卫兵组织）聚集在校门欢迎的场面，以及工宣队队长刘某某，矮个子，黄军装，小红包，用一口苏北话作报告的情景。那时间应该是8月份，因为还在暑假中，我们开完欢迎会就溜之大吉，继续过暑假了。但是暑假过完一开学，才知道靖南中学大变样了。工宣队进驻后马上就大搞"阶级斗争"，办起了"暑期阶级斗争学习班"。学习班中，一大批老师被揪了出来。有教我们英语的李学平老师、教数学的孙焕根老师、教语文的王福书老师，后勤组的孙某某、顾某某等等，罪名不是"地主富农"就是"反革命分子"，开学第一天就在校门口一字排开接受批斗。大家看到王福书老师的认罪书，一手好书法，都忍不住啧啧称道。看到李学平老师狼狈模样，看见那些熟悉的老师们都被管押着低头认罪，都有点不知所措。但是斗争才刚刚开始，1968年下半年这一学期中，斗争风波一直不停。不久，校革会领导庄某某、金某某全部被揪了出来，罪名是"坏头头"。这个罪名后来不见于历史记载。"文革"中比较普遍的罪名是地（主）、富（农）、反（革命分子）、坏（分子）、右（派分子）五种，后来随着斗争需要，原来的"黑五类"后面又增加了叛徒、特务、走资派三种罪名，变成了"黑八类"（知识分子自觉排在这八大罪名以后，于是叫作"臭老九"）。至于"坏头头"则是个阶段性的特殊罪名，可以归入"坏分子"一类。"坏分子"是指社会中的刑事犯（小偷抢劫、流氓阿飞、投机倒把等等），而"坏头头"指的是工人群众中失势挨整的造反派，罪行多半是打、砸、抢和搞武斗者。靖南中学原来掌权的是教工中的一派造反派，工宣队一来，这些人都变成了"坏头头"。庄某某平时说话油腔滑调，很快就被抓到把柄揪了出来；但据说金某某出身于贫农，平时也没有什么"反动言论"，工宣队不知道用了什么办法把他也揪出来了。金某心里郁闷，不久就患肝癌死掉了，死的时候还非常年轻。

工宣队如何在教师当中搞阶级斗争，我们做学生的不太了解。但是新学期开学后，学校的秩序明显好转了，虽然教师和学生中的派性依然存在，但公开的武斗不见了，上课也开始正常了。工宣队员被派到每个年级里来维持教学秩序，协助班主任整顿纪律。负责我们年级的工宣队员姓徐，30岁左右，其形象与我们通常理解的工人阶级很不一样，文质彬彬，举止文雅，打扮很入时。"文革"前上海时髦的男人喜欢理一种发型，额前部分留长发并用吹风机把头发压平回旋，再抹上发油，油光闪亮，看上去很潇洒。上海人称作是"奶油包头"，或者"飞机头"，但这些称呼里不含什么贬义。"文革"以前理这种发型的男人很普遍，我两个舅舅都理过。但"文革"初期就被人骂作"阿飞头"，遂渐渐消失。但这位师傅却依然理着油亮的大包头，皮鞋擦得雪亮，衣装笔挺，很有派头地在校园里走来走去。这让我们见识有限的学生大为惊讶。平心而论，那位徐师傅有些工作水平，他来了以后深入班级，开了好多次学生座谈会，多半是小范围的，慢慢地，在他周围组织起一批同学，原来班级里比较爱捣乱的学生渐渐地孤立起来。那时我们班级里有一批学生住在凤凰村饭店边上的四幢楼房里，有十几个人，因为那几幢楼里有不少是中层干部居住的，对其子弟相对来说管教较严；"文革"中这些父母多半处于岌岌可危的状况，所以子弟也比较规矩谨慎，少惹是非。王沂波和张忠民、张国良兄弟等，都住在那一个小区里。徐师傅开始对我们几个学生感兴趣了，经常找我们谈班级工作，分析班级里每个同学的状态，他问得很仔细，有时候连同学的绰号都了解得清清楚楚。我们班级里还有一位女同学王琴瑛，也是干部子女，性格非常泼辣，深得徐师傅的赞扬。不久班级里发生一场风波，我们班级里有一批调皮捣蛋鬼，上课时经常胡说八道，拿班级里的女同学开涮。被开涮的同学要么哭泣，要么离开教室，一般不会抗议。旁边的同学老师也不加以阻止，大家都挺麻木。有一天不知为了什么，捣乱鬼开涮起王琴瑛，不三不四地攻击她的长相，大家也习以为常，不当一回事。可是谁也没有想到，王琴瑛出人意外地站了起来，大喝一声：某某某，你说话干净点，当心吃耳光！还没有等大家回过神来，这个女孩已经一阵风似的跑过去，啪地一声，一记响亮的耳光震动了教室。整个教室肃静，顿时又炸开锅，大家哄笑着把那个倒霉的捣乱鬼拖开了。风波发生后，工宣队来处理，维护了王琴瑛，说这是打击资产阶级歪风邪气，助长革命正气。于是王琴瑛在班级里威信大振。不久学校整顿班级干部建制，学军队的编制，学校建立统一的红卫兵团，年级建立红卫兵连，班级建立红卫兵排。大家选举王琴瑛当了红卫兵排长，新的班干部圈慢慢形成了。原来这个班级纪律非常混乱，也没有举行过班干部选举，只是在混乱中谁愿意出头谁就当个召集人，班主任也无法管理。现在，在徐师傅的策划下，班级开始走上了有序的状态。

那时候，"文革"爆发了整整两年，全国性的大破坏已经让老百姓怨声载道，中央也开始考虑人心思定的民情。中央派出工宣队管理学校，清理红卫兵组织，是制止继续混乱的一个措施。当时报纸上连篇累牍地发表评论员文章，批判革命队伍里的"无政府主义思潮"。把"文革"中所有宗派主义、山头主义、多中心即无中心论、纪律涣散、打砸抢武斗等等混乱因素，统统归咎于"无政府主义"，不仅把"无政府主义"描绘成一切混乱祸害之源，还追溯到国际共运史，称之为马克思主义的死敌。徐师傅组织我们学习这些文章，告诉我们，现在我们面对的最大敌人就是"无政府主义"，他指的是班级里无组织无纪律的混乱现象。我们批判"无政府主义"就是批判"资产阶级歪风邪气"。我就是在这样的背景下最初接触"无政府主义"这个概念的，自然把它想象得非常可怕。"文革"中控制上海市革委会的"四人帮"分子还把作家巴金"抛"出来公开批斗，罪名也是宣扬"无政府主义"，我也观看了当时批斗巴金的电视大会。一个工人作家（好像是胡万春）把巴金青年时期在报刊上发表的无政府主义的文章举得高高的，以强调其"反动"。这些现象联系起来给我留下了一个强烈的印象。我开始感到好奇：这个世上人人共讨之的"无政府主义"究竟是个什么样的洪水猛兽。——我做梦也没有意识到，十年以后我考上复旦大学中文系，正是出于少年时期对"无政府主义"的好奇心，我开始走上了研究巴金早期思想的学术生涯，进而促使我深入了解国际共产主义运动中的无政府主义思潮及其精义，竟慢慢地对我的人生道路产生了深刻的影响。

三、向工人阶级学习

"向工人阶级学习"，这七个字在今天已经不常用了，年轻人也许会感到陌生。但在我的中学生时代，这是一句流行语，自从工宣队进驻上层建筑以后，我们常常把它挂在嘴边，时不时就会派上用场。每当工宣队的老师傅在班级里做报告、或者忆苦思甜教育的时候，有两句口号会不断盘旋在教室里或者会场上，一句是"工人阶级必须领导一切"，另一句就是"向工人阶级学习"。当然，这一句口号后面还可以顺便补加一句"向工人阶级致敬"之类的后缀。这样的口号喊得多了，就变成了社会现实的一部分，以至于我现在此刻在键盘上按出这七个字的时候，心里还会生出一丝感动。

上世纪70年代是中国工人阶级享有最高荣誉的时代。尽管1949年以后工人阶级就开始翻身当家做主，但实际生活水平的提高大约还需要相当长的一段时间。1956年社会主义工商业改造以后，资产阶级的社会地位明显下降，不过政府在经济上对资产阶级采取赎买政策，资本家还有定息可拿，日常生活水平还是高于普通工人。知识分子在生产中仍然是技术革命的中坚力量，他们的生活待遇一般也高于工人。在1960年代上海地区大学毕业生正式工作后月薪60元，这个标准一直维持到80年代初我大学毕业的时候。而一个小青工三年学徒满师后每月工资是36元，而且加薪的速度相当缓慢（当时就有"36元万岁"的说法），如若干年后能加一级薪水，也就是40元出头。两者差距可以想见。所以当时的情况是资本家、高级职员和知识分子（工程师、技术员）的收入总体上说都高于工人。作为一个阶级来说工人已经获得了社会主人翁地位，但从实际的生活状况来说，仍然是城市里的弱势群体。那么，在实际的企业管理体制中如何发挥工人阶级的领导作用？这个问题也始终没有解决，一般企业的高层干部依然是管理者，工人依然是被管理的对象，他们与企业高层领导的潜在的对立情绪依然紧张地存在，在"如何当家，怎样做主"的问题上，除了工人在劳动生产中必须发挥更大的积极性以外，其他方面也难以真正体现。毛泽东敏锐地看到了这个问题的严重性。1964年底农业机械部长陈正人在洛阳拖拉机厂蹲点搞社交运动，写了一份调查报告。毛泽东在这个报告上做了多处批示，有些话说得很难听，如："管理也是社教。如果管理人员不到车间、小组搞'三同'，拜老师学一门至几门手艺，那就一辈子会同工人阶级处于尖锐的阶级斗争状态中，最后必然要被工人阶级把他当作资产阶级打倒。"另一段话说得更加尖锐："这些人已经变成或者正在变成吸人血的资产阶级分子，他们怎么会认识足呢？这些人是斗争对象，革命对象，社交运动绝对不能依靠他们。我们能依靠的，只有那些同（工）人没有仇恨，而又有革命精神的干部。"②这两段语录，在70年代中期"四人帮"发起的所谓"学习理论，限制资产阶级法权"运动中被发表过，我最初读到这两段语录就是在那个时候，顿时感到毛骨悚然。过去我们一直相信工人阶级是领导阶级，是国家的主人。但是在毛（包括当时组织撰写调查报告的陈正人和递送报告的薄一波等人）看来，1964年的时候，工人阶级与企业管理干部（包括党的干部）已经处于尖锐对立之中，而且在毛看来这种对立就是阶级斗争的反映。我注意到毛泽东的语言里用了"仇恨"、"吸人血"、"资产阶级分子"等单词，这也许是为他不久后发动"文革"制造舆论，但这里也可以暗示，作为"领导阶级"的基本成员"工人"，在五六十年代的实际政治生活和生产关系方面也没有我们有些人想象的真正翻身"当家做主"。

但是到了60年代末，也就是毛泽东发出"工人阶级必须领导一切"的指示以后，情况就不同了。那时候资产阶级、知识分子和小资产阶级知识分子基本上被剥夺了引以为骄傲的标志：金钱、知识、技术、社会地位等等，这些东西再也不属于他们了，当然也不属于工人。但是工人阶级有了一个虽然空洞，却是足以扬眉吐气的崇高荣誉："工人阶级是领导阶级"的地位是钦定的。国棉十七厂的"工人造反派头头"王洪文进入中南海；各级党政领导机构里也都有革命群众的代表，在上海这样的工业城市里，"革命群众"的主体也就是工人。那个时候，老干部被七斗八斗斗得蔫蔫的提不起精神；知识分子早已经不吃香了，红卫兵开始被大批送去上山下乡；再后来"林彪事件"爆发，军队在地方上的势力（当时被称作三支两军）也受到遏制。总之，唯有工人造反派坐大。这个时代，工人的身份真正变成了一种时尚。在上海，有一种比较流行的人际称谓叫作"师傅"，如你在路上向陌生人问路，可以称对方为"师傅"，这种泛称的"师傅"当然不是指传授手艺的师徒关系中的"师傅"，而是尊称对方为工人的意思，还可以根据对方不同年龄模样，分别称作"老师傅"或者"小师傅"等等。这种称谓是在70年代开始流行的。上海人在50年代人际称谓中最广泛的还是称作"先生"，60年代比较流行的是称作"同志"，70年代开始流行"师傅"了。"先生"的称谓含有尊对方为文化人的意思，"同志"的称谓含有尊对方为革命队伍里自己人的意思，而"师傅"的称谓则含有尊对方为工人的潜意识。不同的流行称谓里大致可以看得出时代文化的变迁。在当时，中学生毕业已经无法升大学，能够留在上海到国营企业当工人就成为社会上最吃香的职业，有点像今天在马路上开宝马车的那些角色。

工人阶级有着极高的威信。工宣队一到学校就大抓阶级斗争，揪出一大批教师员工后，就天天举行声势浩大的批判会。教学大楼里口号声此起彼伏，效果也是有的，至少是杀鸡给猴子看，在学生中产生了威慑力。以后，学校秩序慢慢地好了起来，乱哄哄的武斗、打群架等现象明显少了。接下来就是"复课闹革命"，工宣队一方面恢复上课秩序，一方面发动群众进行"教育革命"。那时候关于"教育革命"的主要思想都来自毛泽东的"五七指示"，提倡学生要"学工学农学军"，也要批判资产阶级。于是，工宣队就安排了学生到上钢五厂去劳动学工。我被第一批选中，我们班级里去了三个人，除了我以外，还有就是班长王琴瑛和另一位姓岑的女生。大约是每个班级抽了两个同学，加上班干部，一共三十来人。由两

中学时代的陈思和，摄于1970年，上海市外滩，上海大厦。

位老师带队，男老师姓杨，女老师姓胡。1968年的冬天，我们在靠近吴淞口的上海第五钢铁厂劳动了两个星期。

　　大约在我们那个年代的人，学工学农都是很普通的事情，谁都有那些体验，比起后来的上山下乡更是小巫见大巫，不足挂齿。不过这次学工对我来说颇有影响，可以说从此改变了我的人生态度。如果扯远些说吧，我个人的生活非常简单，人生道路也是一路平坦，几乎就没有什么大起大落的事情。我生在上海长在上海，在这个城市生活了大半辈子。说起来别人可能不相信：在我的生活道路上就没有离开自己的"家"半年以上的经验。这离家半年的经验还是在80年代以后频频出国访学的事情。在青少年时代，我既没有外出串联，也没有上山下乡，甚至连游山玩水的机会也没有，生活经验极为贫乏。没有离开过"家"，就意味着我没有集体生活的经验，也没有任何社会生活知识，差不多就是在家庭小天地里悄悄长大。我是长子，又是唯一的男性，两代长辈都是宠爱有加。再加上外祖父那一套独特的教育方

式，使我长期与社会隔离开来，也很少与小朋友一起交流，性格是孤独的，身体是早熟的，内心的躁动不安是以放纵自我想象的方式来宣泄，却很少有外向的追求。所以到今天已年近花甲，骨子里还是厌倦繁多的社会工作和热闹的集体活动，无论什么时候只要在自己家里一坐下，心就会安静下来，情绪稳定，遐想无穷；而奔波于社会，出没于公众场合，内心总是有一种虚脱的感觉，感到特别疲惫。假如我没有那次学工的经验，或者我的这种怯懦而内向的性格什么也没有改变，也可能会悄悄制约我的一生。

但是这次学工的经验却改变了我。其实也没有发生惊天动地的事情，一切都是正常的。上钢五厂是国家大型企业，规模相当大。当时我们被分配在第四车间，制造耐火砖的车间。我的任务是在车间里运送沥青。半个小时一班，我与杨老师分配在一组，我们两人替换着推小车运送沥青。我不了解别的同学都去做什么工作，我恍惚觉得，一踏入车间就什么都不存在了，身体陷入了一片轰鸣巨响之中：大行车在头顶上隆隆行驶，地上铺着一条条铁轨，高低不平，一台一台的机器发出轰鸣声，人顿时感到特别渺小。我的劳动很简单，大行车里的"怪手"把各种原料（主要是沥青）倒进一台搅拌机器里，机器自动搅拌，然后又倒出来，我的小车就装满沥青原料，再推着倒进另一台搅拌机器制成耐火砖。大约是如此，具体劳动过程已经忘记，留下的印象就是非常之累。我从来没有参加过类似这样又脏又累的劳动，一天下来身体完全瘫掉了。不过我不是一个怕劳动的人，在上班的时间里，脑子里什么都不想，用全身体力拼命似的把那辆沉重的小车推向前去。每过半个小时我就与杨老师替换，我当时十四五岁，杨老师有三十多岁，但我觉得他的体力比较差，每次见他愁眉苦脸地交接时，他总是用软软的苏州话叮嘱我：当心倷骷榔头！（苏州话"骷榔头"就是脑袋的意思，"倷"就是你。指的是当心大行车上的东西砸下来。）

起变化的是在第二个星期，我的工作突然换了，被一位师傅唤到一台搅拌机器的顶上平台，负责照看原料的进口。行车上的"怪手"把原料送来，一般都会准确无误地倒入搅拌机，我只要负责监督原料是否及时送到。身体顿时轻松了下来，我站在机器顶端，有机会看到整个车间的全貌，在我充满好奇的幼稚眼光里，这是一幅波澜壮阔的劳动生产的宏图。车间里光线昏暗，一排排机器都有条不紊地工作着，行车在上面来来回回地行驶，工人在下面各种岗位上劳动；人来车往，整个车间就像是一座庞大的机器，包括人和机器在内的所有物体都是机器构造中的各个部件，配合得如此有序和完美。那一刻我突然感动起来，意识到这就是一种集体主义的力量。在人类漫长的劳动生产历程里，农业社会、手工业社会，人都是可以独立地完成一个产品的全过程，唯有进入大工业时代，人就变得渺小了，人必须合作，才能完成一件重大产品。工厂是由许多车间组成的，车间里每个工人只是生产流水线上的一个环节，只有通过整体性的合作和劳动才能创造出巨大的财富。这种劳动形态和生产关系决定了工人阶级整体性的本质：人只有在集体劳动当中才能创造出价值。我当时还没有想得这么完整，但是感动已经产生，这是我过去十几年的家庭教育里从未有过的感动。我的外祖父始终是以对社会警惕和提防的态度来熏陶我，要求我独立地做人，独立地追求，尽可能不要受到这个社会的伤害。这些社会经验在我还没有踏上社会就灌输给我了，但是，现在我突然感受到一种从未有过的开阔的襟怀，仿佛真的容纳了很多很多的空间。

　　没有几天又发生了另外一件事。大约在快结束学工劳动的时候，学校里派了工宣队来开座谈会，顺便慰问。工宣队队长刘师傅和那个风流潇洒的徐师傅都来了。座谈会从学工的体会扯到了教育革命。所谓"教育革命"，是根据毛泽东的"学制要缩短，教育要革命"的精神来讨论的，胡扯了一阵以后他们走了。可是在座谈会上没有发言的杨老师突然很冲动地把我们几个同学叫去，说刚才座谈会上的讨论都是废话，他已经想好了一个教育革命的方案，要我们一起写成大字报公开倡议。他的方案是，中学三年学制，安排一年半到工厂去学工劳动，另一年半到农村去学农劳动，然后在劳动之余，结合生产内容进行教学。我们听了都很吃惊，学校里刚刚开始恢复教学秩序，学生们也刚有一点信心利用课堂学点文化知识，但是杨老师的建议似乎是要取消学校，把课堂真的搬到生产第一线了。如果在以前，我也许不会说什么，也不会太关心这类事情，但这个时候好像一切都变了，我忽然变得很冲动，我使劲地反对这个方案，与杨老师争吵起来，王琴瑛，还有一位红卫兵团委的带队干部陈达隆也反对。也许杨老师把这半个月的辛苦委屈都发泄在这个方案里，他振振有词，我们几个学生则坚决反对，后来不得不把这个争论放到全体学工学生中去讨论。本来杨老师是想趁我们第一批学工结束，借着谈学工体会提出教育革命的倡议，这是顺理成章的事，但由于我们坚持不同意，这个倡议就流产了，没有送到学校去，避免了一场风波。但这一次与杨老师争论以及后来的一系列事情，都把我潜藏在体内的热力焕发了出来，我开始关心起靖南中学这个集体，关心起自己的班级，我竟成了班级里的一个积极分子。以前我对学校这个集体是以旁观者的眼光看的，而在学工以后我完全变了；我后来的人生道路上，对社会抱有善意且积极参与，相信有一种努力可以使我们变得更加完美，起点都是在这次学工劳动。

　　我曾经说过我的血液里有我父亲的热血遗传，有一种奉献社会的热情，我父亲为之离开家庭奔赴西北，积极参与国家开发大西北、建设新型城市的号召，后来壮志难酬，半生潦倒，常为朋友所诟病，也常为母亲的家人所抱怨。我外祖父经常以父亲为反面例子，教训我们不可轻信社会上主流话语的宣传，人必须有独立判断的能力。但是我在成长到一定年龄阶段，大约十五岁前后，父亲的遗传因子显然占了优势，我慢慢地与社会发生关系了，当然也会轻信主流话语，也会遇到各种错误和教训。一切都是这样开始的。

四、一切总在变化中

说到我去上钢五厂的学工劳动使我开始关心集体了。当时也没有什么人封官许愿，不过是一种集体劳动带来的精神面貌的变化。我要讲的是这样一种组织形式，在今天的组织培养人才过程中也会出现类似情况。一个单位需要改变原有状况，首先是选择一批积极分子（这个概念现在已经很少使用，但在"文革"前是很时髦的名词，也就是一个单位里有一批靠拢领导核心的群众。大凡单位派来一个新的领导，都需要有自己所信赖的群众基础，于是积极分子就应运而生）。然而通过什么方式来选拔和发现积极分子呢？通常会有一系列的特殊活动。工宣队来领导学校，他们要想改变学校的原有状况，就需要在一些特殊的环境里选拔一批他们所信任的教师和学生，来取代原来的教工造反组织和红卫兵组织的头头（这些头头很快都要变成"坏头头"而下台）。我觉得学工活动也有这种意思，也就是现在官场上颇为流行的所谓"黄埔一期"，其实是一种拉帮结派、扶植亲信的组织方式。这种组织方式在"文革"中开始影响到中学生。工宣队很快就选拔了一批学生积极分子，那个时候老三届已经开始毕业离校，原来的红卫兵和造反派的势力都在分化，陈达隆、王琴瑛、孙建芳等学工干部都成了学校里的红卫兵班排干部。

我记得在学工结束前一夜，陈达隆叫我们几个人去写一份感谢信和总结报告，除了陈达隆、王琴瑛（我想不起孙建芳是不是也在）几个干部外，还有我和另外一个十二班的男生浦建华。胡冠芳老师也陪着我们，在工厂里一个防空洞改建的临时会议室里，其实这些东西用不着几个小时就写完了，可是大家都有点舍不得离开这种集体活动的氛围，于是就开始聊天，聊的是回到学校里怎样搞好班级工作。那时候没有娱乐没有明星，但是聊天永远是有谈资的，不知不觉到了东方微微发亮的时候，大家才兴致勃勃地回宿舍。那天回到宿舍后陈达隆和浦建华都倒头便睡，可是我一点也睡不着，大约早上四五点钟，我从小就养成黎明即起的习惯，平常也是五点多钟就起床，所以这个时候睡不着了。我走出宿舍，在工厂的大道边散步。上钢厂很多车间是通宵生产的，听着不远处的车间里都发出隆隆的声音，非常壮观。那天早上我们集体乘车回到中学，张忠民、王沂波他们都等在学校里接我们，大家又聊啊聊啊，王琴瑛热情澎湃，理想翩翩，深深打动了大家。就这样，我们自然而然地成了王琴瑛的群众基础，王琴瑛又成了工宣队的群众基础了。

但是，很快的，也想不到的，工宣队也会发生变化。就是在我们到上钢五厂学工的时候，曾经有一次，徐师傅陪同一个长得很英俊的三十多岁的男人来探望我们，介绍说他是厂里的头头（那个时代"头头"的称呼类似我们现在呼"领导"），姓王，俨然一副首长的派头，伸出手来，有力地与我们握手。当时我们都穿了白色的厚厚的工作服，因为与沥青打交道，上面全是黑乎乎一片，他笑着说，啊，你们这下像个工人了。徐师傅也一直陪在边上开着玩笑，很亲密的样子。现在想来，当时上钢五厂也是"造反派"当道，很可能他们是一派的。

可是到了第二个学期，上钢五厂的工宣队突然撤走了，也没有留下什么理由。过后不久，我们从一张"工人造反派"的报纸上读到一篇公开发表的文章，说是上钢五厂狠抓阶级斗争，揪出了"坏头头"王某某，就是那个接见我们的人。其罪名有多条，其中之一是"猥亵"女学生。这个消息自然就让我们联想到靖南中学的学生，学校红卫兵小分队的周建国告诉我们，问题都出在小分队的演出。工宣队来了以后经常安排小分队去厂里演出，那时来来回回的交通工具就是一辆敞篷大卡车，领导和群众都挤在一起。冬天风大，在敞篷车上站着很冷，一次晚上那位王头头在车上看到身边两个女生很冷，忽生救美之心，慷慨解开厚厚的军大衣，把两个女孩拥抱在怀，三个身体一起裹在军大衣里。女孩子当然不敢说什么，当时边上很多人也没有说什么，但事后就有人去检举揭发王头头耍流氓，大约再加上一些别的什么派性原因，王头头就成为"坏头头"了。但不知道这些事有没有牵连到徐师傅和其他工宣队，总之这些人刹那间都不见了。

上钢五厂工宣队撤走以后不久，换了另一拨工宣队进驻靖南中学。那是一个小厂，做木箱的，声势气度都远不及上钢五厂。上海木箱厂工宣队老师傅进驻以后，也组织过学生去木箱厂学工劳动，那个厂的任务是把一根根大圆木锯成薄薄的木板，又用三角铁将木板钉成木箱，好像其中也有很多道工序。我去劳动的车间是一个把木板钉成木箱的场所，都是机器操作，我们的工作就是搬运木板。因为是每天回家，工作也是平平常常，不特别累也没有什么特别的意义，就这么糊里糊涂打发过去了。

不过那个时候的集体活动有一个好处，就是男女同学之间的关系融洽了。十五岁左右的男女孩子开始进入青春期，"文革"又是一个业余生活极为枯燥贫乏的时代，一切与爱情相关的文艺作品全部被禁止，社会风气又极为混乱，马路上一群群东游西荡、招摇过市的男孩子，身体里荷尔蒙过剩无处宣泄，唯一发泄的渠道就是惹是生非、打群架、公开挑逗女生。有一次我去班级里的一个男生家里玩，那个男生在工宣队进驻之前也负责过班级里的一些事情，我想不起为了什么事去了他家，当时还有两三个同学在场聊天。突然窗外楼下传来有女生说话的声音，那个男生像中了魔一样跳将起来，扑出窗口就大骂下流话，一口一句都是有关对方生殖器官的辱骂，我们几个在一旁目瞪口呆，不知道发生了什么事。等他发泄完毕，他心满意足地转过身来，反手关上窗子，若无其事地说："没有关系的，是楼下的一个'拉三'，骂骂没有关系的。" 那时上海人切口里称现在所谓的"色情女孩"为"拉三"，或者"三头"，这两个字什么含意我至今也不明白。大概在那位男生眼里，凡"拉三"的都是可以用来作为泄欲工具的。可是那个男生不知道，这个突发事件使他在我的心目里完全丧失了好感，我与他就此分道扬镳。后来我进大学读书，学习了流行的弗洛伊德"无意识"理论，我才明白这种突如其来的失态正源于无意识的性苦闷，积压到一定程度就失控而爆发了。早期红卫兵运动之所以能够蓬勃发展如火如荼，有很大部分的原因也可能是处于性骚动的男女孩子获得了一个以"革命"的名义释放"力比多（libido，即性力）"的机会，这时候的男女红卫兵都处于如饥似渴的疯狂边缘上。但是在我进中学的时候，学生运动已经衰竭，就连上课都不正常，学生们的社会活动几乎没有，在家里邻居间的交往也不是很多，"男女授受不亲"的传统无形之中在上海普通市民家里仍有影响；加上社会风气混乱，男女同学之间，半是出于社会压力，半是出于内心羞涩，几乎没有自由交往的机会。所以，在这个时候学校里开展学工（以后还有学农）等活动，有意识地把学生组织在一起走上社会，男生女生有了一个正常交往的平台，受到了出于本能的欢迎。革命年代隐藏了许多浪漫的引擎，一旦发动，就变成了激情燃烧的岁月。

在学工以后，班级里男女生的关系变得融洽多了，原来基本上都不说话，不交往，只有几个班干部才打破这种不自然的关系。王琴瑛本来是个热情似火的女孩子，敢作敢为，性格像男生。她在性别上毫无顾忌，在男同学中间向来主动奔放，很吸引男生。她也不在乎别人怎么想，经常在放学以后留着我们几个男女同学，在马路上说说笑笑，一路疯过来。后来班主任严老师好几次转弯抹角地提醒我们，说有老师反映你们了，以后在外面说话时要注意影响啊。可是没有人把她的劝告放在心上。王琴瑛还觉得班级里男女同学交流不够，就想了一个招，她找我们商量。此招说来话长——

我们班级里同学到底有多少名，我无法记得很清楚，为了写这篇回忆，我努力寻索残存在记忆里的同班同学的姓名，居然被我回忆出25名男生，23名女生，除了有一名女生我记得她的模样但想不起其姓名外，其他47人在我的脑海里都栩栩如生，宛如在眼前。其中只有少数几位近几年是碰过面的，而绝大多数同学自1970年中学毕业后再没有见过面，毕业时也没有拍过集体照。但是我之所以还记得这样清楚，就是与王琴瑛的"新招"有关。我们这个班级的人数，应该是50名或者52名，其中男生26名，女生24名或者26名，都是成双数的，而且总数相当接近。于是王琴瑛提出，能否把班级里同学的座位重新安排，固定下来，每张课桌椅都是两个人并排而坐，谓之同桌；要么两个男生，要么两个女生，坐在一起。然而如果第一排坐的是男生，第二排就坐女生，第三排还是坐男生，这样一排一排男女生交替着排列。我不了解现在中学里，课桌椅是否还是有固定的排法，但在"文革"中，学校里课堂秩序非常乱，学生每天进教室坐在哪里都没有一定的，一堆一堆三五成群地挤在一块窃窃私语或者大呼小叫，教师也无法禁止，座位是乱七八糟，男女生更是分开来成堆聚的。现在工宣队既然要整顿课堂纪律，排一个固定的座位表，每个同学都有固定的位置，当然是说得过去的。更主要的原因是，把男女生交错开来排列，从老师的角度来看，学生就不会成堆聚在一起讲话、影响课堂纪律；从学生的角度看，男女生在课堂上互相交流的机会就多了。所以这个方案各取所需，获得了上下一致的赞成。

这么一件小小的工作措施，当年是当作大事情来抓的。在工宣队师傅的支持下，我们几个精心策划这份座位表，揣摩了每个同学的习性爱好以及他们之间的关系，尽量让一些性格投合、关系比较好的人坐在一起。还要防止调皮捣蛋的学生聚在一起，要把他们分散开来等等，总之，这份座位表排得像《水浒传》里面梁山泊英雄排座次一样艰辛。我之所以能够记得住全班大部分人的姓名貌容，与这次排座次有直接的关系。后来证明我们的担心全是多余的，同学们几乎没有人反对这样排座位的。可能到了1969年的时候差不多人心思定，都想有一个较好的环境可以上课了。果然，可能真有异性相吸引的道理，这以后，我们班级的课堂纪律明显好了起来，班级气氛也渐渐地好起来了。

　　不过生活的逻辑总是会出现意外，一切都在变化中，也是谁也没有想到的。到了1969年夏天，红卫兵团的排长王琴瑛，竟然也出现了状况。有一天，张忠民突然来叫我，要我们一起去王琴瑛家里，说有事情商量。她家就住在凤凰村饭店的对面，离我们很近，平时也是经常去的，她那位身材魁梧的爸爸和那位一团和气的妈妈我们都很熟悉。可是那次当我们去她家时，家里的气氛完全变化了。王琴瑛躲开了，他妈妈悲哀地接待我们，把我们当作大人一样，面对面地坐下来，告诉我们她家里"出事"了。王琴瑛的父亲，一个普通的干部，突然被抓了进去。这种事，在"文革"时期司空见惯，谁都不知道下一刻你身边又会有谁突然变成了反党反社会主义的"敌人"，所以不足为奇。但是一旦事情发生在身边，我们立刻想到了王琴瑛的处境。王妈妈告诉我们这些事，大约也是为了让我们有思想准备。好像学校里很快就知道了这件事，王琴瑛在那之后也不常来学校了。渐渐地，班级里的事情都由张忠民来负责。我已经想不起张忠民是不是被任命担任红卫兵排长，正式取代王琴瑛，不过那个时候，班级已经不像1967年11月刚进校时那样混乱了。

五、无聊才读书

　　1968年12月21日，彻底改变红卫兵命运的日子终于到来了。那天晚上还是像往常一样，学校里突然通知全体学生到校集合，说是有"最新指示"发表。于是大家敲锣打鼓，集队跑到杨浦区革委会所在地。那时候，传达政治信息的形式很奇怪，它不是由中央到地方政府，按级别金字塔式的一层一层往下传达，而是直接从中央通到基层，毛泽东的指示是直接通过广播传达到群众，很可能地方官员和老百姓是同时听到毛的"最新指示"。往往是第二天才正式见报，但前一天晚上在广播里已经广播了，群众收听广播，或者只是记录一段毛的语录，开始狂欢或者组织学习。那一次的"最新指示"是针对红卫兵的，就是著名的"12·21"关于上山下乡的指示："知识青年到农村去，接受贫下中农的再教育，很有必要。"一锤定音，全国有1600万知识青年被送到黑龙江、内蒙古云南、贵州、安徽、江西等农村去接受再教育了。

上山下乡是毛泽东历来提倡的政策，50年代中期就开始推广，毛的另一段著名指示："农村是一个广阔的天地，在那里是可以大有作为的。"就是那个时候提出的，不过到了1968年以后被广泛地引用，又成为"最新指示"了。但具体到1968年底，毛泽东再度发起上山下乡运动大约是一个权宜之计。从"文革"爆发到1968年，差不多过去三个年头，本该在1966、1967和1968年三年毕业分配的高中、初中学生都聚集在学校里，毫无出路。因为高考制度废除，大学里乱成一锅粥，中学生无法正常升学；社会上也一片混乱，许多工厂、企业都陷入瘫痪状态。而学生们热血沸腾，鬼混于社会必然惹是生非，成为社会不安定的一大因素。"文革"要收场先要解决这批青年人的出路，而当时相对稳定、可以容纳大量流动人口的，唯有偏僻山区农村，或者少数民族地区。中国农村幅员广阔，苍苍茫茫，千里不见人烟，农民基本上还是守着千百年乡土伦理，以不变应万变。曾经被誉为"天兵天将"的红卫兵一旦分散到茫茫大地中去，所有的"大有作为"都化解为乌有，就像泥鳅掉进大海里。

1968年下半年，上海各家中学已经开始对66届67届中学生进行毕业分配工作。当时的分配政策叫作"四个面向"，即面向农村，面向边疆，面向工矿，面向基层。去向分成四个档次：一档的分配在上海国营工矿企业；二档的分配在上海的集体所有制企业，或者服务性行业，就比较差一点；三档的分配在外地三线工厂、或者是近郊国营农场，如崇明、奉贤的农场，因为是"国营"的，仍然算作农业工人；第四档就是去外地务农了。所以大约只有出身不好的人，或者特别积极能干的红卫兵，才愿意去第四档，一般好歹都可以分到工矿企业去工作。但是这样的分配大约是很困难，也很难贯彻，工作迟迟地开展不下去，许多毕业生还因为不满意分配去向而滞留学校。但是到了"最新指示"发出以后，"四个面向"全部停止，立刻实行"一片红"，毕业生城市里一个都不留，统统到农村去。这以后上海中学毕业生的四个档次，就变成了：一档去军垦农场（黑龙江，江西），二档去国营农场（云南等），三档去比较富饶的地区插队（江西北部等），四档到比较贫穷的地区插队（淮北等）。形势说变就变了。

　　记得12月21日那天晚上天气很冷，"最新指示"一经传出，大家都蜷缩在马路边上，用冻僵的手在笔记簿上一字一句地抄录毛主席语录，抄着抄着，有人感到不妙，就不抄了。我身边的一个红卫兵干部突然把笔记簿一丢，站起身来拍拍裤子说，反正去农村了，还抄它干吗？但是也有人狂热地高呼万岁，当场写血书表决心昏过去什么的，表示要去农村滚一辈子泥巴。这以后，形势严峻起来了。学校里专门成立了毕业工作小组（毕工组），许多原来可以留在上海的名额都被取消了。学校里毕工组办公室天天有人哭哭啼啼，大呼小叫；大街上天天敲锣打鼓，欢送学生去农村去边疆。无法无天的中学红卫兵终于到了命运被抓在别人手里的一天了。转过一年，1969年春天，68届同学开始分配。我的好朋友周建国去了贵州插队，他原先可以去参军的，好像已经被录取了，糖也分过了。但天有不测风云，他妈妈也是在居委会里当干部，里弄干部之间有派性。我前面讲过的老方与老唐的矛盾一直在延续，对立派写信去检举什么事情，就把建国的参军梦想打破了。他一气之下去了贵州，后来我也搬了家，就再也没有见过我的好朋友。

　　因为"文革"耽误了我们进中学的时间，所以我们69届初中生的毕业分配要到1970年才开始，1969年是平静的一年。这期间教学秩序是大大好转了，上课也有些正常了。有一个时期工宣队提出搞"教学革命"，要求学生上讲台上课。我和张忠民都被选出去担任英语教师，到下一年级去上英语课。当然是装装样子的，由工宣队安排老师与我们一起备课，我只记得是用英文上一段毛泽东语录。其实我们自己也不懂，具体怎么讲课，已经忘得一干二净。语文课好像也上过。依稀还记得，有一次我主持班级里上课，讲的是毛泽东的《中国社会各阶级的分析》里的一段话，学校里还有老师来听课，讲课中途有学生提出问题，问我们，学生是什么阶级？我也讲不清楚，支吾了一阵。听课中的一位张保英老师，原来是靖南中学校长，被打倒过，又刚刚被"解放"，她站起来回答说，学生属于小资产阶级阶层，不是一个阶级。这给我留下很深的印象。倒还不是张老师为我解了围，而是这种课堂上提出问题进行讨论的形式，启发了我，原来还可以这样子来上课。我对于教师的工作有天然的爱好。还在上小学的时候，图画课，老师要求每个学生画自己的理想，许多男生都画了自己未来当上了解放军或者工人，只有我画了一个戴眼镜的人站在黑板前面，表示我的理想。而第一次正儿八经地在讲台上讲完一节课的尝试，是在靖南中学完成的，我没有想到，一辈子所从事的教师工作，就是在靖南中学有了一个莫名其妙的开端。

这一年开始，我对学习文化知识有了自觉。如果以我的回忆录的时间范围来划分，1966年夏到1967年秋，我基本上是在家庭封闭式的环境里浑浑噩噩度过；1967年秋到1968年底，我在靖南中学开始融入集体主义意识的追求，似乎与当时的社会主流越来越合拍，也越来越受到时代主流的影响；而1969年开始到1970年夏天中学毕业，我又与社会主流分离开来，开始了自觉的学习和求知。但这种学习和求知本身又是在社会影响下发生的。因此，从根本上说，人还是离不开社会环境的影响。用现在时髦的社会学理论来解释，也就是一种"通过仪式"：当孩子开始脱离家庭的封闭式影响；走向社会接受时代风潮的洗礼和教育，使自己的人格发生改变（"通过"），然后有了一个机会重新脱离社会回到家里，但那时已经不再是以往的封闭环境下成长的自我了，而变成了另外一个含有社会因素的自我。我以后的道路一直在这样的环境中走下去。我现在经常会想：一个少年在"文革"的腥风血雨下成长起来，他究竟从这个时代接受什么样的影响，哪些影响是正面的，哪些影响是负面的，或者说，几乎就没有纯粹的正面与负面，而是复杂地交织在一起，一个人就这样在藏污纳垢中慢慢成长。

这一年我自觉制定了一个学习计划，决定要认真念完"文革"前中学的课程，包括语文、数学和英语，但教材是另外选的。沈耀芬老师借给我的《代数》自学丛书吸引了我，以后我陆续找到了代数、几何和三角的教材，又逐渐读了物理和化学的第一册。语文课本是1958年教育部出版的一套四册《文学》教材，第一册是先秦两汉到南北朝文学，第一篇就是《诗经》里的"关关雎鸠"；第二册是唐宋文学，第三册是元明清文学，第四册是现代文学，从鲁迅的《药》到周立波的《暴风骤雨》节选。

那四册书我几乎一一背诵出来，完成了对中国文学的大致了解。英语主要是刘镇源老师教的语法，自己只是参考了一些《青春之歌》之类的简易英语读物。

但我想讲的还不是这些教科书式的学习，而是时代文化风气对我

中学时代的陈思和，摄于1970年，上海市人民广场。

的影响。"文革"的时代，是一个破坏文化的时代，愚民政策走到了极致。但是，当一切文化传统都被当作"封资修"破烂列入扫荡之列的情况下，有两样东西却始终风行在社会上，成为所有人通向文化学习的畅通无阻的渠道。一个就是鲁迅的书，从来没有被禁止过；另外一个是毛泽东的诗词，这当然不仅不会被禁止，而且还出版了大量的解释诗词的本子，介绍相关的文化历史背景以及与旧体诗词相关的知识。这两样东西在一片废墟的文化大地上起到了特殊的作用。

鲁迅的书，不但让我们了解了现代文学史上的许多被掩盖或者歪曲的人物和事实，而且也让人们在极其贫乏的环境里了解了中国最硬风骨的知识分子是如何与形形色色的权力者做斗争的经验。鲁迅的怀疑精神和批判精神，在任何时代都是起到了积极的战斗作用。"文革"时期毛泽东一再提倡发扬鲁迅精神，祭起鲁迅为宝器来扫荡一切敌人。可是他似乎没有意识到，鲁迅作为一种思想武器一旦被青年人所掌握，他们就会连带对当下社会的权威、教条、主义，什么金科玉律也同样产生了怀疑，我认为这是"文革"时期的思想领域仍然能够保持一种生命活力的根本所在。当然，我那时对鲁迅的认识非常肤浅，大约只读过鲁迅的几篇小说和散文《朝花夕拾》，还有在"文革"中流行的各种版本的鲁迅语录。外祖父和舅舅他们也读过鲁迅，我有一次问过外祖父，鲁迅是谁？他说："鲁迅是个做小说的，他写过一个懦弱的孩子总是被人欺侮，还有就是命苦的女人，没有像现在捧得那么高。"这是他老人家的原话，我想由此可以看到鲁迅在一般市民阶层中的影响。我真正读鲁迅，还是要到70年代在卢湾区图书馆的时候，这里暂且不表。

毛泽东的旧体诗词，是那个时代我最喜欢的读本。三十七首诗词我背得滚瓜烂熟，不仅喜欢诗词，连带与诗词相关的历史典故、诗词韵律，甚至书法、文言文和繁体字等等，都成为喜欢的对象。再扩大阅读面，唐代诗人李白、李贺、李商隐的诗我也喜欢，因为传说中毛泽东喜欢"三李"的浪漫诗歌。毛泽东的诗词在"文革"中被用得极为泛滥。红卫兵造反派的小报多有取名"丛中笑""云水怒""风雷激""千钧棒"等等，都是来自毛的诗词。东北鞍山有一家造反派组织，学了毛的诗词就取名"横空出世"战斗队，它的对立派立刻改称"顶天立地"战斗队，武斗的时候特意绣了一面大旗，上面竖着书写七个大字："顶天立地灭横空"，很有气势，但他们不知道"横空出世"来自毛的诗词，是挡不住的。还有一次，我在一份造反小报上看到一篇敦促对方缴械投降的公告，下面署名竟是："风景这边独好"战斗兵团，可谓是活学活用。

通过对毛泽东诗词的诵读，我逐渐喜欢上了旧体诗词。刚刚开始学写旧体诗的时候，我读了王力在"文革"前出版的《诗词格律》小册子，还把书中附录的诗韵格律都抄了一遍，然后就不伦不类地写起诗词来。第一首诗写的是咏梅词，还调寄清平乐。外祖父看了很高兴，也不管我写得好不好，就用毛笔写在一把洒银梅花图案的扇面上。我得意洋洋地拿这扇子去王沂波家里玩，他家外婆看到了，吃惊地问："这是你写的？这么好！"我得意地说，"那诗词是我写的。"老外婆说："不，诗写得不好，我是说毛笔字写得好啊！"——这话并没有让我感到气馁，以后的日子里继续哼哼唧唧地写下去，到了中学毕业时竟然有十几首，有新诗也有旧体诗词，我自己装订成一本小册子，还自己取了一个古怪的名字叫《鲦濠集》，自己用古怪的篆体字设计了封面。我那时候还没有认真看过《庄子》，这个名字肯定是从哪首古诗里受到启发，获得灵感的。若干年以后，我终于认识了少作的鄙陋，就轻易地把这本小册子销毁了。留在我脑子里的，还剩下一首《采桑子》，是送给一位上山下乡的朋友的：

曾经执手花丛里，每每云低；每每云低，懒懒春风鹧鸟啼。
而今夏日真明丽，君却远离；君却远离，惆怅高天草色萋。

　　此外，现当代文学的阅读也渐渐多了起来。我阅读的第一本当代小说是管桦的《小英雄雨来》，是一本中篇小说，大约是在我小学三四年级的时候。之前的读物大约都是儿童读物或者《少年文艺》杂志，但是《少年文艺》不是我喜欢的读物，对我没有产生什么影响。儿童读物中倒有不少作品至今还依稀留在我的记忆里。古代历史方面的知识除了来自外祖父的讲故事外，主要是来自连环画，我曾经拥有几百本连环画，还特意编号收藏。由于这类作品占了上风，我对现代题材的文学作品反而读得很少，《小英雄雨来》是第一本，所以有印象。后来我渐渐迷上了广播电台著名播音员陈醇讲故事，他讲的《烈火金钢》《平原枪声》《敌后武工队》以及《红岩》等，都深深吸引了我们一帮小朋友，大家每天上学去，第一件事就要议论昨晚陈醇讲的故事。我急于知道故事的下回分解，就去母亲单位图书馆借来这些长篇小说阅读。这大约都是五六年级的时候了。

　　在"文革"初期的那几年，文学作品受到普遍禁止，但是我还是在最混乱的年代里，读完了大部分当代长篇小说。书的来源说起来也很不堪，听说是有一群里弄里的小流氓，借着"造反"的名义把一个街道图书馆砸烂了，图书流传出来，在很多人手中传来传去。有个姓谢的同学手里积累不少，我从他手里借过不少书来读。当然也有其他来源，其实那时民间阅读从来没有受到真正的控制。也有一些外国小说，都是插图上被画了大叉，插图人物脸上被画上了眼镜胡子的那种，书里面有情欲描写的地方都被撕掉了，但那时我还看不懂外国小说，可能有过好的作品，也都被我轻轻地放过了。

　　就是在那一段时期里，我着迷地阅读了巴金的《爱情三部曲》和《憩园》，都是繁体字竖排本，我至今还记得读完《憩园》时受感动的情景。那本书是王琴瑛借给我的，还书时，我向她表达过读这本书的体会以及对作家的敬仰。王琴瑛笑说你都成了知识分子了，希望你成为未来的巴金。巴金是在我的人生中第一个如此亲切地打动我生命，并令我愿意追随终身的偶像。这些阅读经验长时间地、隐隐约约地影响着我。十年后我考进复旦大学中文系，第一个选择，就是研究巴金的思想和著作。这些因缘莫非在冥冥中都已经有了前定？

六、惶惑的日子

上一节写完后，我寄给一个朋友，他读后对我说，你开始明明是写毕业分配的，怎么写着写着写到读书方面去了？这两者有关系吗？我说是有关系的，不过我在写作中忽略了一个细节。因为上山下乡指示是在1968年底发出的，我们69届毕业时已经是1970年的夏天了，这中间跨了一年的时间，而这一年，我的主要长进在于读书自觉了，所以就转过去写"无聊才读书"。那一年，班级里的活动还在开展，学校里的生活还是轰轰烈烈，但主要班干部是张忠民，他出色地带领一批伙伴参与学校里各项活动。记得有一阵子，他每天带了小伙伴去上课，都一色地穿了军装，腰部还系了皮带，一副雄赳赳的模样。我是张忠民的好朋友，很多活动我也参加在其中，如我在前几节写到的，教学改革、学生上讲台、木箱厂劳动学工、批判歪风邪气，大概都是在1969年期间。但是到了下半年，学校里组织学农活动，集体拉到南汇县的一个地方，长时间地住在那里，前后大约半年左右，而我却没有参加。这样就慢慢地与班级集体拉开了距离，又回到了在家里读书的孤独生活。

这个转变的契机是与上山下乡的指示有关的。12月21日以后，各中学关于上山下乡的风声顿时紧起来了。由于我们69届还没有轮到，所以一切还是照常。但是这个指示对我家里来说犹如丢了一个炸弹。按照原来"四个面向"的政策，凡一个家庭里有家长支援内地建设在外、本人又是长子，可以留在上海的工矿企业。但现在"最新指示"一出来，所有的留城去向都取消了，毕业生一律去农村。原来有的66届毕业生为了照顾弟妹而去了农村插队，现在如果弟妹是68、69届的毕业生，仍然必须到农村去，没有任何回旋的余地。这在我母亲的心中构成了一桩极其严重的事情。于是，围绕我的毕业分配问题，家里召开了好几次家庭会议。

我母亲的态度非常明朗，父亲的离家支内虽说是响应国家号召，追求进步的表现，但是给母亲带来了一生的不幸福，两地分居、经济拮据、心理压力，都是难以言状的。甜酸苦辣唯有她自己吞咽，无人可以帮助。所以，在对待我毕业分配的态度上她毫不含糊，明确地说，不同意我去上山下乡；我父亲自然不便说什么，他是不赞成我留在家里的，他在西安通过关系，为我找了一个潼关地区的大型企业，想介绍我去那里工作。比较奇怪的是外祖父的态度，平时他一贯对父亲冷嘲热讽，这次却站在父亲的一边，支支吾吾地说，过去我们出门做生意，到外地去也不算什么，只要工作好，才是重要的。他的意思是，务农固然不必考虑，但是如果有外地工矿企业还是可以考虑的。外祖父那个时候意志已经逐渐崩溃，任何风吹草动他都害怕。但我母亲毫不犹豫地拒绝了这个方案，她说，我们家里为国家出去一个已经够了，儿子不能再出去了。我理解母亲的心思。父亲在外地工作十几年，生活潦倒已经付出了足够代价，我是她的全部希望，她不可能再经受一次亲人的离别。1955年她新婚不到两年，依然放手让丈夫雄赳赳地奔赴大西北，独自来承担持家的艰辛。十五年过去了，她已经没有这份天真和勇气再把儿子放出去了。当时父亲还在被审查状态，虽然通信自由，但人已经两年没回家了。他在那里做不了主，通信也可能被拆看，只能在信里说一些冠冕堂皇的话，一旦母亲不同意，他也顺水推舟不管了。舅舅在一旁支持母亲，他重提1958年上山下乡的经验，认为所有的政治运动都是虎头蛇尾的，起先总是气势汹汹，过了一段时间也就风平浪静了。他对我说："你别相信现在'革命''革命'叫得震天响，等过了这阵风，国家又需要文化科学，那个时候人才都荒废了，谁来搞文化建设？你应该目光放远点，抓紧时间多学点东西，以后就能派上用场了。"那时中共"九大"已经开过，准备"文革"收场，随后发出了"斗、批、改"指示，全国形势相对安定一些。舅舅还分析说："你看，'斗'、'批'以后是什么？不就是'改'吗？一'改'就改回去了，一切都会正常的。"

至于我，15岁的男生正处在满脑子幻想的年龄，对于外出壮游也没有什么负担，对于插队落户更是毫无概念。何况那个时候上山下乡是一个巨大的政治使命，不卷入这个洪流，就意味着你自觉与时代、集体分离开来，你就成为社会的异端。我在那个时候身上充满了父亲的血液，如果一步踏出家门，跟上了时代的步伐，也照样会为那个轰轰烈烈的时代做一番事业。可是在这关键时候，母亲的家族赋予我的影响占了上风。我还是答应了母亲的要求，决定不走上山下乡的道路，与这个时代主流分离了。过了不久，中国与前苏联发生了北方边界的珍宝岛军事冲突，全国上下一致转向了备战高潮，公然号召要准备战争了。母亲更加坚持自己的态度，她说，战争一旦打起来，谁还管你下乡不下乡？我们一家人不分开了。

我在上一节写到读书的计划，就是在这个时候制订的。忽略了这个背景，就无法理解我说的，为什么自觉读书要和自觉疏离时代主流联系起来。但这个背景，让我在精神上背了思想包袱而倍感痛苦。"文革"时期，"最高指示"越传到基层，就越是被不折不扣，或者变本加厉地推行下去。像上山下乡这样的政策，导致过多少平民百姓家里的悲剧，难以计数。我熟悉的一个知识分子家庭，成分也是一般，两个孩子也很有上进心。兄妹俩响应号召双双插队落户，结果哥哥积劳成疾加营养不良，患肝病不治而亡，妹妹深受刺激发了精神病。我在靖南中学的同班同学，女生周小妹去江西插队，有一次在劳动中昏倒，送到农村医务室，赤脚医生给她注射葡萄糖，结果她本来有糖尿病，就这样死在农村。这还是刚下乡一两年间的事情，周小妹是我们班级最早去世的成员。这样的惨剧在当时大约也是司空见惯，时过境迁，一代知青已经历尽人生沧桑，对苦难已经淡然处之。至于这一政策如何做历史评价自有公论，我没有上山下乡也没有资格讨论其功罪是非。在那个狂风暴雨的时代里，为了推行这一政策，各学校街道单位都使出了十二级台风的力气，手段无所不用其极。我母亲是做好了思想准备，她无所畏惧，而我毕竟是初见世面，何况内心深处还是冲动着，想去迎合时代主流，所以感到压力。平时在学校里与同学一起搞各种活动时，还是没心没肺理直气壮，但一想到别的同学可能都主动或者被动地走一条时代规定的人生道路，而我却早早地在规划如何"背叛"他们，心里很不是滋味。以前说过的"隐忧"此刻又悄悄上了心头，我感到自己很孤独。

这种无形的精神压力，加上青春期的内心骚动，我慢慢地患了一种病症。最初症状是头痛，每天早上，脑子里像是有一把小勺在刮铁锅那样，一下一下地刮。这个锅就是我的脑袋，每刮一下就抽痛一下，越是心情烦恼时候，觉得这把无形小勺刮脑袋的时间越长。其次就是心脏跳动快速，而且怦怦地响，如果静坐在那里，仿佛听得见自己的种种心跳。这些病症到了暑假就更为严重，连我母亲也知道了。她陪我去过几次医院，似乎也没有什么效果。到了那年的新学期开学，学校里开始安排学农活动，本来学农不过是每年的"双抢"和"三秋"时期，"双抢"大约五六月份，"三秋"大约是10月份，都是农活最忙的时候。我们这个年级是安排在"三秋"，所以，新学期开始就做动员。母亲看我有病，就向学校里请假，不去学农了。本来以为不过是半个月时间，参加不参加无所谓，没有想到那一年刚过了国庆节，担任国防部长的林彪向他主持的中央军委发了"一号命令"，关于加紧战备的指示。传说毛泽东很不高兴。全国人民都被蒙在鼓里，全国各大城市都笼罩在战备的阴云之下。大批人员疏散到外地农村，而我们学生在农村学农的时间就被一再延期，被搁在农村无所事事，整整拖了半年多。等第二年开春，一回到上海就开始毕业分配，然后匆匆散伙。几乎就没有再集中上课或者活动的机会。所以，这一次没有参加学农就让我与班级集体分开了，开始了自己独立读书学习的生活。

战备的气氛越来越浓，家家户户在窗户玻璃上贴了米字形的纸条，街道开始规划每户人家必须上交几千块新砖头的泥坯。同时，疏散的风声也越来越紧，传说一切老弱病残、无业人员，统统要离开大城市，撤往农村。马路上出现了大幅标语："我们也有两只手，不在城市吃闲饭。"母亲的商业局机关也在动员职工下放，有些干部全家下放到黑龙江或者江苏的大丰农场。他们局有个五七干校在黄渡公社，许多干部职员先下放去干校，经过学习和"斗批改"，然后分配到外地农村或者重新回到机关。我母亲当下就报名去了基层，也不去干校，直接调到卢湾区淮海中路的一家大型食品商店，当了水果柜台的营业员。令人忧虑的是我们家里吃闲饭的人特别多，除了外祖父和外祖母外，还有我的老祖母，已经快80岁了，两眼白内障，什么也看不见。当时里弄干部已经挨家挨户来登记人口，首先是要你选择自己的家乡，如果没有家乡的，就由国家安排去农村。从我们家的人口分布情况来看，父亲在西安，小舅舅在北京，这两处都是大城市，自身难保，也不可能去寄居。这件事让母亲非常犯愁。

正在这时，北京小舅舅的一个亲戚来上海，我叫他"叔公"，曾经是北京名牌大学里的助教，后来不知道犯了什么错误被开除公职，现在是无业游民。但他脑子灵活，能说会道，通过各种社会关系，在河南一家大型企业帮忙，当外勤人员，把那家企业的厂长书记哄得团团转。那次他出差到上海，顺便来看望外祖父和外祖母，聊天时说起北京疏散人员的状况，其手段似乎比上海更加严厉。他知道我们正在为三个老人犯愁，就主动邀请我们去他的家乡，无锡郊区周泾巷，他说他也准备把在北京家里的老人安置在那里。这几乎是绝路逢生，母亲主动与叔公约定了时间，一起去周泾巷。母亲对我说，你一起去看看吧，如果可以，你与外公外婆一起去那里住一段时间，一方面可以照顾老人生活，另一方面也避一避"上山下乡"的风头。我听了心里很不是滋味，但还是一起去了。

大约是上1970年初的一个很冷的日子里，我与母亲到无锡去寻访疏散之地。这是我第一次去无锡，叔公在无锡迎接我们，他带了一个浩浩荡荡的团队，总共有七八个人，其中有两个军人。据说一个是8341部队的连长，姓张，当过林彪的警卫；另外一个是青年战士，好像也是叔公的亲戚。另外还有河南企业的头儿什么的，彼此都非常熟悉的样子。叔公在无锡车站北面有自己的房子，原来也是一个独立的宅子，现在一半被别人住进来了，自己只占了很小的几间，看得出是一户有家底的旧式人家。叔公很热情地招待我们，天天在家里摆酒水宴席。饭桌上笑话连篇，热闹非凡。这让我想起父亲在家的时候，也是这样一种生活方式。他们常常不收拾饭桌，一顿饭吃很久，基本上都是在聊天和斗嘴。饭后接着喝茶，继续聊天，到晚上又重新把酒菜摆上来。人也是进进出出，有事就走了，又有别的人进来，坐下来就一起吃一起聊，也很随便。这与上海小市民家庭那种小里小气、藏藏掩掩的日常生活方式很不相同。

周泾巷的事情落实得很顺利。我第一次去农村，看到了江南水乡人家的热情和实在。女主人带我们去看了房子，还算干净，也很宽敞，适合老人居住。谈妥以后，母亲心也就安定了。在叔公的安排下，我们一起游览了无锡的鼋头渚、蠡园、梅园和锡山。这是我和母亲唯一的一次单独出来旅游，母亲向来喜欢旅游，劲道十足。她晚年时，我也多次策划与她一起外出旅游，好像天不遂人意，都没有成行。那几天，天气非常冷，但因为母亲心情好，我现在回忆起来的细节都是很温馨的。

但是又过了不久，中苏之间的冲突好像松弛下来了。马路的防空洞还在不停地挖（这项工程好像一直持续到1976年）"深挖洞、广积粮"的口号还在不停地喊，但是人口迁徙的计划却慢了下来。我走在无锡市街上，看到每条街都有举家迁往农村的"光荣榜"，每条弄堂里都有关着的门，景象十分萧条。但是在上海的迁徙工作似乎还没有大规模展开就偃旗息鼓了。

回到上海不久，母亲就病倒了。医院里查出她腹部有一个肿块，建议住院开刀。母亲拒绝动手术，在家里休息了个把月以后，又去上班了。那时学校里已经在进行动员"上山下乡"，工宣队和班主任来过我家，他们知道我家的特殊情况，一开口就表示，可以让我挑选好一点的去处。母亲取出医院的检查报告，说，"等我开刀了再说吧"。佝偻病的尹师傅还想说一些大道理，母亲眼睛看着他说，"小师傅，这些话我早在1955年就听过了"。动员也就不了了之。那段时间我基本上没有去学校，只是在同学们的传递消息中，知道了王沂波报名去了黑龙江逊克县插队，张忠民、张国良兄弟同时面临分配，哥哥报名去了淮北五河县插队落户，弟弟受到照顾被安排到江西进贤的军垦农场。王琴瑛也去了五河县插队。一个班级五十多人树倒猢狲散，大约只有两个人没有被卷入这场洪流，一个是我，还有一位是施立学。

陈思和，1954年生于上海，原籍广东番禺。中国当代文学批评家。现为教育部"长江学者"特聘教授，教育部高等学校教学名师奖获得者，复旦大学中文系教授，博士生导师，兼任上海市作家协会副主席，中国作家协会全委会委员，中国现代文学学会副会长，中国当代文学学会副会长，中国文艺学学会副会长等。著作《陈思和自选集》获上海市哲学社会科学优秀学术著作一等奖，主编的《中国当代文学史教程》一书获全国普通高校教材一等奖，编撰的《巴金图传》获国家优秀图书奖提名奖，根据其课堂讲义修订出版的《中国现当代文学名篇十五讲》获2004年上海市哲学社会科学优秀著作二等奖。其他著作有学术传记《人格的发展——巴金传》，学术专著《中国新文学整体观》，编年体论文集《笔走龙蛇》、《鸡鸣风雨》、《犬耕集》、《谈虎谈兔》、《草心集》、《海藻集》等十几种以及《思和文存》三卷。曾先后在日本早稻田大学、韩国首尔大学、美国芝加哥大学、德国特里尔大学和波恩大学等担任访问研究员或客座教授。

陈思和

北漂画家周长胜

李健健 著

题 记

凡人传记自古有之。

我之所以选择周长胜作为传主为其立传，是因为他的生命彰显了坚毅、勤奋和自我改变命运的真实性。他从挖煤、拉筐的井下工人成长为书画艺术家的传奇人生，给我们的启示为：人的力量是内心的力量。人只有从内部进行变革，产生"内发力量"，维护生命尊严，追求人生幸福，最有价值、最有意义地开发自我潜力，一切梦想皆成现实！

21世纪要实现"生命的世纪"、"和平与希望的世纪"，但是，面对精神的失落，"终究不得不归结于人本身的诸种浑浊。'心之病'成为'身之病'和'社会混乱'的诱因，而它又加剧了'心之病'，形成一种可怕的恶性循环。"根除"社会混乱"必须从生命的内在创造性入手，从内部来启发生命。传记文学恰恰可以为大众提供行动的榜样和心灵的导师。著名思想家池田大作认为：了解伟大、善良且高尚之人，使其他的人竞相高尚起来，会对人的形成产生不可估量的作用。这也是"所谓教育就是己心有师"。

传记文学自身具有激励、教诲的功能，并与"人性革命"息息相关。"人性革命"强调从自己内部挖掘人的力量，磨炼自我人格。因为，一个人的伟大的人性革命归根到底可以实现一个国家命运的转换，进一步地具有实现人的宿命转换的可能。

人的"选择"将创造未来。周长胜遭遇厄运，并从人生的低谷艰难跋涉。奋斗的人，苍天厚爱。他牢牢把握求学的机遇，之前，从没有见过宣纸的他，竟能以超人的意志追赶并完成学业，使自己走出困境，抵达水草丰美的溪畔。在绘画领域，他不断求学、精进，虽不能独步画坛，成为巨擘，但他改变命运轨迹的人生，像一面镜子折射阳光。

作为传记作家，我要求自己与传主都要真诚、真实。我要如同介绍邻家熟悉的大哥大嫂一般，亲切、生动地客观描述出他们的优点缺点，使读者真正感受到我们的真诚，并认识到传主的凡俗生活与我们息息相通、毫无二致。只要我们也在内心蓄力，像他一样不断超越，我们的人生也将华丽转身，阳光普照。

周长胜向往着宁静致远、潜心画道，但被滚滚红尘裹挟的身心一时难以平静……尽管他已经剃须蓄志、誓言安静，我还是要祝愿他真正安心静气，以白石老人为师！

在我的传记生涯，我写了一位"北漂画家"，也可谓写了一位凡人，但我从内心祈望传主是非凡的！

1971年的入秋时节，周长胜不到20岁，他那双满含温情与美好的笑眼变得越来越幽怨、悲切，已经无数次了，双眼中涌出汩汩热泪。

周长胜正在山东枣庄八里屯煤矿近200米深的坑道拉煤筐。消瘦的他，低下一米八的身躯，弓着腰，肩拉着三四百斤重的煤筐艰难地爬向坑道口。采面里放完炮的浓烟还没有散尽，阴冷潮湿、积着泥水的肮脏采面时时发出噼噼啪啪木桩爆裂的响声，空气中时不时还夹杂着"筐头"（班长）的怒斥声。周长胜拉着煤筐、背着电池、戴着有矿灯的胶壳帽，浑身汗水地快速往返。由于高个，经常碰头，脊梁的旧伤未愈，新伤又添。中间休息时，他和工友们背靠点柱，席地擦汗，让气喘吁吁的身躯渐渐平静。除了牙白，面目黢黑、忧伤满怀的周长胜凝视着一米多高的坑道，已经无畏落顶、透水、瓦斯爆炸之类的危险了。他知道自古以来枣庄蕴藏煤旺质佳的丰富煤田；更知悉解放前这里有矿难留下的累累白骨，后人建立的"白骨塔"、"大坟子"就在煤城路边；也记得德国人一意孤行，矿井透水一次死亡499人。煤矿上的人谁不明白"下煤矿是埋上没死的"！

"筐头"在喊："拥车！拥车了！"周长胜强打精神站起来，与工友合推装满两三吨煤的有轨大车，来回几趟，周长胜累得两条腿禁不住发抖。终于，干到收工。他拖着疲惫的身躯走进澡堂。

回到矿工宿舍，与他同屋的李伟急忙扶他依靠床头。李伟是他的初中同学，湖南长沙人。李伟的父亲毕业于清华大学，分配到山东师范大学任教，"反右"时被划成"右派"，全家下放到了枣庄。1968年8月，初中毕业的李伟赶上了八里屯煤矿招工，李伟与几位同学顺利通过之后，他欣喜地跑去告诉周长胜，劝他也去报名。待业家中，无所事事的周长胜求之不得，与李伟急忙来到招工现场参加面试，负责人不同意招周长胜，因为他又瘦又高，还不够18岁。煤矿招人，倾向矮个、敦实、有力者，如此方可在井下游刃有余、行动自如。周长胜急切地表白："我没问题，不怕吃苦！"

李伟和几位同学私下为他疏通，之后，周长胜通过简单查体，成了八里屯煤矿的一名矿工。因为他又瘦又高，加之机敏沉稳，被留在机关调度室，由此，他认识了矿上漂亮的广播员陈荣存，经她介绍认识了朱建娥。朱建娥的父亲是综合厂的厂长，她是综合厂的裁缝，她母亲听说女儿有了对象，特意来矿上看过周长胜，对他英俊的外表、温和个性非常满意。梳着两条长辫、窈窕、美目、欢声笑语的朱建娥像一朵盛开在周长胜心中的牡丹，满满地占据着他的心房。他俩山盟海誓，不离不弃，永世相随。

1970年，在枣庄供销社工作的父亲周靖，在"文化大革命"中担

周长胜的全家福。后排左起：母亲王惠慈、父亲周传恩、姑姑周屏。中排左起：大哥周长林、祖母周王氏、祖父周庆臣、周长胜；前排左起：二哥周长忠、小妹周长云、表弟甄旭、表妹甄娜。摄于1958年。

任了"革委会"主任，"一打三反"，周靖被定为"现行反革命"，关押在枣庄看守所。一个月零八天，看守所打来电话，说周靖因病死了，来拉人。这一噩耗如晴天霹雳，令人手足无措。周长胜跟着哥哥来到看守所，发现父亲的手臂、身上有多处伤痕。他们惊问："怎么回事？"没有答案、没有结论，周长胜和家人草草埋葬了年仅39岁的父亲。

紧接着，周长胜调离机关，到井上拥矿车。尽管这样，他内心的惊恐不安、自卑与屈辱却像潮水一般越涨越高。朱建娥早已退避三舍，杳无音讯。周长胜已经从人们的目光中领教了歧视与憎恨。他的身心不由自主往下沉、往下沉，都要落到尘土里了。父亲死后的第二年6月，忽然，又传来噩耗。那天，暴雨倾盆，河水猛涨。周长胜一早起床就肚子疼。他正在井上拥车，有人跑来对他说："你弟弟摊上事了，赶紧回家。"

回到家才知道，9岁的弟弟讨饭掉河里了。家中的哭喊声和哗哗的暴雨仿佛要吞没周长胜和家人。直到雨夜一两点钟，他们才打捞出弟弟的尸体。周长胜沉浸在悲恸、哀伤里难以自拔时，矿上又来通知他下井拉煤筐、拥大车……

周长胜兄弟合影。后排左起为表弟甄暐、甄旭，前排左起周长胜、大哥周长林、二哥周长忠、小弟周长喜（1971年夏溺亡于讨饭途中），摄于1969年。

李伟比周长胜大一岁，经常到他家，所以根本不相信周靖是坏人。这种时候，他想得最多的是怎样帮助好朋友走出乌云密布的昏暗世界。他想到了爱情，爱情是寒夜里的篝火，爱情可以引他走出黑暗，进入阳光灿烂、鲜花遍野的青翠山冈。

他太熟悉周长胜了，初中时，他们一起练书法、一起画板报、一起游走玩耍……像亲兄弟般知晓彼此的习性、爱好、语气和想法。他知道周长胜爱慕过一位叫马学荣的姑娘。这姑娘就在八里屯煤矿的食堂上班，她比周长胜大两岁，之前他俩有过交往，而且周长胜的母亲欣赏马学荣。周家出事，小马特意去家中安慰过他母亲。李伟觉得小马可以给他温暖，给他无私的爱。于是，他模仿周长胜的口气和字体，给小马写了一封信，让她在这周六到枣庄峄城区文化馆门口见面。怎样实现他俩见面？李伟颇费心思。他让周长胜亲自把封好的信交到小马手中，说他自己有事求小马。周长胜没有多想，就替朋友当了信使。

李伟和周长胜的矿工宿舍只有14平方米，一人一张单人床。他确认周长胜把信交给小马，这时，他盯着周长胜笑着说："这周六，六点钟你必须到峄城区文化馆门前，那里有人等你。"周长胜睁大好奇的双眼望着李伟，心想，我都成了"现行反革命"的子弟，谁会跟我见面？！不躲着我就不错了！

他想到了马学荣，难道会是她？李伟让他转交的信，原来是这事？马学荣在他脑海里浮现出来。马学荣是母亲王惠慈的朋友。20世纪60年代，物资极为匮乏。社会上流传着："七级工、八级工，不如社员一沟葱。"那时，什么都要票，糖票、粮票、布票、肉票、油票，每人每月二两油，多买点肥肉和白糖都算托了很大人情。买两斤香油需经理签字，买自行车得局长批条。为了生计，周长胜的母亲下放到农村蔬菜大队当菜农。上完小学的马学荣跟他母亲在一个队上干活，马学荣个性活泼、勤劳能干、积极向上、亲切友善，跟他母亲投缘。母亲常在周长胜面前赞扬她。周长胜依稀记得小学四五年级时似乎见过她，那时候，她的胳膊上就戴着三道杠，是少先队大队长，很神气。枣庄的每个乡镇都成立了"毛泽东思想宣传队"，马学荣是峄城区宣传队的主力。周长胜看过她演《东方红》歌舞。大幕拉开，马学荣晃动着半圆形的彩色花环跳着舞步来到舞台中央，一个优美干练的劈叉之后，群舞队员摇动着花环上场，在《东方红》的乐曲声中，马学荣翩翩起舞。周长胜对她心生好感。马学荣作为峄城区宣传队主力，在枣庄峄城区15个乡镇巡演，并在全市的汇演中夺得了团体第一。周长胜也见过马学荣身穿军装、套着红袖章、戴着军帽，站在宣传车上英姿飒爽的风采。说不清为什么，他结识了马学荣的弟弟，常去家中找她弟下棋。马学荣也注意到这位清秀的小伙，当她得知他就是王惠慈的儿子、在八里屯煤矿上班时，对他的感觉变得越来越美好了。马学荣从周长胜的美目里读出了善良、温厚和聪慧。

　　他们开始约会，马学荣每天去蔬菜大队上工，必经周家。周长胜就在大门顶部的木框上写着："毛主席万岁！"马学荣知道，下工后他俩要去师范学校的操场约会。见面的时候，她总像姐姐一样教育他说："下了班，别跟那些小青年整天玩，爷爷奶奶岁数都大了，帮着干点家务。单位的工作你也得好好干！"

　　那时，他刚参加工作。初冬，万物凋零，寒意四起，他俩席地坐在操场的沙坑里谈天说地。马学荣注意到周长胜衣着单薄，担心他着凉，她取下叠成三角的粉红头巾，戴在周长胜头上，高兴地说："别人看

1967年时的马学荣

到还以为两个小妮子。"她心疼周长胜，掀起薄袄紧抱他双脚放在怀里捂着……马学荣送给他一寸小照片作为信物。他常取出端详，这位眉清目秀、纯洁善良的姑娘，满脑子学雷锋学王杰，争强好胜，一心想当英雄。后来，家中有人觉得马学荣与他父母同辈，加之女方家反对……他们淡了下来，父亲出事，她来家中安慰母亲。自卑、愧疚的他，见到马学荣掉头就跑，因为父亲是"现行反革命"，他只有避而不见，即便她也招工进了煤矿。

李伟让他送信，出于朋友义气，他去见她，难道是为了自己和她？唉，李伟也是一番好意。

二

马学荣、周长胜从小在峄城区长大。马学荣童年时的磨难远远多于周长胜。马学荣的父亲幼年时父母早亡，养母在他8岁就命其放牛、砍柴、拉磨。一次砍柴，树杈穿透了他的大腿。伤愈后，养母厌恶他光吃不做，恶语、歧视和打骂时常发生。父亲在厕所里捡了两块钱，于是，他从滕县逃到峄城牌坊街。12岁，他为一位炸油条的店主送油条。后来又为东家挑水，年关来临，东家给他一碗包子，过年就这一碗包子。炎炎烈日，他无衣可换，太阳把他穿的破棉袄晒得冒油。赶集的人老远都躲着他。渐渐长大的父亲开始上街打饭（打烧饼），靠卖烧饼，他娶了贫穷、不识字的母亲。结婚时借了一位姓范的锅，这样，父母有了窝棚一样的家。父亲在峄城大街口打饭。逢年赶集，他俩能把收来的上千斤粮，推磨、箩面、打烧饼。挣了钱，他们不买房，买地，买了地送亲戚耕种。孩子多了，租两间半茅屋。马学荣有8个兄弟姐妹，她排行老六。

六七岁时，她开始端着家中的小铜盆下河洗衣。返家时，不小心把牙摔落、把盆摔裂。她家的前面住着卖牛肉汤的，后面住着卖猪头肉的。童年时光，她似乎没人问，也没人管。饿了，去帮着拆骨头，而后扒拉柳筐啃骨头；又饥又渴，去喝牛肉汤泡煎饼，跟小野孩似的。她7岁时，父亲兼营烤地瓜。她天天帮着洗地瓜。左邻右舍的小朋友叫她去玩，她就让小朋友帮她洗地瓜，洗完再玩。

该上学了，她报名，母亲说没钱，不能上。那时，学费两块钱。她就割草卖钱。最终，得以插班进入一年级。老师教唱歌，她觉得唱歌是那么美妙、欢愉，并为此迷恋。四年级的时候，姐姐从东北回家，说要带她到东北上学。冬天，她跟姐姐去东北的鞍山钢铁厂。瘦小的她竟然睡在火车行李架上。到了东北，姐姐并没有让她上学，而是让她照看蹒跚学步的外甥女。

1958年大炼钢铁。父亲打烧饼攒钱买的地，全部入了公社。家中一贫如洗，落了一身病的父亲欲哭无泪。三年自然灾害时期，东北的姐姐得了肾炎，马学荣和两个外甥女被送回山东。家中没有生活来源，马学荣只好跟着哥哥卖水果、到电影院门前卖香烟。她脖颈上挂着带子，双手端着烟箱，时不时叫卖。后来被税务人员查封，她又开始白天卖花生，晚上卖茶叶蛋。听说煎饼在枣庄东大洼煤矿特受欢迎，她就跟着邻居披星戴月卖母亲摊的煎饼。秋天，又要帮哥哥卖瓜果李枣。没有主顾时，她一边看摊一边看《林海雪原》。她发现自己有好多字不认识，就跟母亲说："我得上学。"母亲冷冷地回答："没钱，你不能上。"她没有吭声，径直跟着邻居家姐姐插班上了四年级。五年级，她竟然当了班长。她开始参加学校的各种活动，歌咏比赛、体育比赛，她都努力争夺第一。即便全校外出劳动，返校时，别的班级三五成群、稀稀拉拉，马学荣却带着全班排着队、唱着歌，整齐划一地返回学校。马学荣父母交不起每年两块钱的学费，她一放假就去割草，以每斤卖两分钱积攒着学费。她没钱买本子，学校发的作业本，她写完铅笔写钢笔写毛笔。她没买过铅笔，拾同学用过的铅笔头，铅笔盒是医院用来放针剂的长方形纸盒，她用针线把四周缝牢。放学回家，她帮母亲喂猪、浇园、推磨摊煎饼。每天，她4点起床，迷迷糊糊眨着眼推磨，晚上11点才能趴在母亲切菜的方桌上做作业，母亲嫌点灯熬油，不让写。

她考上初中，母亲不让上。父亲身体不好。哥哥姐姐都结婚走了，她成为家中顶梁柱。1967年，她进入峄城区南关八队参加劳动，后来归入蔬菜大队。有一阵，她每天要走十里路去东南湖打土坷垃，双手磨起血泡如蚕豆般大小。马学荣的吃苦精神，大队在广播中给予特别表扬。1968年，公社成立宣传队，参加全区汇演。马学荣被抽到公社排练节目，在区里汇演拿了第一。这一年，她挣了300块钱，帮家里还上账，还有余钱。她给父亲买秋衣秋裤，为自己买了一块呢子布。她又被选调区宣传队，并成为骨干。在枣庄市汇演中，峄城区荣获第一。马学荣随着宣传队到各乡镇、矿区演出，所到之处受到热情款待、热烈欢迎。那时，每月有24块钱工资，她如数交给母亲买粮。

马学荣与女友赵翠演出《下定决心》，摄于1967年。左为马学荣。

1971年，峄城区宣传队全体人员被八里屯煤矿招工。原本2月进矿，招工负责人想把家中保姆塞进来，此事推延至4月。进矿的头一天，马学荣梦见与母亲在院子里的水塘边用铁盆拾鱼，拾着拾着，露出了鱼群，马学荣说："咱别拾了，放水养着吧。"第二天，通知她上矿。她被分到食堂，每月工资36块5。她从"面案"干起，蒸馒头、包饺子、擀面条、切菜，样样精益求精，食堂全体员工近50人比赛包水饺，她赢得第二名。她整天告诉自己：好好干，人能做到，我能做到。人家端炒瓢，我也端炒瓢！马学荣又矮又瘦，劳累一天，疲惫不堪。她却被一股正气激励着。又苦又累的时候，她会想《英雄儿女》里浴血奋战的军人，会想上甘岭坚守阵地的战士，这样想，她就觉得这点苦不算什么。切菜经常割破手，手破了照样干。久而久之，矿上的小报、广播经常点名表扬马学荣。

马学荣的三姨姐四处张罗着给她介绍对象，驻兖州部队的军医、家庭优越的、最受热捧的军官，五六个都被她拒绝。一天，她刚炒完菜，姨姐派人来喊她，说有急事。她穿着工作服就去。在三姨姐家，一位浓眉大眼、相貌堂堂的军官站起来，热情地问候。她知道了这是位连级军官。她的心曾被周长胜填满，这时又被失落和愁绪堵塞，心中根本没有容纳他人情爱的空间。她有些不耐烦，决绝地说道："刚进矿，还没转正，领导不叫谈对象！"说完，转身离去。

三

周长胜、马学荣周六傍晚如约来到文化馆门前。那是一个月圆之夜，清冷幽远、寂寥凄楚的银色月辉，淡淡流泻在他俩周身，惆怅哀伤、悲苦无助在他俩心间蔓延泛滥，像一地破碎残红，为狂风裹挟抛掷踩蹦……

"来了。"

"来了。"

他俩不约而同地向师范广场走去。在广场席地而坐。"原来听说，你找了个对象？"马学荣幽幽地问。

"是。"周长胜低下头。

"姓什么？叫什么？"

"那女的，是薛城的。"周长胜撒谎，马学荣认识朱建娥，她曾在区宣传队教过朱建娥练功。

"长什么样？"

"留着大长辫子。"

"现在怎么样了？"

"现在不理我了。"

马学荣薅了一把草："你为什么见我就跑？躲着我？"

"家摊上事了，咱哪还有脸？"

她又薅了一把草，沉默着；周长胜举头望月，叹息着。马学荣极为矛盾，心中波澜起伏，似乎唯有俯身低头薅草、薅草，才能抉择要不要跟他和好如初。拔草的声音划破寂静悲伤的夜空，周长胜看着她把眼前的草薅光，聚成堆，内心充满愧悔与期盼……

马学荣回家跟父母商量，母亲愤怒地说："你要愿意，就别进这个家！"马学荣放不下周长胜。因为她经历了"文革"，一句话不当都能打成"右派"。她想，谁也保不住一辈子红枣红瓢，谁也不能一竿子碎到头。这时，没有什么人理他，每天又干着煤矿最苦最累拉筐拥车的活计，在他最痛苦最黑暗的时候，我当姐姐的应该拉他一把，应该帮助教育他，给他温暖……

为了周长胜，她只好离开家，搬到矿上吃住。他们开始恋爱，相互写信。她甚至给周长胜下"最高指示"。

小周：

看了你的信，知道你下决心改掉以前的缺点，今天和你一起看了电影，教育意义可真大啊。咱俩的事也有点跟电影上相符合，你写的那封信，我看了很受感动。我虽然不能跟年轻委员长比，但我得向人家学习那种精神，帮助同志有毅力，学习人家对工作对同志负责任。我觉得你一定能像那个司机同志转变好的，我相信你一定会转变好。

小周，咱们俩不能老沉睡在恋爱的摇篮里整天不醒，像你说的一样，哭愁都不是办法，只有振起精神来好好学习，好好工作，你光这样想我、爱我，也不成，你心里真有我的话，你一定各方面都严格要求自己成功，因势利导夺取胜利。

祝你精神愉快！

她在另一封信中，起笔就是"最高指示"，随之写道：

力量对比不但是军力和经济力的对比，而且是人力和人心的对比，军力和经济力是要人去掌握的。同志朋友，请耐心细阅吧：

昨天的事情使人肺都气炸，我真没想到你现在变化这样快，你如果现在不愿意，今后作为朋友相处罢了，我做梦也没有想到昨天晚上会说出那样无情的话了，然而你还会这样说。她再找我也不愿意，她丢人难看又不丢我的人……

唉！同志朋友，以上你这些言行，我真没有想到质量会这么高，会受到别人这样的称赞，我连想也不敢想。如果你是一个女生的话，这样的事情处境万一发生在你身上，你又怎么办呢？你又如何处理呢？你的心情又是啥样的呢？同志朋友，好好地考虑吧！

同志朋友，想当初，我们俩是亲如手足的姐弟，人心都是肉长的，你就是铁心，我觉得也能发热。你从前的心，而现在已经失去了灵魂。现在依你的想象，我是追求你，非你不可吗？离开了你就不行了吗？不完全会能独立生活下去的。除了你以外，世上就没有男人了吗？同志，你要知道我不是那种多情的人，如果是那种人的话，也到不了现在了。有多少人追求我，你可能也会知道一点吧？我自古以来就没有那种乱爱的心，同志，你说对吗？只有那种低级下流的人物，才能干出那种无情的事。

小周，我以前总是认为你比我，一是年龄小两岁，二是双方家庭有些不同意，你也写信再表决心，你内心的情况，内心反应也表达给我，可是我真是这样想，恐怕影响了你的工作与学习，今天就这样，那我毫无意见，对于这样的人物来说，何必留恋呢？从今，我们各奔前程，你如果今后想做朋友，我也不反对，一个有心一个无心，总是什么事情也办不成，同志，你说对吗？

朋友：关于此事，我给家做了多少工作，你是否知道？为家不知花了多少精力，今天看出了实质，回顾了以前的情景，想到你以前对我是内心的爱还是表面上的爱，这还不是一目了然了吗？你知道我知道，天知道地知道，你以前给我的信，我要永远保留，将会永远保留，事情并不是那么简单，今天已到了现在，你如果起了坏心……到时候可别说我不讲人情，我从俺们认识起，我觉得各方面都对得起你，即使我名声传出去，我也没干那些不能见人的事情，日久见人心，时间长了，大家都会知道好坏，知道谁坏谁好吧。我并不是觉得你人长得漂亮，非追求你不可，我的要求不是这样，而是人美不如内心美。人不能为漂亮为地位……而是要一个人的性格、脾气……这样才是我的最终目的，人长得再漂亮，内心肮脏，这样的人到什么时候也不会好的，总得要碰得头破血流。住笔。

我就写到这里，还有很多的事我要说，我也不说了，你知道我知道，也不必写下去了。再见吧，同志！

请回信。

此致

2月20号

劳累一天的周长胜能接到马学荣的来信，仿佛寒冷的冬夜渐渐从他的生命中远去，初春的阳光缓缓照耀着冰封的心灵大地，但也有乍暖还寒时节。他在给马学荣的一封回信中写道：

伟大的领袖毛主席说：团结起来争取更大的胜利，斗私批修。

亲爱的马学荣同志：你好！

昨天晚上，我久久不能入睡，好多事展现在我的面前。昨天晚上李伟他们一直在家里等着，夜里我们4个人住在一起的，一夜我没睡着。现在听说你不到我家里来了，

枣庄市八里屯煤矿革命委员会便笺

弟：您好：

这来工作很忙吧？身体很好吧！一切都很顺打吧！一周的时间是短之的七天，但我觉的是非常难熬和没着的。

回忆一个相处的多天，是使人来单气愤和惭愧的，也是使单于笑的。使人气愤的是，自己太不自觉，一头爱心都没有，先数动自己，把幸福追这在别人们揩着之上，惭愧的是为人对不起您。渝劝迟捧收，我却直头不理，尚若无了。可笑的是自己太无知，太不懂了，见到您之来，就象小孩似述藏得，逃躲了。三年的时间，使我知到了很多知识，懂得了，很多道理

我心里高兴万分，对你这恳切的语言，我表示衷心感谢！这句话对我的安慰太大教育更深。

我们相处达三年之久，但是我从来没有给你买过一分钱的东西。今天我给你送来一双鞋，不知你是否收下。为什么我今天给你带来呢？以后我们见面时候可能很少。

每逢见到你以后，我心情不自禁地心酸，不知为什么？这歪歪斜斜的字，我不再往下写了。

　　此致

敬礼

　　毛主席万岁！

友：长胜
3月18号

马学荣在恋爱的矛盾中前行。她在给周长胜的信中写道：

弟弟啊弟弟：

我现在再向你提醒一下，你想人生在世为的什么？这个您已经给我讲："大道理是为革命、为人民服务，讲小道理为自己的小家庭。"弟弟是怎么为您革命的，怎样又为您的小家庭的呢。弟弟你知道，我为了你抛弃了我的同

志，抛掉了劝说我的亲友，抛弃我生身亲母，抛弃……我为了你，我是哪方面对不起你，哪方面做得不对。毛主席说："错误总是难免的……"你不应该这样对待我，如果听，为什么犯老毛病，难说别人说的。

周长胜回信。

一生难忘的亲人，我的姐姐：

这几天，我心情很沉痛，想起咱们之间的事就心酸掉泪，您要知道，您弟弟的眼泪是不好往外流的，回忆一下，从俺父亲不在到俺弟弟死，我是没有哭几回的，可是只因咱们的事，却不知哭了几次。眼泪是不能代替一切的，是不能解决问题的，如果哭能救我们的话，我建议咱俩哭上一周两周……哭是无能的表现，它只能给我们带来忧愁和痛苦，绝不能有任何出路，而自己的身体却受到严重的打击，我劝您今后不要哭，有什么事都不要骗我，让我们共同地想办法出主意。

面对这种种尖锐复杂的情况，我知道您是很难过的，可是我不但不去安慰您，反而恶言冷语，制造是非，达到气别人自己痛快的丑恶目的，现在我真正知道两人的感情建立是不容易的，只能互敬互爱，不能勾心斗角；只能巩固发展，不能破坏捣乱；只能相互学习，不能相互讽刺。今后一定好好学习、改造思想，努力努力再努力。

现在您心里一定很难过，我也不知道用什么方式，用什么办法去安慰您，叫您心情舒畅、欢欣鼓舞，把您的身体，把革命的本钱吃得胖胖的，只要您的身体好，这就是我的幸福，这就是我的希望，您的身体好了，我就没病了，我一切都好了。请您安心养好身体，不要为我操心。

我很想和您谈谈今后的事，可想到您的身体，不能再分散您的精力，等您身体好再讲吧。只随便谈谈我自己的想法。人一辈子到底是为什么而活，讲大道理是为革命为人民，讲小道理，是为自己为家庭，长这么大，我认为自己没有白活，特别是69年到72年，这几年我终生难忘，只因我和您度过了这3年多，您对我的帮助太大了，您以大姐姐的身份教育我，使我逐渐地懂事了，懂得了人生怎样活，怎样活得有意义，怎样对革命对人民有益；多次批评我，叫我好好工作学习，不要旷班，搞好团结。我从一个调皮的青年，在您教育下成为有一定知识的矿工，但是我还是太顽皮了，还是知道得太少了，还得请您多教育帮助我，不知道您今后还能不能帮助教育我。哪怕今后您不能经常教育我，我也永远忘不了您，忘不了您对我的关怀和帮助，我一定报答您教育我的恩情，今后希望您不要生我的气，希望您抽出时间来帮助教育您不懂事的弟弟，不至于叫您弟弟走上死亡的道路，我相信您能够这样做。

我的一生没有白活，和您在一起虽然短短的几年，但是我看见了您对我的一颗激烈跳动火热的心，我和您接触了3年多是我一生最大的光荣，我感到自豪，我真的没有白活。哪怕明天我就不在人间的话，我也不觉得可怕。

亲爱的朋友，您自己去选择一切吧，我再也没有别的路可走、好走，但是我不能再耽误您了，您的前途是远大辉煌的，我希望过了十几年，不要忘了我，不要忘了经常惹您生气不懂事的弟弟。我还想写什么？泪花把我的眼睛掩护起来了，我没法再往下写了。

祝您身体健康！

您的不懂事的弟弟周长胜

5.20草

马学荣在回信中称：

小周同志您好！

　　近来工作忙吧！精神愉快吧！一切都很顺心吧！你叫小李捎那封信上提的3个问题，叫我回答，我看你也了解我，也不必再说了。你叫建民捎的鞋，我看了很满意，你对我的关心，我表示感谢，至于你说"我们相处三年多，没给我买过一分钱的东西"，我觉得你这种做法就对，你是好心，但这一点我是不同意你这种说法的，找对象不是单纯得买东西来爱你，你把我看成什么了？而是两人互敬互爱，情投意合，两人交的是感情。

　　小周，你那天上小靳家，你因什么生气？你一定要把原因说出来？你说你那样做，对吗？我就不说，你能对起别人了，你是能对起小吕还是能对得起小靳。你有嘛就说嘛，你这样做不是解决问题的办法，你对我有意见，请你提出，我保险接受。我自己是不知道的，我自己也不知道哪方面做得对不起你，会叫你这个脾气暴躁、脑子单纯、好说好笑的姐姐再受罪了。你想不找人到我家做工作，就怕咱俩的事是不会成的，你不想办法，再这样放下去，好比拿锯刀子一点点锯我的肉，你再不救我，再见吧！我的弟弟，我对不起我的同志。

　　小周，以前我对你的态度不好，我想你原谅你这个没有心的姐姐吧！弟，你有很多优点，我从来也没有说过你一次好，这点，我向你请罪。我知道你的孩子脾气一定能改掉。不管对不对，我现在再说你一点，别生气，弟弟你现在也不小了，不能光玩，该办点事，要多动点脑子，你不要事过后再想。你哥哥不在家，家里老的老小的小，该帮助家做点活，你很懂事，不要再惹咱母亲生气，不要办事自己做主，没有急事就不要旷班，花钱不要像流水一样不在乎。你想，它不是从天上掉下来的，是用汗水换来的，一分钱要用在刀刃上。你姥爷80多了，还坚持上班。我知道你从小就没受过一天苦，没人管也没人问你，什么都随你，只有你那几个好朋友为你为我不惜任何代价，为咱操心，我这里向你表示衷心的感谢，有恩后报。

再见！

祝您精神愉快；后会有期。

不要把心给别人看。

6月29夜1点草

一位根红苗正、能歌善舞、漂亮、勤劳的姑娘打算嫁给一位"现行反革命"的儿子，没有无私无畏的勇气是难以做到的。

所以，周长胜的回信饱含着感激与奋进的决心。他写道：

荣：您好。

近来工作忙吧？身体很好吧！一切都很顺利吧？

一周的时间是短短的7天，但我觉得是非常难熬和漫长的。回想一下，两年前的今天，是使人非常气愤和惭愧的，也是非常可笑的。使人气愤的是，自己太不自觉，一点"良心"都没有，光想到自己，把幸福建立在别人的痛苦之上；惭愧的是本人对不起您，三番两次捎信，我却置之不理，倘若无事。可笑的是自己太无知，太不懂事，见到您之后就像小孩捉迷藏一样"逃跑"了。三年的时间使我知道了很多东西，懂得了很多道理，不但懂得了为什么要做人、怎样做人和人生活在世上的不容易，更重要的是，我看到了您的一片真心，按我自己的条件，跟您比较，和对您的态度是根本不能实现的，别人也根本不敢相信，我们的友谊能够发展到现在，连我都不敢这样想……

现在我没有别的主意，向您道歉，没有别的办法向您赔礼，只有好好工作、学习，立功赎"罪"，争取您的宽大"处理"，请原谅我以前的行为。我一定不犯类似的"缺误"。

我知道这点知识，与您的帮助是分不开的，但是，这点知识对我来说，是不够用的，是微不足道的。今后，还需要您好好帮助我，免得再走下坡，更好地为社会主义建设、为人民、为祖国、为共产主义奋斗。

有很多话，很多东西要说、要写，由于水平所限，写作能力很差，长时间没摸笔，哈，拿起笔来心慌手乱，不知从何说起，所以，写得少头无尾，平平淡淡，请您多多包涵。原谅！

此致

敬礼

毛主席万岁！

友 长胜

72年元月11号夜两点写

咫尺天涯，鸿雁传书。他在另一封信中写道：

马学荣同志：

由于本人脑子愚笨，记忆能力较差，加上对主席著作学得不够，用得不活，没能很好地、彻底地执行借东西要还这条真理！所以，才把您的手提包，窝藏达三月之久，

不但，自己不提此事，反而"执迷不悟"，更可恶的是
"强词夺理"，说什么根本没有这回事，真是不"杀"不
足以平"民愤"！

经过反复的考虑，经过别人的帮助，和他人提出的严
正抗议，我才不得不认"罪"——手提包我拿了。一天一
夜时间使我真正地认识到，借人东西不还的严重危害性和
复杂性，更重要的是耽误别人的一切工作进程。

今后，我一定努力学习，改造思想，树立全心全意为
人民的好思想、好作风，对主席的指示，做到不折不扣，
雷厉风行。在此，我对提包的主人表示道歉！请提包的主
人，按照党的坦白从宽，抗拒从严的政策，对"罪"人进
行处理！手提包随信同往！

长胜

3月28号

四

马学荣与周长胜通信、约会，周长胜变得温柔多情，绵绵话语和
对未来的畅想让马学荣陶醉、欢悦。他一再告诉马学荣，父亲不是反
革命，是有人陷害所致。等到有一天，他要去为父亲鸣冤叫屈。

夜深人静的时候，马学荣也想念父母，虽然也找人去家中说情，
无奈母亲态度决绝。恋人的深情与父母的忧伤，使她进退维谷。她辗
转反侧、夜不能寐，可是周长胜那双时而幽怨哀伤，时而含情脉脉的
美目，总让她难以忘怀。毕竟，他是自己喜欢、爱恋的人，何况这时
候他又苦苦地追求自己，怎能割舍？也许将来父母会原谅这一切。

周长胜把马学荣带回家，最高兴的是他母亲，母亲原本就喜欢马学荣勤劳、麻利，能歌善舞不说，可贵的是对长辈谦恭有礼、体贴孝顺。她与马学荣在蔬菜大队就投缘，在丈夫与小儿子相继离世的黑暗岁月，这个懂事的姑娘常来安慰她帮助她。这样一位好姑娘能不嫌弃他们，嫁给儿子，这是老天大发慈悲！她小心翼翼地呵护马学荣。

马学荣住在矿上的集体宿舍，条件艰苦。她与周长胜的感情越加浓厚炽烈，便跟周长胜转回家中……

一天，马学荣、周长胜与好友邓建民及女友，来到颇有名气的算命先生王瞎子家。邓建民他们报了生辰八字，王瞎子伸出双手念念有词地掐掐算算，然后，若有所思地对邓建民他们说："你们六煞相冲，结婚后99天见血光。"邓建民为之一震，与女友面面相觑。马学荣与周长胜报上生辰八字，王瞎子又掐算一番，面露喜色地说："你俩可是上等婚，挺好。"周长胜与马学荣四目相对，会心微笑。

邓建民一对从此分道扬镳，而马学荣却由此坚定嫁给周长胜的决心。她不顾父母反对，心甘情愿、至死不渝地投入周长胜的怀抱。周长胜家人为他俩订下娶亲的日子。他俩在1972年11月12日领取结婚证。他们决定旅行结婚，目的地是周长胜的姑姑家。

即将出嫁的马学荣独自来到娘家附近的河滩，望着远处家中的灯火，默默流泪，父母辛苦操劳一生，自己的人生大事竟然违抗父母，自作主张。对待亲生父母，自己不仁不义、不忠不孝。马学荣的心仿佛泣血、哀鸣不已。也许，父母以后会原谅

周长胜、马学荣的结婚证。

自己……她在自家附近的河边徘徊、忧伤，久久不肯离去。

就在他俩要从矿上乘公共汽车去兖州姑姑家的头天夜里，狂风大作，呼啸的大风吹得门窗噼里啪啦，如暗夜里悲戚呜咽的怨女。马学荣隐隐有些不

周长胜的祖父周庆臣和祖母周王氏，摄于1969年。

安，明天就算自己大喜的日子，这呜呜的大风就像不依不饶的怒吼。嫁给他会幸福吗？真是上等婚吗？马学荣翻来覆去，嫁鸡随鸡嫁狗随狗吧！

父亲周靖唯有这么一个姐姐。祖父周庆臣是从山西跟家人逃荒来到枣庄，家中排行老二。两三岁时，父母双亡，是奶奶拉扯他长大，其间给人放过牛。二次大战之后，他竟然去了法国谋生，卖苦力挣的钱如数寄给大嫂。大哥好赌，寄回的钱被赌光，他却毫不知情。等他回国，已是30岁未婚的大龄青年。有人介绍一位贫苦出身，靠要饭为生，比他小12岁的女子为妻。他欣然接受。结婚那天，新娘新郎穿起哥嫂置办的漂亮衣装，喜不自禁。等婚礼刚结束，便有人来索取他们身上的新衣和家中的摆设。原来这些都是借来的，唯有媳妇娶进了门。祖父得知实情，气得吞食鸦片，以寻短见。抢救过来之后，为了生计，他开一间烟酒店。祖父友爱慈祥，路遇乡邻，总是两臂垂膝，亲切问候。每逢大年初一，他总要去给大嫂磕头拜年，感谢养育之恩。有了女儿之后，38岁时又添儿子。他见过世面，把一双儿女都送进学堂。姑姑就读女子中学和师范。毕业后分到兖州中学。

周长胜带着马学荣旅行结婚来到姑姑家。姑姑非常高兴，特意送给他们一条毛巾被和一对枕头。他俩在姑姑家住了一夜，哪也没去，

第二天返回枣庄，结束了他们的"蜜月之旅"。

马学荣结婚的时候，时兴"三转一响带咔嚓"，即自行车、缝纫机、手表、收录机。周长胜家里拿不出这些。周长胜母亲把自己用过的一个三屉桌送给他俩，婚床是大嫂用过的木床，一顶蚊帐，两条被子，一个小褥子。三姨给买了搪瓷脸盆，一块四方镜子，一块肥皂和肥皂盒。马学荣用自己的工资买了一个柳条包。她穿着干净的旧衣装做了周长胜的新娘。这年，周长胜21岁，马学荣23岁。

婚后，马学荣裁了绿条绒的罩衣，买了一条毛呢裤和粉色的人造棉被里，还给小姑子送了紫色小格子布料。不久，自己又做了一件薄花袄，剩下的一块布，她当作包袱皮。

矿上，那些与她同时进来的女朋友，凑钱为他俩买来一块镜子，上面写着送礼人的名字。周长胜办了10桌，把工友们请到一起欢聚，算是举办了婚礼。

结婚之后，马学荣腹部日渐隆起。快临产了，她从矿上返回家里。听老人说，孕妇不能闲着，得锻炼，得多走动多干活，这样生孩子不费劲。于是，她在婆家，不是刨碎石种小园，就是去水井挑水。1973年4月初的一天，她忽然腹痛难耐，婆婆赶紧把她送到医院。头天晚上，马学荣做梦，梦到生了一个俊俏的小女孩。马学荣在产房里疼痛不已，满身大汗，呼天喊地，自己把嘴唇都咬成了血淋淋的。终于，女儿诞生了，真像她所梦的漂亮女孩。第二天，周长胜用地排车把她们母女拉回家。这天正是一年一度的四月初十古会。这是麦收前农村较大的集市，各种各样的农具应有尽有，除了农具，日用生活品也一应俱全。集市上有吃有喝，各种特色风味小吃的叫卖声不绝于耳。赶集的人熙熙攘攘，摩肩接踵。周长胜的家紧邻街面，刚刚生完孩子的马学荣疲惫地躺在床上。窗外，一位断腿的乞丐一声声地央求："大叔大爷，叫声天叫声地，求你们行行好吧！帮帮我！你们行个好吧！大叔大爷。"他在马学荣的屋外几乎喊了一整天，这种可怜的叫喊声，让她心生怜悯，十分难过。想到自己生完孩子，过了鬼门关，自己的亲娘都不在眼前，内心里升腾着浓郁的忧伤。

喜得千金，给这个阴霾笼罩的家庭带来祥瑞之气。祖父格外高兴，老传统的祖母也露出了笑容。

回到家的第二天，月子里的马学荣不知深浅，起身出门，到院子里上厕所，结果，腿脚受了风寒。祖母、婆婆用醋炒麸子，与大盐粒子一起趁热揉搓她的腿脚，又疼又烫，腿上燎起一片水泡。

女儿出生56天，马学荣便带着女儿赶紧返回煤矿食堂干出纳卖饭票。她常常把女儿放在身边的小推车里，有空的时候抱起来喂奶。一天早上，女儿熟睡，她忙着上班自己走了。10点多，邻居家的奶奶叫她，她才想起自己忘了给孩子喂奶。急忙返回宿舍，看到幼女哭哑了嗓子，赶紧抱入怀中，直到女儿吃饱哄睡，她又去上班。

周长胜在煤矿下井。马学荣心疼丈夫，知道他一天下来又累又饿。于是，用几块碎砖头架起地锅，烧了一锅鸡蛋汤。在她眼里，这就是很好的滋补品。可是，周长胜嫌腥不肯喝。马学荣觉得他不知好歹，照他的屁股狠狠抽打。周长胜一声不吭，转身走开。一天，在井下拉煤筐的周长胜不慎掉进井下巷道，摔伤了腰椎；井下潮湿，他又得了关节炎。矿上只好给他工伤假，让他休养治疗。

经过一段时间治疗，腰伤有所好转。但他下决心不再回去拉筐拥车，而是要替父伸冤。这时，邓小平复出，提出要落实政策。周长胜也要为父落实政策。否则，一家人永无出头之日。自己不就是受此牵连，沦落到下井出苦力，摔伤了腰椎吗？为了搬去心头的巨石，为了驱散头顶密布的乌云，为了昂首挺胸、有尊严地活着，一定要为父讨还公道。

他与双胞胎二哥找到当年父亲所在的枣庄看守所所长刘继广，质问："我父亲周靖怎么回事？为什么抓进来38天就去世了？你说！"

看到两个身高体壮的年轻人如此愤怒，刘继广只好说："听说得了毒性肺炎。"

周长胜为父伸冤，真是用了一番心思，他为此学习法律知识。他据理力争，说："凡入所犯人，没做结论之前，不得打骂。有病应给治，病危应通知家属。你们没按规定做，把他迫害致死！"

刘继广被问得张口结舌面红耳赤，隆冬时节，头顶开始冒汗。最后，他说当时自己不在看守所。

他们找到与父亲同时被抓到看守所的人了解情况。周长胜返回家，拿出笔墨，把父亲的冤情用毛笔写在白纸上，像贴大字报一样张贴在市委招待所门口。周长胜觉得自己和家人遭受了各方面歧视，自己入团、当兵受限不说，就是填张表格，也没法填，也没法跟组织上讲父亲是"现行反革命"。

80多岁的祖父也跑到枣庄父亲原来的单位替儿伸冤，负责人蛮横无理，厉声斥责，祖父被气得突发脑溢血。

年轻气盛的周长胜听到祖父发病，便迫不及待地去找分管政法的市领导。听说领导正在开会，他气鼓鼓地守在会场门口。一散会，他就上前拦住管政法的李鸿儒书记不让走，他说："我父亲被抓进看守所38天迫害致死，身上有伤。你得给个说法。我爷爷去找父亲单位，被气得突发脑溢血。"

李书记说："我们抓紧解决。"

周长胜继续拦住他，他要上车，周长胜说："你不能走，你走哪我跟哪！"

李鸿儒让人把市办公室的人找来，安排市医院对周长胜祖父进行抢救。祖父的突发脑溢血导致偏瘫，周长胜气恼、悲愤。他拉上二哥，跑到市委招待所去抬沙发，说要把祖父抬到太阳底下坐坐。招待所的人坚决不让抬沙发，他俩不管不顾，硬是把沙发抬到医院的空地上，让祖父坐在上面享受阳光沐浴。

周长胜没有等来李鸿儒书记的答复，他又找到省政府有关部门，依然是毫无结果。他只身来到北京公安部上访。1973年12月的北京，天气已经寒冷。他别着毛主席像章，穿着单薄的衣裤在北京永定门附近露宿街头。这里有不少全国各地来上访的人，他们有着各种各样的冤屈。

周长胜第一次进北京是1966年。那年，他15岁，住在西单，等待着毛主席第八次接见红卫兵。1966年12月28日凌晨，他们早早起来，没大衣的有人提供大衣，而且还给他们每人发了一个面包。他们被拉到西郊机场等候接见。中午11点左右，人们欢呼雀跃，高喊"毛主席万岁！"毛主席乘坐第一辆北京吉普，头戴军帽，手臂套着红袖章，向他们频频挥手致意。周长胜激动、幸福，心情久久难以平静。这时，他才发现自己是多么深情地热爱着毛主席啊！不仅他，他们一家都无限热爱毛主席。哪怕毛主席说一句话，他们都会深夜两三点爬起来燃放鞭炮以示庆贺。全家人吃饭前，必须全体起立，高喊：祝愿伟大领袖毛主席万寿无疆！祝愿林副主席永远健康！即便祖父已经70多岁，三顿饭前，也一样跟他们毕恭毕敬祝福毛主席。这样如此热爱伟大领袖毛主席的一家人，怎么会出"现行反革命"？

公安部一时无法解决，他就返回枣庄。这一年，他来北京上访有七八次之多。最后，听说中央设立了华国锋、邓小平、邓颖超接待室，周长胜便去喊冤申诉。终于，他的冤屈引起了重视。山东省派人来京把他接回济南，共同研究商讨，由中央与省委组成联合调查组，专门对其父亲周靖之死开始调查处理。

1974年10月16日，枣庄公安局宣布：周靖无罪平反，恢复名誉。

周长胜并不满意，认为父亲周靖死因不明。公安局长劝说周长胜："你别再追究了。你父亲按照因公处理。每月给你奶奶和母亲八块两毛钱的抚恤。"

周长胜和哥哥把祖父从医院拉回家，告知他们的父亲及老人的儿子周靖无罪平反了。市里派人到周长胜所在的煤矿做了通告。一周后，周长胜的祖父与世长辞。

随着父亲周靖的平反昭雪，周长胜被调到八里屯煤矿的机电科当电工，他再也不用下井拉筐拥车了。他还成为矿上学习毛主席著作的先进分子，除了电工之外，他还帮着工会办板报、画宣传画。

周长胜上小学时，就喜欢课本上的插图。有时，他不专心听课，用铅笔在课堂上临摹课本插图。课后，同学们都羡慕他说："画得真好真像。"老师发现后，也表扬过他。只是不让他在课堂上画画。小学一二年级他开始写毛笔字，他能工工整整认真练习。小学四年级的时候，他就帮着老师画板报。初中一年级，他写的毛笔字已经可以当作春联。乡邻们听说，也都请他写春联。"文化大革命"开始，他从美术老师赵俊才那里习得的绘画技巧，便派上用场。画漫画、抄大字报，无形中培养了他的业余爱好，打下了书法、绘画的基础。

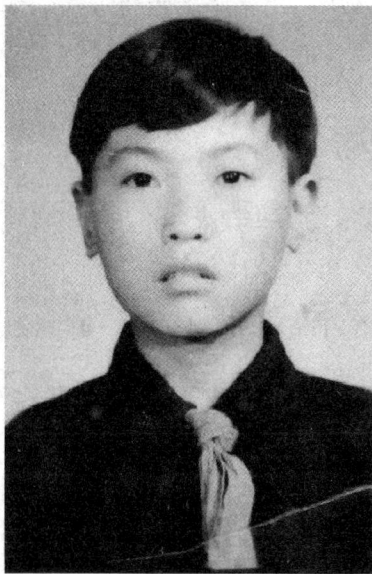

1961年周长胜上小学时

五

1975年中秋节这一天，矿上放假。马学荣回到周家小院里那间自己的屋子。她的第二个孩子又将出世，属牛的她任劳任怨，积极进取。用她自己的话说："我是一个蒸蒸日上，勇往直前，总想当英雄的人。"所以，哪怕大腹便便，行动不便，即将临盆，她也不肯停下来休息、静养。

　　中秋节一大早，她就起身开始糊墙，因为屋子的白墙上有雨水流淌的痕迹。周长胜不在家，她一个人煮面糊，铺白纸，带着身孕在家中糊墙。晚间5点多钟，小姑子领了同学回家，马学荣请小姑子踩着凳子帮着糊好高处，她笨拙的身体连凳子都踩不上去。之后，她拿出石榴请同学分享。马学荣干了一整天，坐了一会，她开始洗头。洗完想松口气，吃块石榴，这时，她腹部开始阵痛，疼得她都不能吃完一块石榴。小姑子赶紧喊母亲，周长胜的母亲看这情形，什么都顾不上拿，急忙送她去医院。

　　这天是中秋节，医院放假，妇产科只有一位值班医生。已经傍晚7点多了，马学荣疼痛难耐，起身上完厕所回来，她想尽量走动走动，生产时少些痛苦，能够顺利。病房里几位待产的孕妇也不停地呻吟。

　　马学荣扶着病床慢慢来回移步。她觉得下身有些黏糊糊的东西，想看看内裤上沾了些什么。她还没有把裤子完全退下来，咕咚，孩子掉下来了！她急呼医生，其他孕妇也帮着呼叫。医生赶紧接生，这边还没有忙完，那些孕妇也开始轮流生产。值班医生忙得团团转，一会儿工夫，孩子们都出世了。马学荣、周长胜的儿子来到了人世间。皎洁明亮的月光照耀着马学荣幸福慈爱的脸庞，有儿子的喜悦带给她无限骄傲和对未来的畅想。儿女双全，对女人来说是一件多么荣耀的事情啊！

　　丈夫周长胜已经驱散了自己和周家上空的那堆乌云，阳光终于从他们家门前经过，并温暖地照耀着他们。儿子的降临，成了周家最大的喜事，他给周家带来希望和美好的未来。马学荣觉得自己作为女人应该圆满幸福了。

　　第二天，周长胜满怀喜悦地来接他们母子回家。他还是拉着地排车，步履轻盈、心花怒放。祖母满脸笑容，亲自来向马学荣嘘寒问暖。这是女人的另一种幸福与骄傲，祖母享受着四世同堂，合家团聚，儿孙孝顺的安乐晚年。

　　祖母周王氏年轻时曾沿街乞讨，地主家的恶狗咬过她，她从此怕狗，但她喜欢养猫。1951年12月23日，周王氏的儿媳王惠慈诞生了双胞胎孙子，即周长胜与二哥。周长胜1958年上南关小学。那时大炼钢铁，广场上支起了炉子，周长胜跟着二哥一起吃大食堂。地里的庄稼没有人收，一些人家的锅也砸了。老人都上敬老院，祖母周王氏不去敬老院，她让孙子周长胜跟二哥到河里抬水。峄城大沙河的河水清澈见底，鱼儿在透明的水中游来游去，远处是辽阔的农田和错落有致的农舍。周长胜跟二哥一起床就来到河滩挖坑，河水渐渐渗满，他俩舀进桶里，抬回家给祖母用来煮绿豆汤。井水碱大，河水煮的绿豆汤格外美味。

那时，父亲周靖在枣庄供销社工作，曾给他俩买回一对长毛兔，长大的长毛兔剪的毛可以卖钱，周长胜跟二哥的任务是割青草喂兔子。祖母喜欢养猫，大猫下了小猫，祖母让他们哥俩割草的同时帮着抓青蛙、抓小鱼，她用火把青蛙烤熟喂老猫，为猫催奶。大哥与他俩一起割草，他抓了几只青蛙用草盖好。回家，周长胜往外掏草，突然摸到又凉又软的青蛙，吓得惊叫起来。从此，见到青蛙，周长胜都无比害怕。

祖母见到重孙格外喜爱，与周长胜的母亲一起为马学荣炖鸡汤、

一双儿女
（女儿周育
红，儿子周广
发），摄于
1977年。

炖猪蹄、炖鲫鱼汤。马学荣奶水丰沛，除了喂养儿子，多余的还能挤出大半碗喂祖母的小猫。女儿出生4个月就没有奶水，靠米汤喂养。马学荣暗暗庆幸自己生了儿子周磊。

马学荣生完孩子又得回矿上食堂干出纳卖饭票。她带上幼小的儿子，把两岁多的女儿放在家中由奶奶抚养。

马学荣带着儿子住在矿上的集体宿舍。宿舍有15平方米左右，靠东西两墙壁各摆放了一张单人床，住着一位大姐和一位年轻的姑娘，宿舍中间隔了一张薄木板，马学荣带着儿子住外间。年轻女工下班一进门就喜欢抱起儿子周磊逗弄一番。小周磊格外听话，即使醒了也不乱动不哭闹。马学荣每天5点多上班卖饭票，6点多抽空跑回集体宿舍看看儿子醒了没有。她请矿上去南方进木料的司机捎回一辆竹子的童车。儿子醒了，她就用童车把他推到食堂，继续卖饭票。哺乳期，奶水常会浸透衣服，马学荣拆了几个大口罩，用纱布阻隔奶水。溢奶了，儿子要在身边，她立即把小窗口插上，给儿子喂奶。若儿子没在身边，就掀开衣服，把奶水挤在地上。忙的时候，她一边喂奶一边卖饭票。

儿子虽然很乖，但常常往外吐奶。刚刚喂完奶，他就把小棉袄前面吐得到处都是，而且还对尿液过敏，小屁股烂得血肉模糊。马学荣又心疼又无奈。每天都要为儿子洗两盆尿布和衣服。

马学荣带着儿子住集体宿舍，天天都忙得不可开交。周长胜却由机电科电工调到充电室给矿灯充电或灌电解液，而且还三班倒，工作格外轻松。

作为母亲的马学荣，一个人又要带孩子又要上班。这时候，煤矿跟全国一样要"抓革命，促生产"。一次，煤矿生产完不成任务，全矿区人员都要三班倒下井挖煤。马学荣也不能例外。她只好央求自己的亲生母亲来矿上帮忙。母亲见她早已生米煮成熟饭，只好原谅了女儿。

那天晚上，马学荣帮着下井创高产。刚下去不一会，调度室就把电话打到井下，说母亲抱着8个多月的儿子来找她喂奶。从井口到出煤的井底，拉煤车一开始运煤，谁都没有办法上来。儿子不知是饥饿还是找不到妈妈，在调度室哭了一夜。母亲小脚，抱着孩子来回地走着，不停地哄着。儿子平时头顶的小手绢也掉了下来，他的哭声让姥姥心碎，姥姥焦急万分。调度室的人无可奈何同情地望着他们，井下的马学荣更是心急如焚。等她黎明时分爬出井口，跑到调度室，看到疲惫的母亲和哭哑了嗓子的娇儿，禁不住热泪纵横。

周长胜在机电科当电工，业余时间还帮着工会办板报，在八里屯煤矿矿工中，他也算有才华的。父亲已经平反恢复名誉，往日里自卑沮丧的神情早已随风远去。自己有了儿子，妻子又是矿上的先进人物，周长胜觉得自己终于可以昂首迈进新生活了。妻子一个人带孩子辛苦，可是因为住集体宿舍，夫妻在一起的时光越来越少。妻子既要照顾儿子又要忙于工作，对他的关心也相应减少。25岁这年，周长胜被人安排到充电室替班。替班嘛，也没有什么，叫替就替呗。他愉快地接受了。

充电室的工作轻松、愉快。这里女同志居多，而且大部分时间坐在那里聊天。周长胜替了几次班，又有人让他值夜班。夜班通常只有两个人，若投缘，两人可以从深夜聊到黎明；不投缘，各自小憩，有需要充电，完成便是。年轻英俊、温柔多情的周长胜掉到女人堆里，妻子又不在身边。自然有悦己者呵护关爱。姓种的一位少妇喜欢上了周长胜，经常亲手给他做一些好吃的饭食，表达爱慕。安排他俩上夜班的时候，他俩能彻夜长谈。沉沉黑夜，两个年轻男女在一间屋子里，时间久了，难免心心相印、两情相悦！

小种的丈夫是矿上卫生所所长。他们有一个儿子，丈夫在她眼中不如周长胜。她经常在周长胜面前抱怨丈夫对她关心疼爱不够；周长胜渐渐也流露对马学荣火爆脾气和争强好胜个性的不满。他俩越走越远，两个人的心越贴越近。周长胜连儿子生病都顾不上照看，让小种拿给马学荣两盒青霉素。小种对周长胜病中的儿子并不关切，只是在家门口把药递给马学荣了事。

周长胜似乎忘记了自己是电工，竟然也乐得在充电室上起了中班、夜班。一段时间之后，他把小种带回自己家。因为马学荣一直住在矿上的集体宿舍，一边上班一边照看儿子。

周长胜的家自祖父开了烟酒店后，就把房屋向外拓展了一些。祖父去世，没有人再去操心烟酒这样的小买卖。烟酒店租给别人做生意，门前小屋也被人租住。天公不作美，租住这间小屋的人竟然是矿上卫生所的宋医生。宋医生发现了周长胜与小种的秘密，而他俩却浑然不知。

1977年8月的一天深夜，小种与丈夫在家中争吵不息。一气之下，小种跑到周长胜家诉说委屈。夜深人静，他俩还像以往那样……凌晨两点钟的时候，小种的丈夫拼命砸门，周长胜和小种被堵在了家中。这种惊扰吵醒了家人和邻居。小种被丈夫拽了回去，她发现宋医生也站在人群中。

周长胜瞬间就跌入冰窟，恐惧、羞辱、无助充满心间。他痛苦地等到天亮。这件事马上成了矿上的新闻。小种的丈夫坚决要与她离婚，并且不停地找矿上领导，要求严惩周长胜。

马学荣还蒙在鼓里，人人都知道了，她却一无所知。有一天夜里，周长胜来找马学荣，把发生的一切如实告诉了她。

马学荣听完之后，狠狠地瞪了他一眼。然后向茫茫的黑夜望去，这是什么事啊？！怎么摊到自己头上了？旋即，她又开始内疚、自责，觉得自己一天到晚在食堂忙碌，很少回家，造成了这样的结果，叫人家钻了空子。想想，又恨周长胜不争气，管不住自己。但她没说出来，沉默着，心中苦涩不堪。彼此都这样静默着。最后，马学荣淡淡地问："那你们怎么办？"周长胜低着头，什么也没有说。马学荣独自返回集体宿舍，搂着儿子默默流泪。

小种的丈夫不停地找领导惩治周长胜，一时找不到合适理由，她丈夫就闹离婚，说自己无论如何也承受不了这种耻辱。

周长胜又去把马学荣叫出门，走到挡水的河坝处，焦急地问："怎么弄呀？！"

马学荣忧伤地说："你喜欢小种就跟小种过吧！我跟她丈夫，就这样，你看，那个吧，你去给小种说说。"

周长胜没有接话，他知道这是妻子的气话，恨自己移情别恋。马学荣再想不出什么好的办法，两个孩子一个4岁，一个2岁，孩子小，为了他们，如果能私了，不再张扬，牺牲又算什么？！

小种的丈夫不依不饶，坚决离婚。小种离婚了。因为主动，她受到开除团籍处分。周长胜担惊受怕、愧悔不已，自己能对谁诉说心中的悲凉？能怨小种吗？人家对自己爱慕，弄吃弄喝，出于感动，带回家了。

1976年10月，"四人帮"被打倒，"文革"结束。周长胜的厄运却要降临。祖母、母亲的抚恤金停发了。

1977年底，正在跟班作业的周长胜在井下接到电话。这是晚上9点多，电话里说，工会年终要开表彰会，请他上来为表彰会写证书。周长胜收拾好工具，转身发现跟班班长站在身后，手中提一把钩头。他心中一惊，不是好事。这一天终于来了！到了工区，工区的陶秀臣区长说："你去洗洗澡，再去帮忙。"

周长胜说："不要瞒我了。给家里捎话，叫家里放心。我没有罪。"

周长胜进入澡堂，忧伤的泪水与澡水在脸上纵横流淌，苍天啊！命运怎会这样折磨我？我的妻子、幼小的儿女、年迈的祖母和母亲……厄运，厄运又一次降临周家。这是为什么呀？快10点了，他还没有洗完。

出了澡堂，公安局的人已经在此守候。深夜11点多钟，他被投到关押过父亲的看守所。看守所所长刘继广阴阳怪气地说："怎么来的？怎么还五花大绑？"

周长胜说："不知道，他们拉来的。"

刘继广命人把周长胜的腰带解下，拿走。他被称作13号。过了三天，周长胜被叫出来，见到了刘继广。他得意扬扬地问："13号，你这两天干什么了？"

周长胜沉默不语。

又问："你们谈论案情了吗？"

"没有。"

"说什么了？"

"《西游记》，孙悟空西天取经。"

刘继广愤怒地说："熊东西，不老实。"说完，把镣铐扔到周长胜脚下，"那给你砸上镣吧？！"

周长胜梗着脖子毫不示弱："那你要砸就砸吧！"

当周长胜戴着镣铐回来，一屋子人惊呆了。同屋的王晖奇怪地问："怎么镣砸上了？"

周长胜被带走的那天晚上，马学荣又做了一个梦，梦见自己骑车上班，走到矿上的水渠附近，正下坡，不知为什么自己连自行车带人一起栽了下去。周围有一堆韭菜，她看到一根又粗又白的莲藕被人从水中拔走。她醒了之后，觉得奇怪、纳闷。没想到天亮之后，有人来通知她，周长胜被带走了。

马学荣得知这消息仿佛天塌地陷一般，她哭了整整一夜。她安慰自己：摊上这种事，没法了！只能自己挺起来，越过这一段。挺过来！挺过来！叫人看看，我不会倒下！不会倒下的！

她把孩子送回家，不再住集体宿舍，而是每天骑自行车往返。她不再抱怨丈夫，而是尽其所能地想着自己如何才能更好地安慰周长胜。于是，她决定每个星期天都去看他，即便不能相见，也要让他知道她来过了，让他知道她依然还如从前那般爱着他！

天冷了，她把周长胜的棉衣棉裤棉鞋都洗得干干净净，甚至给他送去被子。她担心周长胜被游街，特意买了"一把撸"的帽子想办法递给他。

每到星期天，她吃完早饭，6点左右出门，倒一次公交车，乘坐半小时，再走约七里泥土路，才抵达枣庄看守所。

到达看守所，管理人员不安排见面，不代收物品。有时，星期天会有五六十人或二十几个人聚在门口。到了中午吃饭的时候，马学荣掏出带来的煎饼和凉开水，坐在大树底下啃煎饼。下午，来的人无奈地陆续离开，马学荣坚持着。一直等到快天黑，只剩下自己时，她就去央求管理人员，把捎给周长胜的东西帮忙递进去。这次一卷卫生纸，下次一双袜子，再下次一套内衣或一条肥皂……她总是想尽办法让人转给周长胜。她知道转过去的不仅仅是物品，而是她的爱！看守所每逢春节和中秋节才收物品。中秋节到了，别的家属都送去月饼、苹果，马学荣不送这些。她买来肥猪肉卤成油，加入煮熟的花生米、豆子混在一起，外面用咸菜包裹；再炒些炒面，里面也加入花生与豆子，用猪油拌在一起。就这样实实在在两袋，让周长胜在里面感受到冬天的阳光。

六

周长胜跟同室的几个犯人睡在土炕上，铺着亚麻绳编结的高粱秆。闲来无聊，他与同室的张茂顺偷偷解下亚麻绳做成"毛笔头"，绑在高粱秆上，沾着清水，在水泥墙上练书法。周长胜书写，张茂顺临摹。张茂顺原是枣庄八中的学生，17岁参加"文化大革命"，1967年，18岁的他成为红卫兵的头头，即枣庄薛城"革委会"副主任，因为两派武斗死了人，作为头头，他被关进看守所。他始终坚信自己无罪，所以，周长胜想练书法，他欣然跟随，说："这不是很好吗？出去，可以写对联，卖对联了。"

犯人的生活极差，清汤寡水，通常以萝卜菜、馒头、窝头为主。马学荣转递进去的炒面、咸菜，周长胜经常与王晖分享。在看守所，王晖是6号，他是1975年以"现行反革命集团首犯"的罪名，在部队被抓捕，同案二十多人分布看守所各室。他常常被拉出去游街示众，他独自站在第一辆车上。因年龄与周长胜相仿，同睡在一个土炕上。父母同为军官，却与他断绝了关系，周长胜对他深为同情。

天寒地冻，阴沉沉的空中飘着雪花，"6号"又被拉出去游街，周长胜把妻子给的一把撸"老头帽"戴在他头上。游街回来，"6号"一头栽倒。晚饭，每人一碗萝卜菜，周长胜又把自己的拨给他一些。之前，周长胜得知他的罪名后，悄悄对他说："外边打倒'四人帮'了，你们的行为是反'四人帮'的，要申诉还有活命。"周长胜几次劝说，还面对面教他说："如果'四人帮'阴谋得逞，就得拿起枪跟他干。"王晖开始心动。周长胜和王晖一起要纸笔写申诉。

星期天，马学荣让看守人员转交物品的同时，取回旧毛衣。返回家，她让心细的家人反复搜寻，知道了周长胜的需求。她思索一番，动手把一块长条肥皂挖空，把圆珠笔芯埋进去，然后再用挖出的肥皂封好，转递给周长胜。他们向看守人员要来纸，周长胜开始帮着他写申诉，要求复查。这件事惹恼了所长刘继广。

"6号"王晖的萝卜菜没吃完，只好倒进马桶。同室人犯郑某高声检举："报告班长，报告班长，浪费！"刘继广穿着皮鞋跺地的声响由远渐进，他把门打开。郑某指着马桶："浪费！他把菜倒了。"

刘继广怒气冲天，对"6号"吼着："你犯罪！继续犯罪！"

"6号"低头不语。周长胜仗义执言，平静地说："所长，倒的东西不能怨他，他感冒了，我又给他一些，所以没吃了。"

所长瞪着眼怒吼："你什么意思？看来你要替他戴刑具？！"

周长胜伸出双手，冷冷地说："你要愿意戴，就戴吧！"

周长胜刚进来的时候就被施以重刑，趄镣百日。这次又替人脚趄铁镣，手抱洋铐，此举在全所引起轰动。放风的时候，知情人投来赞许的目光，为他竖起大拇指，但也有人认为他是杀人犯。

一个月之后，区法院的曲院长来看守所视察，见周长胜戴着镣铐过来，就问："你在里面不老实了吧？"

周长胜气愤地说："他们就是打击报复！"

曲院长交代所长，为他解除了镣铐。

周长胜被抓，妻子马学荣在矿上饱受歧视。她给自己心理暗示：谁也保不住红枣红瓢，阳光都得从谁门口走过……

她告诫自己：不准人看不起我！还得拼命干！

每天她骑车上下班，来回1小时。后来，她要求离开食堂，不再卖饭票。矿上成立了托儿所，她干了几个月；又要求上充电室，这里有足够时间，能洗衣、补衣、打毛衣。

在家中，仅有的星期天，她都是风雨无阻地去看守所给周长胜送物品。母亲在家中既照顾老人又得做饭，一双儿女跟小野孩般。当初，娘家反对这桩婚事，出这种事，她更没有脸告知娘家。可是，周长胜的大哥、大嫂、二

1995年春节，已96岁的祖母喜贴春联。

哥、二嫂从来没有对马学荣和孩子有过一句问候的话语。马学荣一位好端端的姑娘，因为丈夫，她经受着世态炎凉，内心充满苦涩与悲伤。

又是一年新春时。周长胜还在看守所，马学荣带着孩子在婆家苦熬。以往春节都是周长胜写对联、贴对联，这年除夕，祖母坚持要给出租的门面房贴对联。倍感凄凉的马学荣说："要是有，咱就贴，没有，就不要贴了。"

晚上，祖母怒骂道："这个事不要你管，必须得贴！你奶奶的，你什么都管着！"

祖母骂她，孩子就在身边。她没有吭声，把孩子让进屋，抱上床，一手搂着一个孩子躺在床上，悲伤不已，泪流满面。看着屋顶的电灯，她真想触电寻死！这么多的委屈能给谁说？谁管？老人又如此地不理解……

3岁的儿子周磊摸着她的脸说："妈妈，你别哭，我听话。"

周长胜放风的时候，见到了四位进京上访的熟人。他被抓进看守所已经快一年半了，没有人提审，也没出去游街。他用妻子想办法递进来的针线，在旧毛衣隐秘处绣上办理自己案件的人名，以便她在外面找人。马学荣得知办案人员的姓名如获至宝。

1979年初冬的夜晚，提审员把周长胜叫出来说："你奶奶都80多岁了，经不起再打击。有官司出去打吧！"

周长胜说："没给任何结论，我不能走。"

周长胜临出看守所的时候，有看守人员对他说："你可要好好善待你妻子。"他们见证了患难中的贤妻，每周怎样风雨无阻、早出晚归，传递着人性之美。

周长胜回到家，已经快12点了，敲开家门，妻子又惊又喜，全家人围过来抱头痛哭……

第二天一早，周长胜乘汽车跑到王晖父亲的单位，找到他说："我为王晖来的。"

"别拉别拉，我没这个儿子！"

周长胜心里清楚，"6号"王晖在看守所三年没有收到家人一张草纸。他当着老人的面撕开棉裤，取出王晖用圆珠笔写的申诉。老人这才恍然大悟。随后，他去找另一位同案主犯的父亲进京喊冤。1982年，山东省高级

1981年周长胜重获新生后与母亲、妻儿合影。

人民法院对王晖一案二十余人全部无罪释放，他们成了反"四人帮"的英雄。

祖母、母亲的抚恤费在周长胜被抓进看守所之后，全部停发。周长胜又踏上北去的列车进京上访。随之，他父亲的冤案重新结论：无罪平反，恢复名誉，平反昭雪。祖母、母亲的抚恤费又得以恢复。

周长胜从看守所出来，矿上并没有及时安排他工作。总不能闲着，他与妻子买来剃头的推子，准备学习理发。平日里，都是妻子马学荣为他理发。

经受了人世间的暴风骤雨，一家人终于团聚了，马学荣凝重的心得以舒展。她忙里偷闲，在住所旁边开垦菜园，种上茄子、辣椒、韭菜、白菜。为了让家人吃得更好，她早早起床到附近的微山湖赶"夜猫子集"，湖边堆放着刚刚捕获上岸的新鲜鱼虾。她买回来给家人炸

鱼虾、炸麻花、炸馓子，整天手脚不沾地，仿佛真是："烧着锅，捻着线，眼里还盯着鸡下蛋。"

这时，周长胜的妹妹要结婚了，打好的家具没刷漆，他就帮妹妹在家具上精心地刷油漆，并在家具上面描画竹子、飞燕和花果，把一个美好的世界和祝福献给妹妹。他还为家里打了椅子、桌子、盛理发用具的工具箱。妻子种菜园，他打了大小镢头、耙子、镰刀、锄头，甚至家中用的菜刀、剪刀。邻居家的一位姑姑王贵芝见了他妹妹家具上的油漆画，羡慕不已，也请他给自己出嫁的衣柜上画画。周长胜愉快接受，他在邻家姑姑的衣柜上画了梅兰竹菊，仙鹤、飞燕，王贵芝万分感激。家里买来了缝纫机，周长胜教妻子轧鞋垫、做衣服。他买来裁剪样书，在报纸上剪出样子，贴在布上，为家人做衣裤。他用毛线为女儿的衣褛上织出梅花；为儿子的裤子粘上动物图案；给自己和妻子做中式便褛。在马学荣眼中，丈夫周长胜极为聪明，什么手艺一看就会，一学就像，真是个能工巧匠。她总是带着赞叹与欣赏的眼光看待自己的丈夫。经历风霜之后，他们相亲相爱、相濡以沫，过着平凡而温馨的家庭生活。

1980年秋，八里屯煤矿遭遇淹井，煤矿下马。煤矿职工进行分流，第一批36人到滕州郭庄煤矿。这时，马学荣跟周长胜说："黑土地的辘轳拱不动，咱去黄土地，咱走！"

马学荣分到郭庄煤矿矿办公室，管办公用品，收发报纸。周长胜分到机电科当文书。

业余时间，他常常练书法，总希望来年写出的春联更受欢迎。马学荣只要看他练书法，就鼓励支持，从不打扰。1982年春节前，矿上放假，马学荣忙着炸丸子、炸土豆、炸馓子、蒸馒头、包饺子，敬天地。周长胜却在专心致志写春联、写福字，写好之后，还帮着张贴。

马学荣忙着打扫卫生，炸萝卜丸子。刚开始，没让周长胜帮忙。

他又拿着福字，给后院的工人宿舍一一贴福。马学荣忙着做丸子、炸丸子、捞丸子，顾不过来，丸子炸煳了。她生气地对周长胜吼道："都过年了，人家没叫你贴，你尽贴什么？快来！给我帮忙！"

值班的徐科长办公室紧邻她家厨房，他打开后窗说："小马，你还想上天？我这给你扶梯子。"马学荣不好意思低下了头。

马学荣有很多优点，就是脾气火爆有时让人难以忍受，加上，她总是争强好胜、勇往直前，作为男人，周长胜更喜欢随遇而安、顺其自然。他们个性的不一致，有时也导致一些烦恼。

这期间，周长胜的奶奶来滕州郭庄煤矿看他们，马学荣高兴地又杀鸡又炖肉。她觉得孩子老奶奶好不容易来一趟，得尽心招待。她在家门口的小石台上杀鸡拔毛。周长胜回家，嫌堵着了门口，一脚踢翻盛鸡的盆子，还嘟囔一句"好狗不拦路"。天空下着蒙蒙细雨，邻居李工程师的媳妇吃惊地看到了这一幕。

第二天早晨上班，天空依旧阴雨绵绵，马学荣让女儿用周长胜的雨伞，周长胜看见了，上前一把夺过来说："小红，谁叫你打这伞？"然后，把伞跺在脚下，"我叫你打，我叫你打！"

这天晚上，孩子们都睡了。马学荣问他："长胜，这两天找什么事？奶奶从来不来，我要跟你吵，人家肯定以为我嫌奶奶在这。小红打伞，伞把坏了还能打。孩子淋着了，还得花钱治病，孩子受罪。"说完，马学荣使劲拧他的大腿。他没有理会，转身睡去。

马学荣总是热情能干、蒸蒸日上，加之能言会道，在郭庄煤矿很快受到欢迎。她在办公室整天送报纸，各工区都去，矿长、书记的孩子到了谈婚论嫁的年龄，她主动当红娘；她熟悉的人家生了小女孩，她积极帮着安排生二胎；有领导的小孩要上当地西岗六中，她跑前跑后联系上学。

矿长与爱人吵架。矿上纪检的刘书记一早就找她："小马，别的活你别干，你去把咱的秦矿长解救出来。"

北漂画家周长胜

她到了秦矿长家，看到屋中央炉子旁堆着炉灰，她拿起耙子蹲下身子，一边扒炉灰一边说："秦矿长，刘书记叫您有急事，您赶紧去。"

说完，亲热地招呼秦矿长的妻子："小妹，矿上生产任务重，还要进割煤机，23个国家马上要来考察，他挺忙的。咱矿进了这么多家属没事干，挺寂寞，咱们给领导打个报告，找个活干，互相了解认识一下，省得在家寂寞。"马学荣知道矿上好几个家庭，丈夫下井回家，妻子会为鸡毛蒜皮的小事跟丈夫吵架。这些家属大都来自农村，忽然住在矿区，没有亲朋、乡邻，自然无事生非。矿长妻子认为马学荣与自己话语投机，内心里极为放松、友好。

矿上给职工发福利煤，马学荣发现供销科院子落满了一层浮煤。她就打报告说，为了美化环境、增产节约，组织职工家属搞"浮煤回收"。希望矿上给点奖金购买纪念品，以资鼓励。领导同意后，马学荣挨家挨户通知家属，把她们召集到销售科清理浮煤。她先到工区借来排车、扫帚和铁锹。干活之前，马学荣找到销售科长说："王科长，多给我们上点，这些家属没工资，我们买点纪念品。"

王科长说："你们好好干！"

干到中午，她又递给管澡堂的人两盒烟，为家属们放水洗澡。然后，她又去把排车、铁锹和扫帚送回工区。

她拿着王科长开的条子去找管理经营的朱矿长。因为天天批钱，朱矿长故意拉着脸。马学荣专等报账的人都走了，才进办公室说："朱矿长，您又生气了？您要生气，我就不找您办了。"

朱矿长微微一笑说："小马，就你心眼子多！"

她拿着签字条上财务科领钱，然后叫上财务科的女同志，到滕州买影集、被罩、背心、袜子和铁皮暖壶发给家属们。

热心的马学荣善于处理纠纷。矿上职工徐凤平的儿子分配在运搬工区，小伙子长得白白净净、眉清目秀，可惜身高只有1.6米。矿上食堂小灶赵师傅的女儿跟他一个工区，长得又黑又胖，身高接近1.7米，呈男性化体貌。他俩竟谈起了恋爱，一段时光之后，女方怀孕。双方家长商量结婚并订下日期。结婚那天，新郎不知去向。赵师傅曾经给县领导们做饭，而且赵家在郭庄村是大户，亲朋为婚礼送来的礼品、点心从床上摞到屋顶。女方家深感屈辱，扬言要把新郎家的人绳之以法，砸断新郎的腿。

一星期后，徐凤平亲自带着大儿子找到马学荣家，一进门，父子双双下跪磕头，请她去帮忙调解。她给领导汇报，领导要求她处理好工农关系。马学荣奔赴赵家，一进大院，赵师傅的妻子躺在床上输液，一个星期没有进食，全家人觉得遇到这种事非常窝囊。马学荣代表男方家赔礼道歉："嫂子，不能这样，孩子不懂事，惹您生气。男方家想过来道歉，又怕来了打起来。这件事发生在谁家，谁家都会生气，光生气不是办法，不吃饭也解决不了问题。他们一家人也难过，已经打发大儿子和工区的人四处找去了。孩子年轻，会回心转意的，再说，女孩已经有孕，传出去也不好听。人活世上，什么事都能遇到，慢慢解决，否则，两败俱伤。"从早上8点半一直到下午两点多才说通。

马学荣的一席话，让他们愤怒的情绪渐渐平息。新郎找回来后，专程登门赔礼、磕头、写保证。两家补办了婚礼。女儿嫁出去了，孩子出生了。赵师傅常对人讲，马学荣是他家的大恩人，不然，他们要家破人亡了。

七

周长胜帮邻家姑姑王贵芝画过漂亮的出嫁衣柜。1984年，她已经在枣庄市工会做财务工作。一天，她在单位看到了曲阜师范学院艺术系的招生简章。她感谢当年周长胜为她画了精美衣柜。所以，她打电话告诉周长胜来取招生简章。

周长胜听到消息又惊又喜，急忙取回招生简章细细研究，想到自己在八里屯煤矿团委跟李伟练习书法时，也曾学习水粉。他的人生虽然出现了大磨难，但对书法和水粉的热爱依然没有改变。是苍天的眷顾？上学与参军曾是他梦寐以求的最高理想。有了上学的机遇，他欣喜万分。他带上自己的水粉画作偷偷去了曲阜师范学院。美术系的老师评判了他的画作。

不久，他接到入学通知书。能够上大学让全家人也为之欢欣鼓舞。但是，郭庄煤矿同意他上学，不同意他带工资。学费一年800元，周长胜的工资每月也就70多元。周长胜心想，即便不给工资也要去上学。

马学荣平日为人热情诚恳。杨科长对她说："矿上不叫长胜带工资上学。"

"工资那么低，家里有老人，孩子要上学，不叫带工资怎么生活？"马学荣急了。

"你去找找徐书记、刘书记。"

周长胜从来不愿求人，更不会拍马溜须、低眉顺眼。

马学荣根本不告诉周长胜，自己找到徐书记说："徐书记，咱矿上那矿工头像就是周长胜画的，他喜欢画画，正好有招生指标，又考上了，他是为了提高自己的水平，更好地为矿上服务。不带工资，我们经济没那么富裕，上面有老奶奶、奶奶、儿女上学，没有经济来源，不给工资怎么过呀？"

徐书记很同情："行。党委开会研究研究。"

马学荣又去找刘书记，刘书记说："家有老人。行。商量商量。"

周长胜终于得以带工资上学，但他还是决定自己做饭。他提着行李和新买的饭锅去学校报到。挤上公交汽车，他觉得胸口被人掏了一把，高喊："有小偷。"由于无法腾出双手，带到学校的百十块钱不翼而飞，一分钱都没剩下。售票员只好让他下车，他又找朋友借钱。

曲阜师范学院艺术系主任高天祥是浙江三门人，长期在北方生活，他的人物、花鸟、书法三者兼备，雅俗共赏，同时，他有着很强的组织领导能力。

这年，艺术系从全国各地招收了三人。周长胜进了大学，才第一次见到宣纸，第一次听说绘画中的三大面、五大调子。他这时已经33岁，可谓基础较差。基础好的同学都画石膏头像，他只好从几何形体开始画，一步步努力往前赶。不懂的地方请教同学、老师。他每天早上5点起床，去校园背诗词、诵古文，晚上去图书馆。因为，他早就梦想上大学，这次有机会进入大学，怎能不废寝忘食、夜以继日？除了吃饭，他几乎一天当三天过。夏天，热得汗流浃背，双腿被蚊虫叮咬；冬天，教室没有暖气，同学们抱着椅子跳舞取暖。

周长胜正在经历着严格系统的训练。学习解剖，要去解剖室画人体，了解人体骨骼、肌肉，有的同学从解剖室出来，根本不想吃饭。同学们陆续离去，周长胜一丝不苟地继续练习，他一定要掌握写生中人体结构与各种肌肉比例以及整个人体的骨架和头颅骨的结构。这种严格训练为人物画的造型打下坚实基础。

人体是绘画最基本、最难的科目，画过人的骨骼和肌肉，随之，进入画人体。刚开始，他们画男性青年模特，要表现男子的阳刚之美。之后，再画清瘦老人，最后，画女模特。女模特是学校21岁的校工，一天8块钱。女模特来了，教室里鸦雀无声，仿佛掉一根针都能听见。女模特在屏风后面脱衣的窸窣声清晰传来，3分钟、5分钟过去了，女模特不好意思地走出来，一位女同学上前扶她站在写生台上。周长胜听到自己怦怦的心跳，女性人体之美令他暗暗赞叹。女模特的皮肤细腻白嫩。十几分钟之后，白净的胴体开始发红，并渐渐变深。

周长胜怜悯之情油然升起，"怎么干这个？干什么不好！"女模特害羞的神态，又让他从怜悯升华为崇敬，觉得她为艺术献身的精神令人钦佩。

周长胜为了省钱买宣纸、买画册，他常常节衣缩食。一张素描纸，他都看得很重。一张宣纸，他先用淡墨，再用浓墨，涂得跟黑板似的，再与另一些用过的宣纸粘成两米多长，蘸着清水练书法。写到后面，前面的干了，又回到前面再写。有时候，他提桶水放在教室，蘸着水在地上练习书法。那时，想有一本字帖都很难。他不舍得去吃食堂，省了半个月生活费，买了一本《芥子园画谱》，天天临摹，冥想有一天"删去临摹手一双"。

周长胜经过一年系统的学习，进步显著，被老师和同学们推举为班长。第二年分科，老师认为他的水粉、写生画得气韵生动，建议他学国画。高天祥是浙江人，聘请的老师大都来自浙江美术学院，"浙派"在绘画历史上有着辉煌成就。教他们的国画老师为潘天寿的入室弟子杨相宪。杨老师是浙江海宁人，1964年浙江美术学院毕业留校任教。他是潘天寿认可的得意门生，无论用笔、用线、水墨，都有着扎实的笔墨功夫。杨相宪出自大师门下，成绩优异。

1985年周长胜在曲阜师大学习去黄山采风

周长胜在曲阜师大艺术系毕业时师生留影，前排左二起为杨相宪老师、高天祥老师（系主任）、陈我鸿老师，后排左起六为周长胜。

但"文化大革命"中，他在全校批斗潘天寿的大会上，批斗、揭发了自己的恩师。潘天寿很伤心，因此，有人认为杨相宪人品有问题。之后，他被下放到老家文化馆。高天祥听说后，特意到海宁聘请他来曲阜师范学院教授国画。受杨相宪老师指导，周长胜在花鸟写生方面学到真经。杨老师经历那件事之后，变得内敛、低调、不事张扬。也流露过对恩师的愧疚。

教他们山水的陈我鸿老师是浙江宁波人，也是浙江美术学院院长陆俨少的弟子。他在毕业前夕的大学社教期间，认识一位家庭成分不好的姑娘，并与她深深相恋。学校得知后，认为他阶级路线不清。找他谈话，问他是继续上学还是谈恋爱，3天后回话。学校内定让他留校。但他爱情至上，毕业证都不要，带着姑娘游走天涯。他干过理发，在工艺厂搞过镶嵌。同样，高天祥得知后，特意聘请他来曲阜师范学院教授山水。陈老师爱喝加饭酒，教课认真，常带学生进行户外写生。他带着周长胜他们去黄山、绍兴、宁波、普陀、雁荡山、富春江，甚至带他们去看自己的恩师，为恩师送上两斤葡萄。

卢坤峰以梅兰竹菊独步画坛，而且是山东泗水人。周长胜与同学写生来到浙江，他与同学高启明带给他四斤香油。得知他们来自家乡，一天傍晚，卢老师非常热情地接待他俩。周长胜问他："卢老师，学习中国画有没有捷径？"

"学习中国画捷径有，就是有规律可循。也可以说没有规律，无形的规律在有形的画作之中，除此，没有别的办法。要多写多临多练。"卢老师传经送宝。

卢老师特意为他俩各画了一幅兰草册页。晚上九点半钟，他们谈兴正浓，忽然有人把灯拉灭，片刻，灯又拉亮。他俩发现师母站在开关附近，卢老师微笑着站起身，他俩也起身告辞。卢老师的一番话对周长胜启发很大。

周长胜常常庆幸命运中的峰回路转，使他进入中国画师资力量强大的曲阜师范学院艺术系。这里有着国家一流的书画老师，王熹被誉为"曲阜才子"，豪放、洒脱，曾与范曾谈诗论艺。他喜欢用右手画画，左手写字。他画的仕女栩栩如生。周长胜仰慕不已，决心今后也练习左手书法。当他把自己的坎坷经历告诉王熹老师时，王老师对马学荣的贤德十分赞赏，特意为他们题写左手书法作品"难得患难一夫妻"。

这时，周长胜的同班同学徐子久参加全国神龙杯书法大赛荣获一等奖，奖品为电视机、洗衣机。周长胜对他表达自己的羡慕、钦佩。

中国画帮助周长胜打开了广阔视野，他临摹传统，人物、山水、花鸟，历代名家的作品他都仔细揣摩。对线条的训练，白描、线描、十八描的起承转合、骨法用笔、以线造型，他要求自己烂熟于心。古代的"仕女图""五牛图""梅兰竹菊"临摹了多少遍，他自己也记不清。练得扎实的基本功，他深入到大自然写生，去植物园写生，去少数民族地区画人物。中国绘画理论、西方艺术理论、中西画论、诗词歌赋，他逐一涉猎，集古今中外、百家之长于一身，他孜孜以求。然而，中国绘画博大精深的理论与技巧，周长胜觉得自己毕其一生也难圆满。

周长胜认识到中国画贵在"写意"，苏东坡的"论画以形似，见与儿童邻"，让他悟到神似神妙之意义。他思考"写"到底是什么？是"泻"，一种力透纸背，一种快慢节奏的连贯性。"写"不是"描"，是心境抒写，是由生到熟，胸有成竹的自然挥洒。水墨的变幻无穷、泼墨的淋漓尽致、喜怒哀乐的尽情表达，使周长胜意识到绘画是人生中多么快乐的事情！喜气画兰，怒气画竹。兰草简练优雅、婀娜多姿，墨竹的烟姿雨态，"夏卿一个竹，西凉一锭金"。绘画中传递着神韵鲜雅，信笔渲染，海棠生艳复生香。绘画成了周长胜今生的相依，使他向往超世之思想，发挥自由之情致，寄托于高旷之清迈。

周长胜在学校勤学苦练，陶醉于"师法自然，贵写其生""作画妙在似与不似之间"，而妻子马学荣就没有他那样的雅致神妙。冬天到了，郭庄煤矿给职工每人两吨福利煤，马学荣家的四吨煤，需要她送到枣庄峄城区周长胜家，老人、孩子急需这些煤烤火做饭。马学荣在矿上要了大卡车，五点多就起来到煤场挑煤块，装满了她挑好的煤块，没想到大卡车坏在半路。她步行五六里路到镇邮电局打电话给领导，请领导再给派个大卡车。等到下午三点，空卡车才过来。马学荣与司机把四吨煤倒到空卡车上，等到家，老的老，小的小，马学荣又跟司机一起，把煤一筐筐倒进院子的小通道里。返回矿上，已是深夜两点多。儿子周磊在沙发上沉睡。

工作中，马学荣一心一意围绕煤矿建设。墨西哥、美国等23个国家的代表来郭庄煤矿考察，矿上准备引进割煤机。专家、代表的夫人们也借机来到中国。国外不允许女人下井，她们好奇，提出要下中国的煤井看看。谁带领这些外国妇女？领导把带外国妇女下井的任务交给马学荣。马学荣从井上井下布置一番，考虑井下阴冷，便去供销社

为她们买来红色的绒衣。参观完，马学荣又带她们去澡堂洗澡。精细
周到的马学荣圆满地完成了任务。

马学荣带着儿子生活在矿上，儿子在附近农村上学。工作忙，

1985年，马学荣参加接待23国考察团来滕州郭庄煤矿参观。右一为马学荣。

中午母子无法见面，她就把做好的饭放入刷干净的小饭桶。儿子吃完
之后径直上学。有次去滕州开会，她把儿子中午的饭准备好，儿子却
把家里的钥匙丢了，只好蹲在窗台上等妈妈归来。邻居看到，给周磊
半斤饭票让他去吃食堂。之后，7岁的周磊经常用家中两斤饭票换一
个烧饼，卖烧饼的人不仅给他烧饼，还找给他两毛钱。马学荣正奇怪
家里的饭票为何减少，问周磊，周磊挨了一顿打。马学荣找到卖烧饼
的人说："老大哥，你这样做不对。把孩子惯坏了！需要，我可以帮
你。"

"他想买连环画书。以后，不换了。"卖烧饼的人嗫嚅着。

周长胜不在家，周磊难免调皮。一次，跟别的男孩跑到压风机房，

掉到里面。夜深了，冷风阵阵，马学荣焦急地四处呼喊："小磊磊，小磊磊……"周磊他们的衣服湿透了，跑到山坡上正点火烤衣服。

有个星期天晚上，周磊对马学荣说："妈妈，拉屎去。"

"去吧，孩子。"马学荣答道。

夜幕已经降临。一群小孩爬上楼顶，蹲在地面的周磊与房顶的小孩聊着天。一根锯断的管子自空中砸向周磊的额头。过了好久，一群小孩簇拥着周磊，敲开门，他们说："姨，你别打他。"马学荣看到儿子额头起了个馒头大的包，心疼地一把揽入怀中，急忙煮鸡蛋，给周磊额头涂抹紫药水，又用煮好的鸡蛋在额头的大包处来回滚动，给周磊压惊、消肿。

忙于工作的马学荣，有时候顾不上儿子。周磊跟随别的男孩去偷农民的玉米，就地烧烤，被农民送到矿上保卫科，保卫科的人一见是马学荣的儿子，农民前脚走，他后脚释放周磊他们。马学荣警告儿子农民种点庄稼不易。

调皮的儿子竟然跟人下井，上来后，马学荣用笤帚对他猛抽，直到把笤帚打劈。周磊号啕大哭，马学荣又哭又骂，毕竟这是她心爱的儿子，万一有三长两短……

儿子也有让她无限感动的时刻。她外出开会，赶回家已经中午一点多，儿子竟烧了半锅浓浓的米饭，切的黄瓜、萝卜有拇指粗，七七八八摆了一桌，周磊动情地说："妈妈，我做好饭等着你呢。"

曲阜师范学院离滕州不算远，马学荣知道丈夫夜以继日苦学，一直不敢前去探望。但思念与好奇，还是让她来到了曲阜。她组织矿上女工、家属上曲阜旅游。她趁游览参观的空当，带着儿子见了丈夫。下午，他们又随旅游车返回。

周长胜放假回家告诉过她，之前，他从来没有见过宣纸、没用过墨汁，只是出于爱好，跟着李伟他们学习过水粉。上大学后，才体会到自己有着很大的差距。为了缩短差距，迎头赶上，他早起背古文、背诗词，深夜练习笔墨、书法，"痴思长绳系日""破笔成冢"。

也许就是憋着这股劲，她拼命工作，更希望丈夫能出人头地，成就斐然。丈夫的努力与未来的成功，能够证明她所有的付出、忍耐与艰辛都将化作荣耀的桂冠，胜利者的凯旋，生命价值的体现。

正是内心里蒸蒸日上、勇往直前的英雄主义气概引领她飞升、飞升……

八

周长胜在曲阜师范学院艺术系成绩优异，1986年毕业后返回郭庄煤矿，在工会组织职工学习书法与绘画。这年，他的绘画作品第一次刊登在《枣庄日报》。

他回到矿上，继续左手练书法。王熹老师赠送给他们的左手书法作品"难得患难一夫妻"，周长胜既珍视又羡慕。王熹老师酒后挥毫泼墨的洒脱，他敬佩不已，所以，在学校开始的左手书法一直没有中断。矿上的职工看他在报纸上左手书法，不以为然，非议他多此一举。他能不知道左手书法更难、用笔更别扭吗？这需要下很大功夫，但左手书法开发右脑，写好了，在书法领域堪称绝活。当然，这要付出双倍的努力，才能获得认可。周长胜感觉左手写出来的书法多了一些随意性，多了一些拙朴之风，甚至觉得书法比绘画还难。

他办书法培训，请自己的同学徐子久来讲课、切磋。办绘画班，亲自教授绘画技巧。

矿上要求编写矿志，他又参与其中，搞校对，跑印刷厂，业余时间还要练字画画，整天忙得不亦乐乎。

时光流入1989年7月，周长胜的妹夫从部队转业回来，安置在峄城区办公室工作，妹妹也就要离开娘家。为了解决照顾老人的问题，也为了周长胜一家，妹夫介绍他们认识了峰城区计划生育委员会主任董运启，因为这里急需搞宣传的人员。董主任看了周长胜的履历，经过研究，同意接收。但是郭庄煤矿不舍得放人，周长胜在工会干得很出色，矿上的徐书记最后无可奈何地对他说："不好过，再回来！真不想叫你走。"

徐书记同意放走周长胜。周长胜带着孩子回去，马学荣在矿上待了一个星期，左思右想、瞻前顾后，最后决定离开。她找到董主任家，介绍说："我在矿上干计划生育工作，对这项工作有所了解……"

马学荣作为女工部主任，把矿上的计划生育工作抓得井井有条。听说她要调走，整个家属院的人都来帮她搬家。他俩作为矿工破格调入政府机关，朝夕相处的工友都为之惊奇。周长胜被任命为计划生育服务站副站长，主抓宣传"三为主三结合"，马学荣调到计生委办公室当主任。

马学荣上班第一天，就被安排到阴平镇驻点，以迎接省里检查各项指标的落实情况。

马学荣很快适应工作，并常常被派到乡镇检查计划生育工作。有一天，她来到一个村子，挨家挨户走访。在一个院落门口，她看到新盖的三间大瓦房，院子打扫得干干净净，甚至不像农村家庭。她进去，发现一位矮小的老年妇女，双眼流着脓血，衣服打着补丁，两手又脏又黑，裂着口子缠着胶布，正给两头牲口喂饲料。马学荣亲切地问："大娘，这是你家？"

"是的。"

"你是这家主人？"

"这是我儿家。"

"你儿干什么？"

"干泥水匠，这房是我儿盖的。"

"你几个孩子？"

"一个闺女，一个儿子。"

"老伴呢？"

"早年咯，饿死了。我背着孩子要饭为生，把他们拉扯大了。"老人有些哽咽，不愿意说了。

马学荣轻柔地说："大娘，别难过。现在生活条件好了，你有什么委屈大胆说，我给你撑腰！"

"儿子、闺女不孝顺。"老人哭着说。

"你住在哪里？"

"我住后面旧房里。"

"这间屋谁住？"马学荣指着其中一间。

"闺女的，闺女有时候还打我。"老人悲戚。

马学荣听后非常生气，"那不行，你闺女哪去了？"

"出去了。"

"别害怕！今天，我给你伸张正义！你去叫你闺女去。"

"她一会儿就回来。"

五六分钟之后，她闺女回家了。马学荣严厉地问："你哥哥上哪了？"

"干活去了。"闺女迎面遇到这么厉害的女干部，怯生生地回答。

"你去把你哥叫来！有车子骑车子，没车子借个自行车。我是区里检查计划生育的，如果你叫不来，就把你家牲口和这些农具拉走。把你哥叫来，去村支部书记家。"马学荣说完，转身去村支部书记家等着他们。

一起来的同事问："你这是干吗？"

闺女很快把哥哥找来。这时，妇联主任、计生专干、支书，还有一些乡亲围了不少。

马学荣见到他，劈头盖脸："你这孩子太没有良心，你妈妈把你拉扯这么大，没叫她享福，现在还当牛做马伺候你们！她年轻背一个领一个逃荒要饭，容易吗？！"

兄妹俩低下了头。"你们再虐待你母亲，我们以法律制裁你们。村里领导都在这，你们都监督着。"说完，马学荣又指着兄妹命令道："你母亲从后面小房搬到新屋，跟闺女住一起。"接着又说："六七十岁的人了，还干粗活！看看她的眼，也不给治！干活，手上一道口一道口，穿的衣服又脏又破，比用人还不如！当儿女于心何忍？"

妇联主任说："以前，真不知这情况。"

马学荣铿锵有力地说："现在知道了，要改变这情况。好好孝敬老人！老太太这一生太不容易了。"

村支部书记表态："这个事就交给我们，你们放心回去吧。"

马学荣常到各村用广播喇叭宣讲人口课，她要是发现不孝顺的，就上前劝导敬老爱幼。

计划生育工作被视为天下第一难。董运启主任是那种要干就干一流的事业型领导，有着清晰的工作思路。但有时候为了工作，他会跟女强人型的陈玲副主任拍桌子砸凳子。

陈副主任强势，为了工

1991年7月，马学荣在山东教育学院学习。

作周长胜也会据理力争。领导布置周长胜设计计划生育的宣传画，周长胜主张用绿色，绿色象征和平。陈副主任坚持用红色，并拍桌子强调："就这样干！"

周长胜也拍桌子说："就不能这样干！要干你干去！"

最后，他俩跑去找董主任评理。

在新中国40周年之际，山东省计划生育委员会为了搞社会主义伟大成就展，把周长胜借调到省里宣教中心。周长胜把先进的声光电技术运用到反映计划生育成就上，一举荣获全省的创作奖、设计奖。

马学荣专门参加了省里组织的计划生育培训班，培训之后的马学荣仿佛"如虎添翼"。为了计划生育工作的顺利进行，当地还专门成立了"计划生育法庭"，由纪委、法院等部门人员参加。

峄城区领导接待了一名上访群众，这名群众是左庄乡卫生所的吴院长，他状告姐夫与其经营的滴管厂女工非婚同居，女工怀孕即将临产。吴院长姐夫是民营厂厂长，吴院长姐姐已经为他生下两个女孩。领导把这一任务交给马学荣，要她立即查处上报。

马学荣先到滴管厂了解情况。该女子姓贾，在厂里的化验室工作。化验室的人对她说："不干了，走了老长时间了。"

"上哪了？"

"不知道。"

"家在哪？"

"甘沟乡。"

乡里书记得知此事，打电话让乡计生办主任带马学荣他们到他办公室。马学荣他们进到办公室，书记非常不满，指责说："你们有什么权力查我的党员干部？谁批准的？！"

马学荣义正辞严地说："这是区里领导批的，领导让我们来查，我们就查。领导不让俺查，就回去！不是你说不叫俺查，就不查了。"

他们一行返回区里，给领导汇报说不让查。领导说："你们继续查，别说他有问题，就是我有问题该查也得查。"

马学荣带人接着上了甘沟乡，直奔那女孩家所在的村子。那女孩父母正好找了人帮着割麦子，手里提着镰刀刚要出门，马学荣迎面而来。她说："先别去了，俺问问你，你女儿上哪去了？"

"上南去了。"母亲回答。

"上南去干吗？"

"上亲戚家。"

"什么时候回来？"

"不知道。"

"你也别割麦子了，你跟我们一块走，安排区招待所，给你女儿打电话、发电报，叫她立即回来。她什么时候回来，你就什么时候回家收麦子。"马学荣说完，就把她父母带走了。他们的二闺女在峄城区招待所工作，马学荣问二闺女："你姐在哪？"

妹妹看到这阵势，只好交代了姐姐的住处。马学荣让她带路，他们四个人到了一片新盖的高层楼房，这里几乎没有人居住。车停路边，妹妹不愿带他们去。马学荣提出自己陪同她，并嘱咐说："若有人问，就说姨来看姐姐。"妹妹喊开门，马学荣看到一位即将临产的孕妇站在眼前，她威严地说："跟我们一块走。"

孕妇坚决不走，要给厂长打电话。马学荣命令道："不能打！"

她让姐俩下楼。姐俩被直接拉到了计划生育服务站，马学荣问她："你们什么时候在一起的？他是有妇之夫。你们非法同居。"

孕妇被拉去做了引产。

过了一两个月，小舅子的卫生院院长的头衔被宣布拿掉。

搞计划生育工作要交责任书、风险金，如果上级检查验收计划生育不合格的乡镇，五职干部就地免职。

峄城区委书记亲自签发了一封人民来信，信上反映曹庄乡村总支书记上阴平镇计生办抢人事件。总支书记在计生办大骂："第一胎妇女就拉着去结扎！太不像话！"

这妇女躺在手术室，已经准备手术，没想到让人从手术台上抢走。计生办闹哄哄的，工作人员说："别吵，区里领导会派人落实这事。"

领导把马学荣派来。马学荣在纪委孔主任、张主任的陪同下，先来到这名妇女家中探访。一看院落就知道多年没人居住，里面的草长了一人多高。问左右邻居，都说不知道。马学荣看这整天不在家的情景，就认定是外出躲计划生育。她返回乡政府，在后院见到那妇女。马学荣问："你没两个孩子？"

"没两个孩子。"

"真的没有？"

那妇女不吭声。

"你就一个女孩？"

"就一个女孩。"

马学荣用心理战术开导她，"你绝对不是一个孩子，没有生活来源，你家多少年没人住了，草都长得一人多高。"

那妇女沉默。她们从中午谈到晚上十点多，乡书记叫她们吃饭，马学荣说："你去吃吧。"

十一点多，还是没能突破。马学荣跟她又扯了一个小时，十二点了，马学荣说："我再给你20分钟。我们其实已经掌握，你生完两个孩子了，你说也是两个，不说也是两个。通过证实，你已经生完两个女儿。"刺眼的日光灯下，软硬兼施的心理战术，疲惫、饥饿的身心，对于一位没有什么见识和经验的农村妇女来说，她怎能是马学荣的对手。没用多久，她自己承认了有两个女儿。就在那天深夜，她被重新拉上手术台，做完结扎手术。

对马学荣来说，只要是领导交办的事情，无论上刀山下火海，她都勇往直前努力完成。若她自己能操控的事情，就会有良善和温情的一面。一次，由她带队清理计划生育，在一间破旧的农舍，她发现一位腿瘸的残疾人和一位怀孕的女子。屋里可谓家徒四壁，马学荣坐下来询问。这残疾人的弟弟前不久得败血症去世，他在枣庄给人理发，遇到一位逃婚的四川女子。马学荣心中明白了，这可怜的残疾人，孤苦伶仃地活在世上，若是清理了这位小媳妇，他恐怕一辈子都找不到媳妇，而且他们一直不在乡间。马学荣同情他俩，说："你们走吧。不要在村里住。"

那位残疾人给她磕头，小媳妇给她鞠躬。马学荣转身离开时，深情地回眸……

马学荣不是一位思想深邃、头脑复杂的人。有时，她考虑问题相对简单。开办公会的时候，董主任说："司机陈冒勇中暑住院了。马主任去财务领150块钱，50块买水果、牛奶，100块给他补养身子。陈副主任也病了，抽空看看。"

马学荣买了水果、牛奶，开车去医院。陈冒勇年轻，休息一晚，体力恢复，第二天径自回家。

马学荣回到单位，正遇到董主任站在门口，她说："董主任，冒勇出院，回家了。这空，我去看看陈主任吧。"

"啥，谁叫你去的？"

"你不是在办公会上讲的，抽空去看看。"

"谁听到了？"

"张峰秘书都在。"

"把张峰叫来。"

张峰来了，董主任问："我什么时候说叫看陈主任去了？"

张峰愣了10多分钟，说："没说。"

董主任冲着马学荣说："你没事找事，无事生非！办公室都叫你搅乱了。"

马学荣一听，怒火中烧，高声说："我没见过你这样的领导，我不跟你干了！你不是早上开办公会安排的？我回去！"

"你写申请！"

马学荣回到办公室，哭着写申请。她写一张，张峰在一旁撕一张。她说自己一生也没受过批评，领导想不到的她都帮着想到，不安排的工作，她都干，为的是不想让领导说个不字。

过了一会，朱副主任叫她去董主任办公室。

董主任见到泪水涟涟的马学荣，说："战士上战场，一切行动听指挥。"

"我没见过你这样的领导。我在矿上，一个工区的区长，一个多月没上班。徐书记见他，和蔼地问他：'小王，你可能家里有事，家里安排好，再来安心工作。'别的，什么没讲。小王出来很受感动，说：'还不如扇我两耳光舒服。'"马学荣开始教育董主任，董主任微笑着。

事后，打字员告诉她，她从医院回来之前，陈副主任来向董主任请了10天假。董主任有些不高兴，所以把气撒在她身上。

周长胜在峄城区遇到了"同甘共苦"的好友衣学斌，这时，衣学斌担任峄城区区长。

当年，他们作为红卫兵一起上北京，一起受到毛主席的第8次接见。返回枣庄，他们又开始重走红军走过的道路。衣学斌是周长胜哥哥的同学，又是那次长征队的队长。那年，周长胜15岁，家人不让他去，他还是跟着衣学斌步行长征，去当宣传机、播种机。他们在大礼堂举行隆重的出征仪式。他们背着背包，一口气跑到夜里十一点，住在当地礼堂。元旦，在霍山欢度。他们一天步行八十里路，进入大别山前，还准备了大刀等自卫武器。实际上，他们所到之处都受到欢迎，红卫兵吃住免费。到九江，船工开船必问："船上有山东人吗？"没有山东人，他不开船。他解释说："有山东人才开船，山东人义气，能镇住风浪。"

过了九江，他们有人开始水土不服，拉肚子、呕吐。在庐山脚下，传来命令，流行感冒者不许上山。周长胜跟着他们，唱着革命歌曲抵达了无限风光的仙人洞。在公园，他平生第一次见到八哥对他说："同志，你好！"他惊喜万分。下山，赶到火车站，想把两名身体不适的队员送上火车。站台上，前往南昌的列车上都是来自北京的学生，听说周长胜他们步行去南昌，就有人说："你们还步行，太傻了！抓紧上！"

一听说都能上火车，他们高兴极了，把红旗旗杆折断，全部挤上列车，满车的红卫兵人头攒动。周长胜激动地介绍自己是从铁道游击队的故乡来的，有人说："那里好像很脏，耗子很多吧？"

到了南昌，他们跑到南昌宾馆，之前，周长胜从来没有见过这样的宾馆。一进去，仿佛进入富丽堂皇的宫殿。门窗是那样精美，街道是那样宽敞，他是那样欢欣鼓舞。他们又步行到了韶山，参观韶

"继红步行长征队"成员在庐山仙人洞前合影，后排左二起彭勇、刘夫兰（队长）、大哥周长林、石景祥、衣学斌（队长），前排右一为周长胜，摄于1967年。

山的人群络绎不绝，瞻仰毛主席故居，端详毛主席父母的照片。周长胜他们这支长征队走到韶山就算完成了任务。然后，他们乘车返回枣庄。

过往的，都将成为回忆。衣学斌与周长胜他们的徒步长征，成为他俩的美好岁月。为此，衣学斌还特意来到周长胜家做客。他知道周长胜擅长书画，也欣赏了他的书画作品。由于他本人没有这种雅兴，对周长胜提出成立画院的设想，爱莫能助。

九

周磊在1995年决定当兵。初创中的驻港部队来到枣庄征兵，周磊报名。全家听到消息，都为之高兴。尤其周长胜，从军报国是他青年时期的梦想，因为家庭原因，梦破心碎。如今，儿子能去参军，这是无上光荣的事情。

忽然，亲朋中有人说："你就这么一个儿子，当兵就有可能打仗，打仗就有牺牲。"听到这种话，周长胜、马学荣紧张了。马学荣对周长胜说："咱就这一个儿子，好不容易长大。你去找找武装部长，说说。"

周长胜从来不喜欢求人，更不屑于送礼。这种事，马学荣驾轻就熟。逢年过节，去领导家走动，马学荣即使请求周长胜陪同，他也无动于衷。没钱送礼，马学荣就买点山药、青菜、牛肉送到领导家。马学荣抱怨周长胜不操这份心，他说这都是虚东西。可是，为了儿子，周长胜早早起床，提着两条烟，6点钟就往武装部长家奔。7点多，部长家的门被他喊开。部长一听缘由，说："我当不了家。报名合格的人已经政审两次了。"

驻港部队带着自己的医务人员开始为应征者体检。在峄城区医院体检时，带兵的首长发现了周磊，招呼他说："来，把衣服脱了。"

周磊脱光衣服，首长说："这个好。白白胖胖的。"问了周磊的名字，并记在小本上。

周磊回家告诉母亲，故意说："可能验不上。把我名字记下来了。"

过了几天，入伍通知书下来，周磊上驻港部队服役，四天后出发。周磊对未来对军营充满期待与想象。马学荣心里难受，儿子一直待在身边，从未出过远门，各种担忧在马学荣的心间翻腾。

儿子远行之后，马学荣日思夜想，夜不能寐。为了克服思念的痛苦，她自己上山开荒。一位本家哥哥，在矿上退休后，来到山上养兔子，马学荣就在离他不远的地方天天刨地种树，马学荣种下了20多棵香椿、枣树、杏树、桃树，20多棵杨树，100多棵花椒树，又种下地瓜、黄瓜、豆角、菠菜、茄子、辣椒、西红柿、针针花。她买来香油渣、豆饼为土地施肥。平日里，本家哥哥帮着看护，上班之前或下班之后，马学荣就来这里劳动、忙碌，以减轻对儿子的思念。

在儿子当兵后的第二年，1996年，峄城区的区长已经是徐广余，区委书记为牛家义。牛书记意识超前，非常重视文化旅游建设。因为峄城区境内有石榴园15万亩之多，这年，又被农业部命名为"石榴之乡"，并获上海世界基尼斯之最，称为"冠世榴园"，但这"冠世榴园"并未被世人皆知，为了宣传、旅游、经济，牛书记认为必须文化先行。而他自己也雅好书画，常常在书画方面请教周长胜，并一起挥毫泼墨。这时候，周长胜已经是峄城区计划生育协会秘书长，牛书记欣赏周长胜的绘画才能和尚义、内敛的个性。出于爱惜人才，他把周长胜叫到自己办公室，对他说："最近动人，有三个地方你可以选。第一是文体委，第二土管局，还有广播局。你选，看你想上哪个部门？"

周长胜内心欢喜，但还是平静地说："我回家跟老婆商量商量，自己也好好想想。"

第二天，周长胜找到牛书记说："牛书记，这些位置有不少人都盯着。我要是顶了人家的窝，还增加矛盾。牛书记，成立书画院吧！给我一支枪，发挥专业特长。这样也不制造矛盾。"

牛书记有些吃惊，问："是真的吗？"

"是真的。"周长胜肯定地回答。

"你可有心理准备？要做大量工作。"

"这是空白，以前没有这个单位，不得罪谁。牛书记精心策划一下，造造声势、舆论，为的是宣传旅游。搞一个全区的'榴乡书画展'，举办展览，筹备精品。"

牛书记觉得这个设想很好。

周长胜对从政深怀戒心，认为官场阿谀奉承、险象环生，老父把命都搭上了，从政有风险，自己也不想从政。那三个地方都不能施展自己所学，若去压了别人，又有了对立面。成立书画院，不得罪谁，

1996年6月26日，峄城区庆"七一"颂榴乡书画展开幕，时任区长徐广余主持剪彩仪式。

能发挥所长，填补地区文化空白，因为在区县一级没有，枣庄书画院可成为唯一官办的，再说，枣庄地区历史上有很多文化名人，这些都可以结合起来带动旅游经济的发展。

周长胜带领有关人员在石榴园景区举办了首届"榴乡书画展"，该活动搞得丰富、隆重，取得圆满成功。在这项活动的座谈会上，牛书记提出成立"榴园书画院"，为宣传家乡，促进旅游。在座人大、政协及市领导分别表态支持成立。在峄城区委的办公会议上，有人表示不理解，牛书记解释完成立的意义之后，就说："只要大家没意见就这样办了。"

周长胜领受了这项任务，并为之尽心尽力。他带车去上海、天津、北京为书画院聘请名家，他拿着聘书，聘请了贺敬之、王学仲、韩美林等为名誉院长。1996年9月26日，内地与香港书画精品展暨"榴园书画院"成立，在峄城区文化宫拉开序幕。贺敬之、王学仲、韩美林发来贺电。名誉院长时任山东省美协主席杨松林、江苏国画院人物创作室主任贺成、中国书协理事邹德忠，著名书画评论家杨悦浦，曲阜师大教授高天祥、南开大学东方艺术系张永敬教授带十名学生亲临祝贺。香港戏曲人物画家金东方及枣庄市的各界政要人士六百余人参加了活动，盛况空前。

牛家义书记拍板成立"榴园书画院"功不可没。书画院为正科级单位，周长胜为院长，他推荐峄城区文化馆的韩兴文为副院长。牛书记问："这人如何？"

"书法应该没问题。"周长胜说。牛书记对当地书画人才不完全了解。书画院进人一事全权委托周长胜。农民书法家程福海、徐隆调入，徐隆是韩兴文的徒弟，周长胜帮助他们农转非；下岗职工李龙发调入，他从企业进入事业单位。周长胜连他们一口清茶都没喝，竟帮着改变了他们的命运。而他从部队回来的堂弟周长清，当时在枣庄市造纸厂工会上班，他会画画、能裱画，在书画院筹建过程中，立下了汗马功劳。因为他不属于峄城区，第一批没能进来。不到一年，牛书记调到市人大常委会当副主任，周长清调进"榴园书画院"一事即成泡影，周长清的父亲、媳妇埋怨周长胜，骂他没良心。

刚成立的"榴园书画院"，在峄城区机关大院，办公设在政协的四楼。周长胜按照区机关工作人员要求开展工作，实行签到制，履行戒酒令。

韩兴文在周长胜没调来峄城区之前，因为共同的爱好，常常聚在一起练书法、搞展览，在区里举行伟大成就展览时，他们曾在一起奋战。韩兴文比周长胜年长两岁，常常以老大自居，对周长胜当院长有抵触情绪。周长胜对"榴园书画院"进行内部分工，副院长负责业务。虽然有戒酒令，韩兴文的朋友旅游局长宣布退休，他们聚一起外出喝酒，下午三点才返回办公室。周长胜曾强调八点上班，徐隆九点到，他会写上八点半到。他们组织一个活动，周长胜在会上要求大家下周一九点准时到。那天，徐隆九点半也没到。周长胜问他，他指着周长胜的鼻子骂道："你个奸白脸！我就是不按时，你能把我怎样？！"他俩争吵起来，同一层文化宫的人过来拉架，周长胜气愤地说："你停止工作！"

周长胜把韩兴文叫到一起商量，"这种人不服管理，又骂人，还准备打人，他别上班了。"韩兴文劝导一番，徐隆写来检查才算了事。

不久，有人告诉区长，"周长胜说徐区长干不长。"牛书记听说后问周长胜，周长胜说绝无此事，解释了一番。他心想，书画院刚成立，自己就给韩兴文花三千元装电话，推荐他当副院长，没想到他竟要把自己赶走。

周长胜自此改变工作方法，采取松散管理，一周来开一次会。不久，他赴天津学习。他一走，书画院的五个人几乎天天都有朋友来吃饭喝酒，不到一年，几万元被消费，他们在当地一家饭店欠了两万元。饭店的人找到周长胜家，朝马学荣要钱。

马学荣问："老周吃的吗？"

"没有。签着画院的名字。"

"你打酒问提瓶的要钱。谁吃跟谁要钱！他没在家！"

周长胜回来之后，饭店的人找他。他看看账单，是画院呀，天天呀！他把赵书记叫来（赵书记在这里调了正科，成立了支部，但一般不过来办公）连同韩副院长，他们3人开会商量怎么办？他俩人拿不出意见。周长胜说："俺没吃。要账的围着门。咱三人筹措这笔资金，我筹措多点，我拿8000。同意不？"他们平了这账。周长胜任院长期间，要求自己，从来不向下面乡镇、企业要钱。

马学荣听后，生气地说："为了把徐隆、李龙发调进来，你整天宣传，整天给人家擦粉！"

1996年12月，世界郑氏第12届恳亲大会在香港举行，特邀"榴园书画院"参加他们组织的小型书画展。他带上了韩兴文、文化宫主任郑显明。

儿子周磊改名叫周广发，在驻港部队封闭训练已经快一年了。马学荣特意让周长胜给儿子捎了些石榴，他们三人一起来到营区。周长胜第一眼见到儿子，几乎不能相认，又黑又瘦。周长胜眼含泪花，他们在部队招待所寒暄了20分钟，然后告别儿子，返回深圳。

他们走在从东往西的远深大道，郑显明、韩兴文走在前

儿子周广发在驻港部队时的留影。摄于1999年2月20日。

面，周长胜背着空包走在后面。忽然，一位20岁出头的小伙撞了周长胜，并高喊："你怎么踩我的脚？"话音刚落，上来五个人围着周长胜。

一人说："我是老大，他是老小。"

郑显明与韩兴文听到争吵，回过头，发现三个人围住了他俩，紧张地问："怎么回事？"

老大老小围着周长胜，"你得赔不是。"

"赔什么？"

"找地方，吃东西、喝茶。"

"行吧。我们住圆通大厦。"

"我们找地方。"

周长胜知道遇到抢劫的了。他镇定地说："我是山东人！蹲过监坐过牢。知道梁山好汉吗？"

"听说过。"

"不说别的。我这次到部队看儿子。"说完，把身上的包一拉，"这是空包。山东人讲义气！"

老大望着周长胜，想了一阵。

"哥们，交个朋友。"周长胜故意匪声匪气。

老大看到他这气势："行。留个电话吧。"

周长胜报上真名实姓，留了家中电话。老大吹了声口哨："哥们，咱们走！"

那两人犹豫着正准备服软，没想到，一声口哨解脱了他们。

周长胜一行从蛇口出发，渡船去香港，就在进行边防检查时，发现自己的出境卡没有盖章。边检人员说："你回去吧。"

周长胜急忙用航空信件寄回济南，等待盖章。他被拉回酒店，尽管吃住由接待方负担，还是有点遗憾。他买回一本绘画挂历。晚上八点左右，有人敲门。他住在小套房，开门，有"小姐"说要给他按摩，他说："我是穷画画的。""小姐"离开后，他赶紧把自己带来的钱藏在电视机后面。

第二天一早，电话打进来："先生还舒服吗？"

"这样搞能行吗？不是被打击？"

"打，财政要降20%呢。"

周长胜不想接听，挂断电话。出门时，又碰到昨晚要给他按摩的女子跟一个男人亲密无间，他心想，这可能就是改革开放带来的。

周长胜终于来到了香港，住在富丽华酒店搞展览。香港的一切都让他双眼放光，惊叹不已。郑氏家族出了很多大富翁，这次恳亲大会，顿顿喝的都是茅台酒，宴会厅中间摆放了一个大"寿"字，全是金条编织而成。酒店窗明几净，他在一个漂亮的窗下斜躺着欣赏美景，有服务员过来说："先生，这地方不能躺。"

他借机问："你们工资多少？"

"7000港币。"声音中透着一丝傲慢。

周长胜暗暗惊叹。心想，我才每月81块人民币。那时，110块人民币换100块港币。一盘花生米就得50块港币。周长胜感觉香港的消费令人咋舌。

他想看望香港戏曲人物画家金东方女士。电话打通了，对方问："你是哪里？"

"山东峄城书画院的周长胜。"

"啊，我妈妈不在家。"

周长胜心想，这分明就是金女士的声音，他说："我们从山东给你妈捎了点东西。"

"知道了。我到时候转告。"

香港之行让周长胜大开眼界。回到枣庄，他觉得自己应该更好地宣传家乡，为当地政府服务，发挥出书画作品应有的价值。

峄城区境内有石榴园15万亩之多。我国有石榴园五处：陕西临

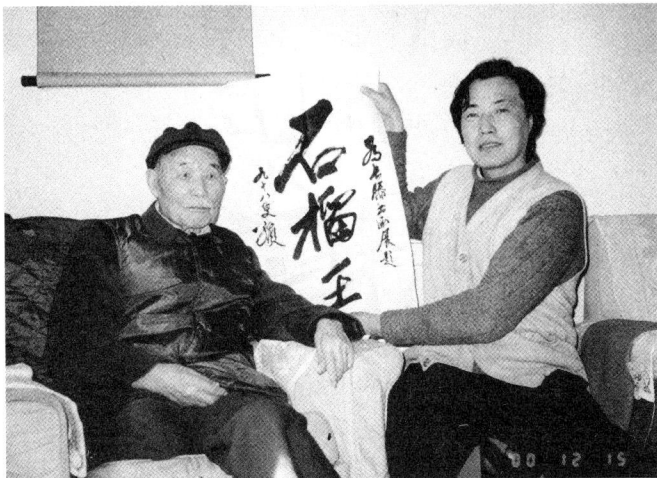

2000年12月15日，98岁的老红军孙毅将军为周长胜题词"石榴王"。

潼，安徽怀远，甘肃天水，云南大理，山东峄城。这五个地方，周长胜都进行过采风写生，比较而言，峄城规模当属最大。临潼的石榴颜色火红，怀远的石榴皮青个大，云南的石榴浆丰粒大。石榴全身是宝，为果中上品，花红似火，铁干虬姿，叶可制茶，皮为上等染料，可以入药。峄城石榴多达30多个品种，以其个大、皮薄、粒饱、汁丰出名，含18种氨基酸，食之健胃、养颜、益寿。据《博物志》记载：石榴，又名安石榴，原产伊朗、阿富汗等中亚地区，汉代张骞出使西域时带入中原，仅在御花园内栽培，供皇室观赏。《峄县志》记载：西汉成帝年间，丞相匡衡（峄城人，凿壁偷光者，境内有匡衡墓）把石榴从皇家禁园中引至家乡峄县，后逐渐扩大至明代成园。

峄城的石榴盆景"老当益壮"，以其有花、有果、干曲、悬根、型美，独领各类盆景之首。周长胜生长在石榴之乡，更应该以石榴画传情达意。在领导出访考察、招商引资等活动中，石榴画应该成为首选礼品，才是他真正为之努力的目标。他查阅了大量资料，晋代大诗人潘岳赞石榴"九州之奇树，天下之名果"，明代的花鸟大师徐文长、陈白阳，清代吴昌硕，扬州八怪之一李复堂，当代的齐白石、李苦禅、潘天寿等大师，均有石榴画作，但为小品。

周长胜觉得，打开书画历史，专以石榴作为主要绘画载体的画家几乎没有。自己从小喜爱石榴，又工作在石榴园，政府领导建议自己画石榴，自己更有责任画好石榴。与家乡石榴结缘相伴，青史留名，是今生今世的使命。

十

任何事业的成功都是前途光明，道路曲折。要想自己的石榴画在这一领域独步画坛，周长胜清楚还有很长的崎岖山路。唐伯虎师从周臣，而雅俗迥别，他问周臣："画何以俗？"周臣回答："只少唐生数千卷书耳。"

董其昌说过："唐伯虎虽学李晞古，亦深于李伯时，故人物、舟车、楼观无所不工。"由此看出，唐伯虎之画，其所师资甚博，不专守一家，远过其师者，又不独在艺能。后世周臣之名不及伯虎，正赖此"数千卷"书耳。

周长胜深知自己腹中还没有数千卷书。1998年，天津大学主办"中国画首届高级研修班"，为期两个月，数位名家前来授课，学员来自全国各地。这期高研班面授重彩、人物画写生、绘画理论与技巧。在此之前，绘画领域曾出现"中国绘画到底怎么走？"的讨论，完全否定中国绘画传统，很多教师都受此困扰。而这期高研班着重强调中国绘画回到传统、立足传统，更明确了中国绘画走向何处。这次的短期培训使周长胜有所精进，结交了大量朋友。

周长胜喜好交友，他认为中国重传统、重情义。在中国离开朋友很难生存，"三个公章不如一个老乡"。他跟朋友强调，"土坷垃都有用""交了朋友是条路，得罪人是堵墙"。他要求自己重情重义，不斗心机不使坏；从政从商，亦官亦民，广为交往。内心里，他不喜欢借债，也不欠人情，做到内外无债。他不渴望发什么大财，相信天上不会掉馅饼，什么事都需靠自己努力。随着社会的发展与进步，妻子却在择友等问题上经常与他发生龃龉。

在峄城，有一位他在曲阜师范学院艺术系的同学，中途退学后，开了一家铝合金厂，专门铸造艺术铜字。他是周长胜的同学加挚友，对周长胜及妻子都较为了解。一次，马学荣与周长胜当着这位同学的面吵架，他说马学荣："你别什么都想得到。"

马学荣反唇相讥："我得到都是我付出的。"

从此以后，马学荣反对周长胜与这位同学来往，她说："你不能跟这种不三不四的人打交道。"

"我哪都不去，不能出门了？"

"跟那些身上潜伏着蒸蒸日上的人，文化道德修养高尚的人来往。"

"我什么人都要接触。"周长胜辩解。

1998年11月，周长胜参加首届中国画研修班。二排右一为周长胜。

　　"这样，前进的步子迈得太小。"

　　"我这就很好。我这就欺祖了，比老祖宗强多了。你还想让我当皇上？"

　　"不想当将军的士兵就不是好士兵！"

　　"好胜！看你胜到什么时候？"

　　"好胜！我走正道。好胜才有今天。你也没累

周长胜左手书法

着，我给你这么多空间，什么不让你弄，你还强词夺理，还跟我叭叭地。"

　　"我就求老少平安，无灾无难！"

　　周长胜对世俗生活的喜好和对朋友的热爱，引起了夫妻之间的矛盾。

　　他们夫妻之间有矛盾有合作。儿子周广发参军之后，马学荣调到峄城区信访局。信访局的工作相对清闲，马学荣在山上开荒种地，已经初见成效。周长胜他们成立的书画院，经常要找人裱画，一年花费一两万。他们家常年订阅书画报。马学荣看到书画报上有招收装裱学生的广告，就对周长胜说："我去学装裱，在家弄点收入。"

　　周长胜带她上了济南，学习快速装裱，交了8000元学费。传统装裱，一幅画一星期左右。快速装裱，一天平均装裱8幅画。马学荣发现快速装裱的诀窍在于糨糊。很快，她掌握了这一技巧。于是，周长胜画画，她裱画、装框、上轴。

　　周长胜画石榴天时地利。生在石榴之乡，石榴象征着多子多福、笑口常开。小时候，亲戚挑着担子给他家送石榴，奶奶作为供品，敬

2000年5月1日，中央美院艺术系主任姚治华教授观看展览，挥笔题词"石榴开花多硕果"。

天敬地。他在石榴树下玩耍，各种石榴漫山遍野。如今，他能专门画石榴，这事多么惬意。所以，他常常带上水、干粮、咸菜，背着画夹到石榴园写生。

笔墨当随时代。徐渭、石涛、八大山人、齐白石都是他的偶像，他们简练而富有弹性的线条，怪石、虫鸟、花卉都有着自己鲜明的个性。周长胜也梦想突破，以重彩、没骨、勾线添色、写意等技法表现石榴。马学荣在他长期熏染下，也能发表自己的见解，她说："画石榴，要画大个，石榴米要跟红宝石一样漂亮。"

周长胜认识到：当今世界有两大艺术，西方以油画，东方以水墨，这造就了欣赏水平的差异。西方狩猎，东方农耕。西方注重自然科学，中国讲含蓄、意象、抽象、散点透视。讲意象，画中有诗，诗中有画，块面造型，以线造型，骨法用笔，点面结合，似与非似为妙。中国画没有离开谢赫六法，远看气势，近看笔墨，毛笔、宣纸，一笔下去，一气呵成。中国绘画经久不衰，有着非常系统的理论。由于绘画差异，造就中国绘画太难，台下十年功，台上几分钟，积累、积累、再积累。"我儿磨尽三缸水，唯有一点像羲之。"中国书画博大精深，其精神为写意，怎么来写？似与非似，宁拙勿巧，画外有画……怎样在传统基础上创新？迈出新意。石榴铁干虬枝，型佳意美，没有入境与激情，创新谈何容易？！他感叹：中国绘画是白首之功。"断绝人间烟火气，画师心是出家僧。"

写意精神的体现，看似寻常实奇崛，成如容易却艰辛。

2000年5月1日，第三届北京国际博览会在中国革命军事博物馆举办，"周长胜石榴书画展"也在这里展出了40多幅作品。这是新世纪第一个龙年，又是第一个七天长假。来参观的人络绎不绝，领导、专家、同道、外国友人等为他题词有一百多米，欧阳中石、王挥春、姚治华等参观后给予高度评价。老红军孙毅将军挥笔题写："石榴王"，并把他接到家中。在那里，他结识了很多部队朋友。枣庄电视台和报纸刊登新闻"石榴王誉满京城"。

这年，5月14日，摄影家杨素昆陪同他拜访欧阳中石，欧阳中石非常热情地接待这位老乡。周长胜拿出石榴作品，欧阳老师说："画画字要写好，书法在绘画中起重要作用。"

一旁的杨素昆说："孙毅将军给他题写了'石榴王'。"

欧阳老师微微一笑说："在这个问题上，一定不要称王。要踏踏实实做学问。"

2000年5月，时任全国政协副主席的万国权参观了周长胜在军博举办的画展，马学荣进行讲解。

周长胜立刻谦恭道："欧阳大师说得对。"

欧阳中石说："我就是一个教书匠。"

2001年，由于周长胜工作突出，被当地政府授予"科技拔尖人才"称号，并当选市政协委员，享受政府特殊津贴。

2003年，山东青岛举办了首届艺术博览会。周长胜在青岛五四广场举办画展，展出石榴画作80余幅，受到藏家青睐。在这次活动中，

2005年5月14日，周长胜到首都师范大学欧阳中石家中拜访求教。

他见到了刘大为，刘大为看了他的画作，给予鼓励、表扬。他的初中同学张文平在青岛部队疗养院当政委，称赞他是"石榴大使"。

2004年，马学荣对周长胜说："长胜，你上，上不去；下，下不来。撂在那难受。你挑国家最高学府去考，我就是砸锅卖铁也供你。"

周长胜内退后。马学荣想过，退下后往哪里去？他认识好多朋友，这儿叫喝酒，那儿叫吃饭。不能待在家里！得出去学习。

退下后该怎么办？周长胜也在思考。虽然在枣庄这个小地方略有名气，但与真正的名师大家还有很大差距。知识不够，画技有待提高。妻子提议出去学习正中下怀。

马学荣从报纸上发现中国艺术研究院高级研修班、名家班招考的信息，她马上告诉周长胜。于是，他们夫妇开始闯荡北京。

在北京的考场，考题为两句古诗，根据诗意，考生临场绘画。面

试时，艺术研究院的张副院长问周长胜："你为什么来学？"

"一个交交朋友，另外拜拜名人，提高技艺。"

下午看榜，遇到同去的老乡张立平。他说："名家班学费两万，高级研修班一万八。上一期班没走，听说班不怎么样。骗人，有的老师不来讲课，不负责任。说范曾来讲，不来。正好北京画院招生，便宜，一年8000元。师

2003年和刘大为先生在青岛

傅带徒弟。老师选你，你选老师。可以直接报老师。李小可教山水；纪清远、卢平教人物。这种模式不错，大课来很多名家。每周一上大课，周三周四面授。吃住学校不管。"

马学荣来京陪读。他俩在北京郊区东坝大学生公寓与他人合租一间20多平方米的宿舍，中间用一块布帘隔开。马学荣做饭，偶尔也陪他到朝阳公园对面上课。北京画院王明明院长亲自带他们速写，要求他们到火车站、汽车站写生。周长胜去了两个月，感觉自己这么大年纪还画速写，有些难为情。可是，他也明白强化速写能够加深对中国画线条的理解，以便人物造型更加简练。去过三五次之后，他开始以妻子为模特，画她洗衣、摘菜。

周长胜54岁带着妻子闯荡北京，开始北漂。周长胜的老师带了五个学生，其中一位来自台湾。他们曾请教黄胄的弟子，他说："你学好黄宾虹的山坡，吴昌硕的隶书，石涛的栏杆，综合一块就是你的。"李小可带着他们到十渡写生，十天时间里，面授机宜，耳濡目

周长胜与齐白石的弟子娄师白先生在一起

染，周长胜十分欣慰。

他俩与人合租的大学生公寓，月租1000元，他俩分摊500元。平时，马学荣用电热杯煮点稀饭，吃着从老家带来的煎饼，也不以为苦。有空的时候，周长胜请同学朋友来这屋小聚，马学荣做饭，他们海阔天空、南北东西地神侃。后来，他们租了一间自己的小屋，约朋友来此小聚，吃着简单的饭菜，说着另一些北漂画家动人的故事激励自己。有人说来自河南周口的张东林，住在不到十平方米的小屋，白天把被褥卷起来，在床上画画。冬天，小屋没有暖气，他缩在被窝里忍受饥寒。十年之后，与之相见，他已经成为全国美协会员，并在北京买了房子。在北漂画家心中，成为全国美协会员，在北京买了住房，就标志着成功。

也有来北京学习深造之后，打道回府者。孙俊是周长胜的枣庄老乡，在中央美术学院进修，成为中国美协会员后，由枣庄橡胶厂调到工作单位。

在周长胜北漂的小屋，也有着他曲阜师范学院的同学张士君的身影。张士君当过兵，擅长大写意花鸟，为了提高画技，他四处求学，在张立辰工作室学习两年，荣获全国杏花村杯电视大赛银奖。他性情古怪，不重名利，清高超脱，常来与周长胜推心置腹、神游八极。他陪周长胜度过来京的第一个冬天，然后返回枣庄，担任枣庄美协秘书长。

好朋友飘回去，新朋友又飘来。他俩结识了二十多岁的张晋。张晋酷爱《周易》，同时对茶道、佛学都有所研究，住在北京六里桥附近，以测八字、看风水为生。张晋交友甚广，认识来自河南郑州的雷鸣东。雷鸣东原来从事体育教学，业余喜好绘画，且收藏颇丰，他在北京解放军总后勤部金沟河干休所设有个人工作室。他朋友多、人脉广，张晋得知他急需装裱字画的人员，便介绍周长胜夫妇。周长胜他俩由此从东五环搬到西四环雷鸣东工作室，雷鸣东给他们一间裱画室，张晋搬来与他俩同住。晚上睡觉，他俩把塞在纸箱里的被褥掏出来铺在地板上，张晋就以裱画的案子为床铺。白天，张晋外出替人看风水测八字，马学荣给人装裱长卷和字画，周长胜赶往东四环的北京画院上课。他们用电磁炉熬煮简单的饭食。雷鸣东让周长胜发动同学来买装裱好的部分字画，卖出了一万多块钱。在金沟河暂住了四个月，奥运会篮球馆动工建设。他俩的新朋友陈吉昌听说东坝市场招租，非常便宜，他们看过之后，又从金沟河搬回东五环外的东坝市场，这里冬天没有暖气，月租200多元一间。

在这里他俩又获得北漂的力量和勇气。他们认识了72岁闯北京的包书章，包书章来自贵州六盘水工会，祖籍黑龙江。包书章鹤发童颜，酷似高尔基，也租住在东坝市场，自己洗衣做饭。他都能从贵州来北漂，这给了周长胜夫妇极大信心。马学荣不甘寂寞，周长胜上学，她跟随卖服装的王秀金搞起了投资咨询公司。王秀金想轻轻松松挣大钱，从事融资担保，大半年过去，他没给马学荣一分钱，也没谈成一笔生意。但这些经历增强了他们继续北漂的决心。因为房间太小，他俩又从东坝市场搬到三叉河，这里有两大间朝阳的平房和一个小院。

2005年，他们又结识蒋美艳，这又给周长胜很多启发。蒋美艳来自哈尔滨，离婚后带着女儿闯荡北京，好学上进的她经过七八年的磨砺，业有所成，于志学、范曾都在她的书画上题诗赞赏。她又跟随开宗立派的重彩大师蒋彩频学习色彩，并得到鼓励与支持。她不仅成为了国家的美协会员，还在京购买了两套住房。

蒋美艳的成功，在周长胜看来有值得肯定之处，但是，若想范曾、于志学为他的画作题字，那是月光泼洒最奢侈的墨水，怎么可能？所以，他常常以知足、平安、水到渠成来安慰自己。北漂画家十多万，他们为了当会员、当大家，最终不也是图名图利吗？绘画原本是令人愉悦的事情，是继承传统，在传统基础上的创新。可是，北漂的画家，有的奋斗八年也拿不下全国美协会员，为了成为美协会员，有的托关系找门子。中国画讲写意，并不是越大越满、花费时间越长越好，这违背了写意精神。周长胜看不惯，认为自己有几千元工资，生活过得下去，他很少参加美协主办的画展。15年前，他有机会填表，没有在意。现在，作为一名画家，人们总问："你是哪级会员？"他深觉尴尬的同时，也明白理事不如副主席，收藏家常常不按水平而是按名头。懂画的不买画，买画的不懂画。周长胜的同事、同学都拿到了会员，他不想委屈自己太累太苦，否则，还得拉关系，请评委。他希望真正的收藏家看画不看名头，他希望自己道法自然，轻松自在。实际上，他也希望成为全国美协会员，有房有车表明他的成功，但他又不愿屈尊求人。他明白房子、车子都是外在、表象的，真正的修炼在内功和画技的提高。他渴望自己是以真才实学独步画坛，可是，他也明白理想与现实总是与矛盾相伴相生。

十一

北京画院一年的学习即将结束。这时候，有朋友介绍他到山东莱芜为一位画商画画，一天给他1000元报酬，每天得画三四张四尺整张的作品。周长胜心满意足，这是他的绘画作品第一次变为金钱。退休之前，他的作品都是作为政府礼品为招商引资做贡献了。现在，他仅用十天，就能赚得一万多元，岂不欣喜？

　　2005年，大连市委举办徐悲鸿诞辰100周年纪念活动。有朋友推荐周长胜前往大连参加活动，周长胜作为北京画家出席。全国有130多家单位参加这一活动，主办方让画家们在一个大厅里现场作画。周长胜挥毫泼墨，一位祖籍山东招远的老乡孙泳新，带着听力有障碍的儿子一直陪伴在他身边，看他临场作画。廖静文带着徐悲鸿的女儿也来到周长胜的作画现场，看了他的画作，给予肯定和鼓励。当时，驻军部队的政治部主任张国才陪同廖静文，由于廖静文的赞赏，张国才特意派人把周长胜接到部队宾馆做客。在这一活动中，周长胜结识了许多名人名家。中国铁路16局一位主任宋华、中学校长魏铁山，与周长胜在大连相识，并成为好友。16局有一个基地在北京郊区皮村，宋华介绍他住在基地搞创作，为他们夫妇提供免费住宿。

2005年8月和徐悲鸿大师夫人廖静文先生在大连

这时，北漂的周长胜开始参加各种笔会。南京芳草园书画院主办的长征70周年纪念活动，邀请周长胜前往参加，向守志上将看到他的画作，当面赞扬。海军第四招待所也请他作画，他一星期留下画作三幅。返回皮村，周长胜结识一位来京买鱼食的张学义，他虽没有文化，但有人脉，认识几个老板。周长胜给他两幅画作，说："你去看看。"过了几天，张学义拿给周长胜3000元，周长胜抽出1000元送给张学义。不久，北京涉外经济学院成立书画院，周长胜被聘为客座教授，在这里上课、画画，惬意地度过了一段时光。

周长胜返回皮村。好友魏铁山当校长的学校撤销，教室闲置，魏铁山为他俩提供免费住房。他俩住在无人问津的电教室里，马学荣把讲台下面的电缆用绳子捆绑在一起，在讲台上铺一块木板，展开被褥，这就是他俩的床铺。周长胜家乡一位朋友的儿子政法大学毕业，在北京《法制报》实习，没地方住，也跑来跟他俩住在一起。

北漂的生活，没有根基，身心飘荡。周长胜也想改变这种不稳定的挣扎状态，所以，他们争取参加各种活动、结识各色人等。大家互相帮助，重情重义，对北漂的画家显得尤为重要。

周长胜的内心深处认定"一个好汉三个帮"，也有"为朋友两肋插刀"的豪侠之气。2005年，周长胜在台儿庄的画家朋友王世伟，认识一位姓秦的收藏家。姓秦的说他以前在山东省政府小车班当司机，国内来的大画家一般都由他接送，所以他手上有七八十幅黄胄、范曾、许庐麟、吴作人、刘大为的作品。周长胜被邀请到他的画廊观摩这些藏品，姓秦的要求周长胜给介绍买家。周长胜把自己"南京芳草园书画院"的朋友蔡芳介绍给他。周长胜对蔡芳说："秦老师有这方面的人脉，帮着把这些作品拍卖，拍成给一定回报。"

周长胜了解蔡芳认识南京国际拍卖行的老总，蔡芳听到此事也很高兴，说："我给你联系联系。"蔡芳带着拍卖行老总从南京开车抵达台儿庄，在两层楼的画廊里楼上楼下仔细鉴赏，同时，对每一幅作品都拍了照片。他们达成协议，无偿出版了拍卖画集。

姓秦的开了一辆面包车把作品带到南京布展，预展了三天。拍卖当天，范曾的一幅作品拍得16万元，没成交的画作，拍卖行想留着下次拍卖。也有人对10多幅画作有购买意向。他们返回台儿庄途中，面包车在路上出现故障。这时，拍卖行打电话想留南海岩的人物画，近百万元。这时，面包车应该拖到修理厂维修，姓秦的似乎不舍得花费。同去的好友王世伟说："黄胄这画当时有人出两万，他就要卖。这次拍卖公司把这画拍到80多万，真是黄胄的画，两万能卖吗？我把握不准。"

周长胜也想到，一旦出问题，有纠纷，介绍人难脱干系，他就给姓秦的表达自己的担忧。姓秦的说："你不要管这事，卖出去有你的好处。"说完叫他女儿与拍卖行联系。

"以前，黄胄的画，你两万都要卖。我不能欺骗人。"周长胜意识到自己作为推荐人，有责任给拍卖公司讲清楚，他说："这画有疑义，我虽然介绍你们认识，你不做鉴定，画出了问题，我不管。"

他认为自己作为山东人，作为画家，从诚信角度挑开此事问心无愧。至此，他与姓秦的分道扬镳。

失去了这个朋友，又有新的朋友走来。周长胜有山东电视台的朋友陈湘，在广西拍电视剧时，与李永存相识。

2004年秋周长胜和中国美协主席靳尚谊先生在一起

李永存是山东人，从部队就地转业进南宁，南宁正团以上山东籍转业干部有100多人。李永存原是部队的卫生员，头脑灵活，转业后，在南宁开了两家私立医院，生意兴隆。李永存喜好书画，看到周长胜的书法与绘画，敬佩不已。于是，他们成了很好的朋友。周长胜为李永存策划"情满绿城当代名家书画展"，李永存十分感激。为此，特意邀请周长胜女儿、外孙、儿媳、孙子，从山东坐飞机来游广西北海、看海底世界。

当周长胜、马学荣带着七名画家来到南宁，发现李永存邀请了一位从法国回来的画家毕文谨在负责此事。毕文谨带着学生，扛着电视机，拍摄布置的画展，省政协的来宾接待也由毕文谨负责。周长胜看了布置的展览，出版的画册都不在他认定的规矩之内，而且他认为毕文谨是"下山摘桃子"的，内心很生气。这次活动来了很多画家，每人一间客房，住在南国大厦，历时半个月，每天都有三四辆面包车接送，仅北京就来了三拨画家，李永存投资260万。此项活动组织混乱、铺张浪费，出版的画集及展览都以毕文谨为第一，而且看得出他有意宣传自己。周长胜对此事极为愤怒，他找人叫来李永存说："毕文谨是个大忽悠，作为老乡大哥，我提醒你。"

之后，周长胜在北京中铁设计院的朋友介绍他到南宁设计院找李俊杰院长。李院长酷爱书画，特意把他和马学荣安排在皇冠大酒店的套房里，这是一个高档次的酒店，大堂与走廊挂着很多书画作品。周长胜在南宁为李院长画了三幅作品，李院长非常满意。吃饭的时候拉家常，马学荣说："我们在老家刚买了新房，搬家，想买套红木家具。"

李院长豪爽地说："家具我来搞。"说完，又介绍周长胜他们去成都设计院。即将离开皇冠大酒店时，周长胜特意来到服务总台说："你们老总叫什么？"

"您找他有什么事？"

"我觉得你们这很好，很有文化品位，我想跟他谈谈，是不是你们给我他的电话？"

周长胜拨通了总经理李智的手机，他说："你是李总吗？李智。我是您的客人，是个画家，住这感到很温馨，这里很有文化品位。"

"不好意思，我在北京出差。"

"什么时候能回来？"

2005年周长胜与李苦禅之子、清华大学教授李燕先生在一起。

"三四天以后。"

"我有一些想法跟您谈谈？"

"好的，我叫林副总过去。"

十分钟之后，林副总轻轻敲门，周长胜开门见到一位很漂亮的年轻女士，她问："您是周老师？李总委派我跟您见面。"

"我住在你们酒店，感觉很好，很有文化品位，我给李总留了一封信。希望你们与文化结合，弘扬国粹。"

林副总笑吟吟地说："今晚，我代表李总设宴招待你们。"

周长胜在给李总的信封里夹了一幅他的石榴画。

离开皇冠大酒店，他带着马学荣飞抵成都，游玩了乐山、眉州、峨眉、九寨沟，一路上，又结识了很多朋友。告别四川，他俩又直飞兰州军区，下榻的军区宾馆里，每一层都有画廊，挂满了中国书画。他和马学荣被邀请到甘肃定西军分区，在这里他了解到，甘肃虽是经济欠发达地区，画家却经常来，甚至名家大家。因为这里有着浓郁的书画传统，当地人对书画情有独钟，有上百家营销的画廊。这里女儿出嫁，最好的嫁妆就是书画作品。

周长胜在当地的一家画廊作画，有关他的宣传资料高高挂在画廊外面。一位当地的老农民非常喜欢周长胜的石榴画，一连去了好几天。临近结束，他把自己的小羊卖掉，拿着100元钱找到周长胜要买他的石榴画，周长胜大为感动，说："你既然真这么喜欢，我就送您一张。"

当周长胜、马学荣转完西南西北返回北京，北京已经天寒地冻。他们在广西时说好的红木家具，也没有任何动静。周长胜就对马学荣提及此事，马学荣给广西打电话问问情况，对方说："正在买，选型呢。"

买红木家具，周长胜认为是一件大事，马学荣回话说希望挑选有象征洪福图案的家具。对方说："你们过来自己挑。"

他俩商量后，周长胜就给皇冠大酒店的老总李智打电话："李总，我回北京了。有个事，想给您添麻烦。"

"建议很好。有事您说。"

周长胜说了事情原委，李总爽快地说："你过来吧。订好机票告诉我，我派人接你。"

周长胜带着马学荣、儿子、儿媳、孙子又如愿住进了皇冠大酒店。李总给了他们一辆车，来到凭祥红木市场，订完家具，他们一家又跑到北海玩了四五天。

临走，他给李总电话，感谢在吃住行上给予的关照，同时，表达自己作为画家要给李总留下画作作为报答。他问："上哪画画？"

"八楼，画院筹备处陈会长在那等您。"

周长胜来到八楼，停留在挂有"中国华艺书画院"牌匾的门前，礼貌敲门。屋里传出："进来。"

周长胜进门，看到一个人坐在沙发上，没有起身，室内装饰华丽。周长胜问："陈会长在吗？"

"我就是。"陈会长淡淡地回答。

"李总让我来，借宝地画画。"

"那边有案子有纸，你画去吧。"陈会长不阴不阳地答。

周长胜心想：是骡子是马拉出来遛遛。

他铺好纸，速度很快地画好了石榴画。画完第一张，陈会长好奇地走过来，看到周长胜用左手书法，发出惊愕的赞叹声。不一会，陈会长就把凭祥市委书记，广西艺术学院专业书法老师请来，他们也格外欣赏周长胜的石榴画与书法作品。周长胜为皇冠大酒店留下三幅画作，两幅书法。

第二天，凭祥市委书记又派车把他们接到凭祥，参观我国最大的植物园。返回皇冠大酒店后，陈会长亲自找到他，拿出证书说："周老师，我们聘请您为华艺书画院常务副院长。"

周长胜掩饰着内心喜悦回答道："我们有缘，你们那么看重我，我当尽力发挥特长。"

他们的家具买回来了。周长胜对温州人低调、稳重、不善言谈的行事风格极为喜爱。忽然，有一天，陈会长给他打电话说："你赶紧来，我们给你订好机票。商务部领导过来了。"

周长胜这次推荐了天津美院美术馆馆长王山嶺，他画山水，夫人写书法。他们一同飞往广西，他们给商务部的领导送画，领导回赠他们一幅字。凭祥市委领导陪同他。这一活动使凭祥市委划拨了100亩土地给温州人建"华艺书画院"，以此作为文化基地，同时，他们又建起了小商品市场，利用文化舞台发展经济。

周长胜一家愉快地返回家乡。时隔不久，"第二届情满绿城书画展"又在南宁举办，李永存特邀周长胜参加。周长胜组织了四位画家，有新疆的，有天津美院博士生导师霍春阳，有马海方。周长胜带来的画家可谓一流二流，整体水平比上次提高。画家们都住在南鹰宾馆，毕文谨不再负责，周长胜认为余毒未消，因为还有毕文谨的画作展出。再者，从北京来了一位女画商，周长胜也极为反感。

陈会长听说周长胜来到南宁，过来看他，问："是不是可以请您吃早茶？"

第二天早上八点半，陈会长带车接周长胜去吃早茶，周长胜也叫上了别的朋友。李永存看到，非常生气地阻拦道："不行！不能去！"

周长胜平静地问："李院长，有朋友请吃早餐，行不行？"

李永存还是怒气未消，说："不行！你老周不能这样干！"

周长胜压制住自己的怒气说："老乡，李院长，你说这块，我倒要跟你理论。去不去，我跟你说了。其二，不影响整体活动。其三，你这个展览想成功，一些骗子也跑来混吃混喝！他们再参加，你永远也成功不了。这次整体比上次强，骗吃骗喝的人不参加，你就成功了。"说完，周长胜带人随陈会长扬长而去。

周长胜和史国良先生在美术馆

周长胜心想：我一手给你办的，特意从北京飞过来，还这么不识相。

事后，李永存特意向周长胜赔礼道歉："周大哥，小弟不懂，您原谅！"为了表达歉意，他又安排周长胜一行到广西南宁慈善总会捐赠部分画作，每人报酬5000元。

北漂的生活实际上是大浪淘沙。新世纪以来，中国外国的艺术家都涌向北京，北京给人的感觉是活动多、展览多、名师多，可以增长见识。周长胜认为在北京对自己学习的提高1年等于10年。而有些北漂的人常常找不到方向，或者三五年才有一片自己的小天地，吃住交学费，经济压力大。北漂的日子很清苦，你能否坚持住？也许坚持就是胜利。周长胜回想同学之间的礼尚往来，好在有妻子马学荣做饭，同学欢聚，虽然粗茶淡饭也快乐无比。北漂的画家需要学费、材料费，一本画册上百元。有的北漂画家学习两年、八年重返家乡。周长胜的北漂生活像鱼儿回归大海，左右逢源、游刃有余。他经常去外地参加笔会，恭维与赞扬不绝于耳。至于挣多少钱，获什么奖，周长胜似乎已经放下、看淡了。

他觉得自己功利心不强。妻子马学荣则惦念着在北京买房。周长胜没有什么经济头脑，不喜欢买卖。他们之间会为此常常争吵。刚来北京，在他们租住的东五环边，一位工作在北京的老乡可以给他们弄到每平方米2600元的楼房，只要一次拿出30万。周长胜他们拿不出。马学荣至今后悔，常说贷点款或借点钱，也就有了北京的家。哪怕把老家的房子卖了。周长胜不想太操心，对马学荣说："只要公家给我房子住，我就不买房。"

"给谁不睦，劝谁盖屋。"周长胜铭记这些老话，觉得弄房子是很操心的事，常说："要想一天不利索，你请人吃饭；要想半年不利索，就劝人盖屋；要想一生不利索，就去找个小老婆。""不做媒不作保，一辈子无烦恼。""再多房再多钱，睡觉也就卧牛之地。"所以，有些人拼命工作，为的是有了小房换大房，有了轿车换跑车。他认为这些想法不是宏图大志，应该知足常乐，祈求平安。虽然，他这样想，可是受朋友之邀，迎合别人喜好，画一些世俗画作，也令他苦恼困惑。

十二

北漂画家仿佛被卷入滚滚红尘，你不得不随着洪流向前奔涌，追名逐利，渴盼成功，焦灼、屈尊、无奈常常在夜深人静时吞没自己。原本是闲情逸致、愉悦身心的雅事，有时却变成枷锁，沉重而痛苦。

周长胜的朋友观，无疑会使他身陷泥淖。孙俊是他北漂时结识的老乡兼朋友。2007年11月，当过北漂的孙俊从枣庄调到了济宁电业局，他曾在周长胜租住的宿舍里一起天南地北、海空天空地欢笑过。

他调到济宁也让周长胜分享过自己的喜悦。进入冬季，他给周长胜打电话说："周老师，到济宁一趟。这边事别管，来画几天画。"周长胜念及朋友情谊，欣然答应。

到了济宁，周长胜受到热情款待。当地一位造电动车的老板刘凡航，拥有自己的酒店，周长胜下榻在刘老板的酒店。他住一个大套间，紧邻的三间标准客房是那些陪同人员和一位来自北京的书法家暂住。他们把区长、市长运作来了。周末，北京的书法家现身，周一返回。这位书法家的字，周长胜说，不明白书法好坏的人欣赏不了，但书法家认为自己的书法雅俗共赏。周长胜在济宁期间，每天都是三五桌，他有些厌烦地说："我再不跟出去吃饭了。在地摊上吃就行。"

当地公安局一位副局长来宾馆看望周长胜，表示自己也非常喜好书画，并告知，本市一位副市长要请他吃饭，请赏光，晚上六点半到。周长胜一行到达时，副市长已经等候在吃饭的包间，他见到周长胜进来，起身说："周老师，幸会。"

　　周长胜也热情地问候。这时，副局长不高兴地训斥陪同周长胜的人："市长都等半天了。"

　　这话在周长胜听来很不舒服。等到菜过五味，副局长又提迟到的话题，饭桌上，有人两张面孔，这边毕恭毕敬，那边横眉冷对。耿直的周长胜还是忍不住说："市长，今天自然有缘相识，咱不拉官。副局长，咱们都是兄弟，谈官，我在北京，大校都给咱倒酒。"

　　副局长不再言语。吃完饭，副市长说："周老师，不行到茶社喝点茶？"

　　周长胜跟着上了茶社，喝完茶，他们又送给周长胜两盒礼品茶。这时，都晚上十点了，副市长说："局长，哪有画画的地方？咱们去抹两笔。"

　　周长胜只好说："行，去吧。"

　　他们到了一个地方，案子已经摆好。周长胜只给副市长写了一幅字。写完之后，副局长说："周老师，给我写张吧？"

　　周长胜伸了伸腰说："不行，时间太晚了，以后再写。"副局长有些不高兴。

　　回到酒店，已经十点半了。陪同的刘总说："那个吧，上面有洗脚的，洗洗脚。"随之，又说："书法老师在按摩，你也去吧！"

　　周长胜说洗洗脚就行，他洗脚的时候，还在想，可不能去按摩，说不定就是陷阱。这次济宁之行，质检局拿了他一幅画，给了6000元。刘总找到

正在专心作画的周长胜

周长胜说："北京的书法家要回北京。您能不能给他分点。"周长胜拿出3000元给了刘总。

12月23日，作为枣庄政协委员的周长胜必须返回枣庄参加政协会议。他对刘总说："我得回去参加政协会议。"

"走呗。"刘总说，"周老师，局长的字，你得给写。他又是管我这块，你要不写，我还能干吗？也给我画张画，你在我这吃住。"

周长胜深夜三点起床，给他画了六尺的大画，写了一幅字，然后准备回枣庄。第二天早上，周长胜到酒店大堂交了房卡，刚要离开，一名保安拦住他说："别走。"

"怎么回事？"

"你得办办手续。"

服务员说："你住了6天。"

周长胜吃了一惊，感到愕然。

"你不能走，想走，房费你付。"服务员说。

"为什么？"周长胜问。

"老板安排的。"

"好。给你老板打电话。"

一会儿，刘总来了，说："周老师，说实话，真不想让你走。局长那儿，你光写幅字不行，还得画幅画。"

"不行，那边得报到，报完到，回来画都行。"

"不行，真走的话，交房费。"

"来真的？还是假的？"周长胜生气地问。

"别说别的，光交你住套房的钱，那几间不用问。一天600元，一共3600元。"

"我告诉你，为什么不能交，我是孙俊请来的。登记不是我登的。画家有规矩，吃住行由对方接待。"

"那好吧，你给他们打电话。"

周长胜给他们三人打电话，全部关机，打不通。

刘总看到这一切，说："你看怎么办？"

"你要限制我人身自由24小时，我报警！"

刘总得意地说："不要你报警，我打电话。"

五分钟不到，来了两辆警车。一个警察对周长胜冷眼说："你是干吗的？"

"咱坐下，你先叫刘总说。"周长胜看了一眼刘总，满腔怒火。

"客人在这住了六天，不结账，要走。"

"我是画家，孙俊叫来的。我们画家都由对方招待安排。"

这警察不耐烦地说："不要说了。我给你打个比喻，十个人吃饭，别人都走了，这桌饭钱就得你拿！"

"我就是不能拿！"

"那好。你要不拿，就跟我们走一趟。"

"好！"

另一个警察把周长胜的行李提上了车。周长胜上车的同时，给妻子马学荣用手机简单说明了情况，"你放心，这些人把我拉公安局去。"

"你别跟人家犟，你一个人说不清。咱站在理上，先回家，处理完，再去论理。"马学荣在电话那头说。

周长胜到了公安局，愤怒地说："好了。这是中国济宁，还是共产党领导的天下，我要回去开政协会。在济宁，我画了多少画？告诉你们，价值60万左右。他们这是一起预谋合伙诈骗案，我要报案。"

他们只好给周长胜一张表格，他认真地填写。这下，他们有些不好办了。

周长胜说："还不到4000块钱，别耍这个劲！不让我走，还把我控制起来。"

过了一会，孙俊和同伴都来了，双手合十，弓着腰道歉："可不好意思，可不好意思！"

"你们这不是把我往死里整！"周长胜气不打一处来。

"我们就想留您。"

"想留也不能这个留法。"

周长胜和李铎先生亲切交谈

孙俊他们又鞠躬又作揖，"您报案，我们在济宁没法见人了。"说完，又对周长胜千恩万谢。

"打电话都打不通？"

孙俊又一番解释，周长胜考虑片刻，说："行，撤案。"

然后，周长胜又给马学荣打电话："这事结束了，不用害怕了。"

周长胜走出公安局，内心里对孙俊充满了厌恶，心想，这是什么朋友！今后，再来济宁，绝对不会再联系孙俊。

周长胜在北京漂了几年，已经打开局面。虽说是北漂，但一年能待在北京一个月也就很不错了，他被人请到全国各地画礼品画，收入不算丰厚，吃喝旅游倒也免费。他们在北京的家又搬到东小井，这里的领导想成立"艺术人民公社"，提供给书画家免费住房。

2008年，山东驻上海办事处的主任张守富突然给周长胜打电话，问他最近干什么，他成立了"北京写天下书画院"，希望周长胜加盟。张守富当过兵，曾任县委书记，1998年，他任上海办事处主任时来峄城区访友，当时区委书记是他多年的朋友。他喜欢书画，来"榴园书画院"交流时，周长胜作为院长，把十米山水长卷让妻子大热天裱好赠予他。上海有中日友好碑林，三四百块名家字碑，他想要拓片，区委书记让周长胜负责此事。周长胜拓了上百幅，亲自送到上海。当时，张守富兼任山东齐鲁书画院院长，上海商会会长。正是因为周长胜待人真诚、豪爽，所以十年之后，他有好事惦记周长胜也就不足为奇。

山东莱芜的魏总是书画爱好者，他在家乡建起环保设备厂，并委托张守富成立"北京写天下书画院"，他想借书画作品推销产品。他投资100万，由张守富任院长，发展文化事业。张守富告诉周长胜："有这么个平台，发挥余热，帮魏总提高文化品位，吃住在书画院。"周长胜原本就是重情重义之人，爽快地答应了。张守富他们在北京知春里租了一套300平方米的公寓，购买了复印机、电脑，魏总给了他们一辆轿车。他们聘请了办公室主任，买了办公用纸，印了信封，办公设施一应俱全。张守富在航天桥附近为自己租了套房子，他家在上海，每周回去一次。

周长胜北漂后，在这里第一次领取了月工资7000元，妻子马学荣2000元。他俩住在"写天下书画院"，兼顾值班。这时，周长胜在中协宾馆老乡召集的饭局中，偶然结识了张柱堂。张柱堂的名片上写着：国际中国书法家协会常务副主席；中国小康公益基金管理会秘书长；首创国内书法上市第一人；2009年"感动中国"新疆区十大候选人；海峡两岸文化艺术交流协会副会长；河南省张伯驹文化艺术传播中心秘书长。

张柱堂带着周长胜拜见全国政协副主席阿不来提·阿不都热西提之前，张柱堂对他说："你给阿主席带幅画。"

周长胜见过了阿副主席。他认为张柱堂不简单，有着这么好的人际关系。尤其听他说，在河南、新疆都有着强硬的关系网。于是，周长胜向张守富建议，吸收他为"写天下书画院"成员。张柱堂为了显示他在河南的影响力，决定带领"写天下书画院"的一干人马到河南推销产品，募集资金。

　　他们一行七八个人来到河南几个地市，有的地方还专门下发了红头文件，指示下面单位搞好接待。一路上，他们受到热情款待。他们都认为张柱堂能弄回资金，推销产品。张柱堂来到县里，自己要求给县里的党员干部做报告，谈改革、谈发展。张守富仍然摆着自己的官架子，认为张柱堂目标不明确。他们像考察团一样来到东方红拖拉机厂，七八辆车，热热闹闹，书画交友，政府接待。张柱堂承诺要为"写天下书画院"筹集资金20万元。考察团成员相信张柱堂有这个能力，他们在郑州开会，撤销了张守富的考察团团长职务，选举张柱堂为团长。他们认为在河南都是张柱堂穿针引线，一切都应听他指挥。张柱堂带领大家到县里写字画画，说好筹集20万元。县里说，经济困难，只能拿出8万元。张守富说："绝对给了20万元，让张柱堂私自留下了。"

　　张柱堂听到后，急出一嘴燎泡，说："绝对不可能！"

　　周长胜在考察过程中，始终保持中立。他们一行又到了郑州解放

2009年3月，在全国政协为全国政协副主席阿不来提·阿不都热西提作画。

军信息工程大学，受到热情接待，深感风光、气派。但是，20万元也没有凑齐。

返回画院，他们召开总结会。新来的王建华，莱芜人，山水画家，美协会员。他说："干来干去都是人家的。"他又在人民大学租了房子，家具设备一应俱全，半年花费36万。这时，张守富的战友来帮他整理书稿，办公室天天人来人往。张守富又丢不下官架子，今天封周长胜为常务副院长，明天封王建华为执行副院长。周长胜觉得张守富心思不在魏总的事业上，一直忙自己的书稿。由于他家在上海，周末回家。加之，魏总拨的经费很快告罄。张守富又朝魏总要经费，魏总没有及时拨款。这时，魏总的夫人要用画院的轿车接人，电话打来，办公室主任陈莉请示张守富，张守富不答复。吕副院长分管办公室，他问张守富，张守富说："车限号，不能用。"

"限号不要紧，不用你们掏，我拿。"魏总夫人答道。

张守富还是不给。在大家的劝说下，他勉强答应。魏总夫人流露厌烦，心想：我们投资买的车，想用用还不行，什么道理！

张守富再要钱，魏总不予理睬。张守富与王建华已经在人民大学开辟了"战场"，他对周长胜他们说："咱不在这里了，走！"

人民大学那边，会议桌等办公用品应有尽有，张守富开始自己经营，他叫周长胜到那去值班，周长胜左右为难。

中国革命老区发展促进会也设了画院，请周长胜加入。"老促会"机构健全，由退下来的国家领导人兼会长，这里有自办的报纸、杂志，他们组织对贫困地区义诊，并捐赠医疗器械。"老促会"书画院由贺炳发当院长，周长胜十年前在山东临沂结识他，当时，他带着学生住在宾馆。听说，他不是搞专业的，常常从琉璃厂买画，然后自己在画上题字。没想到，十年后北漂的周长胜又与他相见，他请周长胜来画院，即租住的宾馆客房。他对周长胜大谈经营理念："全国有4000多个县，我全部走一遍，一个地方给5000块，你看看这是多少数？！"

周长胜的石榴图作为央视《实话实说》栏目的背景图，2001年挂了一年。

周长胜明白这是忽悠，内心奇怪他怎能摇身一变，挂了无数名头。贺炳发拿来一个小茶杯放在手掌虎口处，同时握着毛笔写字，显示自己的绝活，周长胜敬重他年长，表示可以合作。"老促会"的曲会长带队来到洛阳。他曾在洛阳当过书记，他们此行募得资金70万元。在火车上，这笔款项被分配。不久，他们又到河北易县，易县挂起横幅热烈欢迎他们。这次由贺炳发带队，周长胜与书法家王波参与，王波公开表示对贺炳发书法技艺的不屑。在易县大礼堂，他俩抢占有利地形摆画挂字，周长胜无奈，只好把自己的作品摆在地面。在现场表演中，贺炳发不会画画，仅写了两个字，并且占据了王波的地盘，他们两人现场争吵。周长胜认为自己是实力派，既画画又写字。此行挣得七八万，周长胜拿到8000。

返回北京，周长胜又来到东小井文化基地居住。

十三

周长胜的初中同学、八里屯煤矿的好友李伟，早已调回济南，在当地也可谓书画名家。2008年，周长胜从南方刚到济南，在北京结识的山东滨州老乡杨明振打电话给他："周老师，你在哪儿？"

"济南。"

"我在滨州有活动，过来捧捧场吧？"

周长胜夫妇邀请了李伟同往，傍晚五点多，他们一行抵达滨州。杨明振在这里搞了书画精品展，他们直接来到展厅。当地文化局、司法局、广电局的人陪着张书记观看周长胜现场表演，杨明振对周长胜说："张书记约你去他那儿，想让你去画画。"

杨明振捻着手指介绍说："周老师的画很值钱的。"到了宾馆，张书记说："车上有画吗？带上给一个老板看看。"说完，拉着他们到了一家工厂。

老板姓王，看完石榴画，问："多少钱？"

周长胜指指妻子马学荣说："她说怎么办就怎么办。"

马学荣大方地说："你看着办？"说完递给老板一张周长胜画作的润格表，表中显示6000元每平尺。这是一张八平尺的石榴画，王老板不愿意出这么多钱。马学荣说："你真看中，给一分钱不嫌少，给十万也不嫌多。"

这么一说，王老板更不好办，僵持了一段时间，最后王老板给了8000元，留下两张画。周长胜爽快地说："行，交个朋友。"

第二天，他们夫妇返回北京。不到五天，王老板又打来电话说："周老师，我还想要八幅作品。"

"好，我跟你嫂子商量一下。"周长胜心想，要多了，会把人吓跑，成不了。

他打电话说："王总，你要多大的？横的还是竖的？我有点时间，到你那画怎样？"

对方十分高兴。周长胜夫妇赶到约定地点淄博，天空正飞舞着雪花。周长胜五天时间，画了八幅八尺整张的画作，王老板给了他们8万元润笔费。

周长胜离开了张守富，离开了贺炳发，虽然也有几笔收入，但内心漂泊的苦楚和画作内力不足始终困扰着他。他一支烟接着一支烟，烟雾缭绕中，思索着自己的未来。他总是不断地画"加官百福""官升三级""官上加官""多子多福""笑口常开"，总是重复自己，难以提高，内心不免沮丧。在绘画领域，他认为自己充其量不过是个三流画家。怎能甘愿长久在低层次徘徊？虽说自己讲义气、重朋友，人家三夸两不夸，画一张饶一张，可是自己是有自知之明的。画道寂寞，自己漂浮于红尘之上，为名利奔波，心何以堪？何处是归程？浮华烟云，随波逐流，这就是北漂的意义吗？不是，肯定不是！到哪里开宗立派？哪里是突破的空间？夜深人静时的这番凄苦，谁能理解？

漂泊的日子头顶是乌云密布，愁绪满怀，这种无助的忧伤周长胜独自忍受。黑暗的尽头即将迎来曙光。这时，他听说荣宝斋的刘大为工作室正在招生，学费一年2.4万元。2009年，58岁的周长胜又一次求学，来到荣宝斋建在通州的画院，这里设了很多名家的工作室。

刘大为工作室这次招收了全国各地的学生32人，刘大为亲自制定严格的教学方案，由助教马援答疑解惑，随时指导。中央美术学院的陈力生教授讲解剖、人体结构，并带来很多资料供学生们参考。人体素描，他们练习了两个月。刘大为强调精细素描，比如画皮鞋、书包，必须达到形似逼真。"刘大为人物班"还强调用碳条练习人物画，以便解决用水墨表现人物的技法。

每天，周长胜从东小井坐488路公交车倒911路再倒702路，路途需要花去一个半小时才能赶到教室，万家灯火、月上柳梢之时，他又耗费同样时间疲惫地赶回家。有时候，妻子马学荣也陪他挤公交车上课堂。在这里，其他老师的课随意听，无论是书法、绘画、理论、技法。周长胜谢绝邀请，不再离京，他风雨无阻，一心一意扑在人物造型的国画技法上。书画界强调诗书画印并举，周长胜不仅努力使自己书法精湛，而且左手书法也受到老师和同学的赞扬。他在绘画领域可谓掌握了花鸟、山水、人物的基本技法，周长胜常说，他把别人打牌、下棋、喝咖啡的时间用在了写字、画画和读书上。

周长胜在酷暑中作画

同学们都喜欢荣宝斋画院的图书馆，这里有着丰富的藏书，有着可口卫生的食堂饭菜，有24小时开放的教室。这年6月，刘大为亲自带他们到福建，以惠安女为模特，进行写生。刘大为找来深圳的朋友赞助，除了吃住行免费，还以6000元收购每人的两幅画作，出版画集。由此，他们的班费积攒了几百万元。

最初，周长胜和同学们都是冲着刘大为的大名聚在一起，他们希望刘大为多给学生们上课。刘大为工作繁忙，不能实现一个月给他们上三四次课，周长胜与甘肃商业厅来的同学给荣宝斋画院写建议，要求刘老师多来上课。尽管刘大为派出了自己的得意弟子马援，同学们也从马援的人物画教学中学到很多东西，但他们还是希望能经常见到刘大为，周长胜盼望着刘大为给他的画作题词。"刘大为人物班"临近结束，专门举办了人物画展览，刘大为亲自给每人颁发结业证书，并与同学们合影留念。

北漂的生活艰辛而苦涩，甚至还要以生命为代价。"刘大为人物班"里，有一位来自甘肃的59岁回民同学，他带着妻子一起来京求学。没有想到，这位勤奋、正直的同学却因突发脑溢血猝死。周长胜曾带着马学荣到他们租住的地方欢聚过，然而，盛开着皱纹的笑声还没有飘远，生命却在北漂的夜空中如流星般销声匿迹……

2010年，邀请周长胜的笔会、活动接二连三，太原、上海、景德镇都留下了他的书画。这年，联合国文化总署国际艺术家联合总会在北京成立，周长胜被聘为副主席。海峡两岸交流协会也聘请他以书画传情。

"写天下书画院"的张守富虽然离去，最终返回上海。但画院还在。这年8月，张柱堂邀请周长胜夫妇游览新疆。飞机停稳，迎接的轿车等候在舷梯旁，人大领导设宴款待他们。来新疆之前，周长胜想象的新疆是贫穷、落后、荒凉的不毛之地。在电视连续剧中，里面的角色说过："坦白从宽，新疆搬砖；抗拒从严，回家过年。"新疆是黄沙万里百草枯的地方，是重刑犯、死刑犯的流放之地。可是，这次实地考察，新疆有着湛蓝的天空，洁白的云朵，宜人的气候，飘香的瓜果，走在新疆的大地上仿佛踏上了金光大道。周长胜夫妇游走天山、伊犁、库尔勒，看茂密青翠苍山，在绿荫密布的树下纳凉。他们以书画慰问当地驻军、疗养院；在乌鲁木齐的人大会堂现场作画；在青青草地盘腿而坐，烹羊宰牛且为乐。代表他美好祝福的画作"三级连升"赢得了朋友们的真诚和喜爱。

周长胜返回北京，山东武警总队又邀请他作画。他在画室里，发现所需的宣纸是假造的，就告诉孙主任、彭干事必须买红星牌的好

天之骄子

四季平安图

不与繁花竞

春华秋实

满腹经伦傲风霜

百福图

安顺百福

富贵百福

九州奇树天下名果

硕果累累通锦秀

加官百福　　　　　　　　　　　寿酒延年

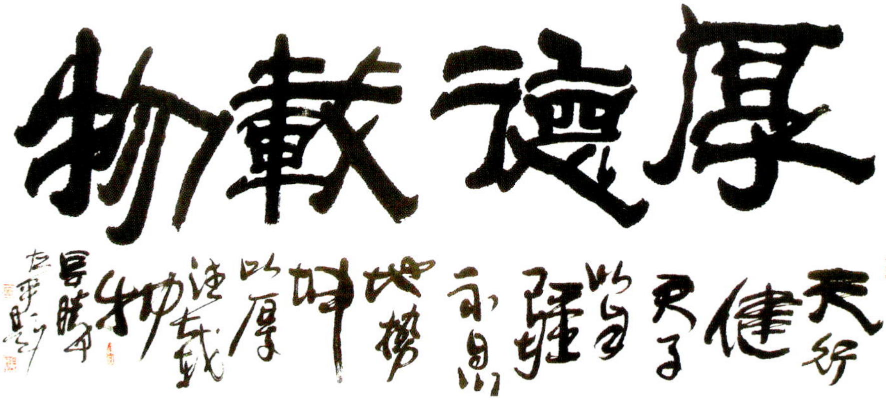

厚遠載物

天行健
君子
以自強不息

地勢坤
君子
以厚德載物

書畫之論工與拙頗公未
帖豈圖傳吾書而遂寶
寺石醉毫依稀
以求顛
雲林詩意
甲申初夏 長將 左筆 書

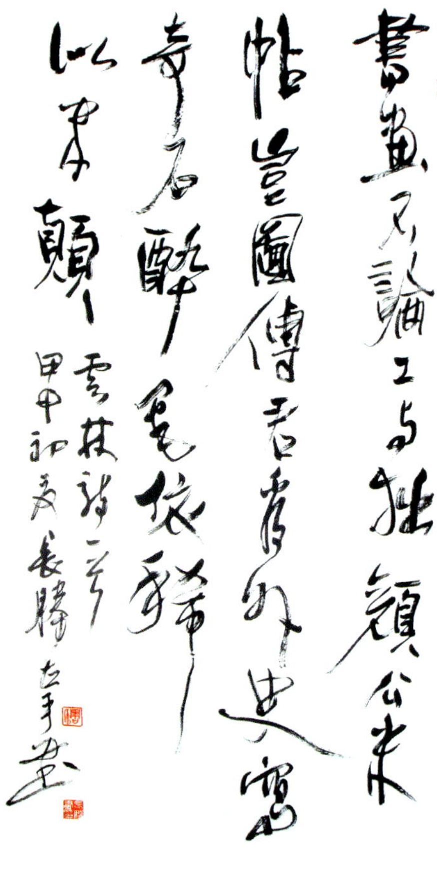

纸。孙主任说："我们这里有专职画家，画山水的，叫他送来。"

20分钟后，彭干事带着画家赶来，画家摸了摸纸说："这什么纸？这么差！"

孙主任说："你去拿点好纸。"又介绍周长胜，"这是'刘大为人物班'的学生。"

周长胜很有礼貌地致意。这位年轻画家不屑一顾地："什么刘大为？什么美协？"言语中根本没有把周长胜放在眼里。

孙主任轻轻推了他一下："别说别的，赶紧拿纸去。"

"就烦别人打电话，我的时间太宝贵了，这下，几十万没了。"画家嘟囔着。

半小时之后，他把宣纸带回来了。

这天晚上，总队的宋政委宴请周长胜，陪同的十几位客人中也有那位年轻画家。席间，周长胜发话："宋政委，感谢您的盛情款待，我很有幸，来此学习。也感谢部队培养了人才。"他指着画家说："但是，我给你提个建议，你的成长是部队培养的。其二，送你两个字，你有点翘尾巴，翘的很厉害！"

画家一听，当时就羞愧地趴在饭桌上。周长胜接着说："山水、花鸟、人物、书法，咱现场来交流一下。你不是挺牛嘛！"

宋政委出面打圆场说："这小赵就是有点翘尾巴，是我们没教育好。"

赵画家趴在桌上不吱声。后来，他对周长胜的表弟说："我可服你表哥了！"

由于周长胜的职业缘故，常常接触陌生人。初次相见，他礼貌周到，站起身，递名片，为人倒水。但是，遇到对方不屑一顾、有意挑战时，周长胜会立即反击，即便想忍，自己也做不到。因为，他的原则是：不找事，不生事，不惹事，出了事也不怕事。

北漂画家周长胜

周长胜在景德镇绘制陶瓷

周长胜对亲人对朋友总是满腔热情。他的奶奶90多岁了，想念女儿，周长胜就背着奶奶去看姑姑；每年他都要带母亲外出游览；女儿的每个生日，他都作画一幅以示祝福。

他与郑宏海是"刘大为工作室"的同学，之前，郑宏海是经营煤炭的老板，雅好绘画，学完之后，重操旧业，又开始转向修建隧道。他知道周长胜与铁道部有关系，就问周长胜："我想参加隧道招标，能不能给介绍一下铁道部的关系。"

周长胜毫不犹豫地帮助他穿针引线，铁道部的朋友反过来请郑宏海吃饭。等到周长胜外出作画，路过郑宏海的所在地，给他打了数遍电话，郑宏海都不接。最后，周长胜给他的助理打电话，助理说他刚坐飞机回北京了。周长胜为这种过河拆桥，利用他人的伎俩，愤慨不已，转而安慰自己：苍天有眼，只求为朋友两肋插刀，无愧于心。

2012年7月15日，"中国将军名人书画家协会"隆重成立，周长胜被聘请为副主席。成立大会上，同时展出"百名将军书画展"，周长胜为筹备活动忙碌了一个月。这一协会在慰问中国航空博物馆时，周

"就是有人欣赏！"

"你那墨，太黑，干硬，特别死。我说你不管说重说轻，你从农民一样走到今天，又不是直线上升。结婚40多年了，我就是要不断修正你。你小权不掰成不了大树！"

每逢这种争吵，都以周长胜的沉默结束。妻子说："你不能再这样漂了，这样漂不是长法。你该有些积累，70岁之前，出个像样的'大红袍'，给自己做个小结。画家成功都有标志，你应该有自己的标志！"

周长胜虽然用水到渠成、知足常乐安抚自己，可内心澎湃的激情，渴望在中国美术史上留下一笔的愿景，像一泻千里的江河在胸中咆哮、奔腾。

他已经意识到自己该进入宁静的港湾，沉寂在万亩火红的石榴园，那是他归隐的牧歌，青灯黄卷，粗茶淡饭，发妻相伴，唯有历史的长空飘飞着周长胜红宝石般写意的大石榴……妻子马学荣才真正拥有了一棵枝繁叶茂的参天大树。

北漂画家周长胜

李健健，山东潍坊人。文学博士，复旦大学传记文学博士后。中国作家协会会员、中国散文学会会员、中国传记文学学会会员。解放军报社记者。《立传》主编。

1987年毕业于中国传媒大学新闻系。

1998年出版散文集《漫漫寻你》。

2004年出版长篇小说《天路》。

2007年7月，取得兰州大学文学博士学位。

2008年—2010年，在复旦大学中文系博士后流动站做博士后研究，专题研究传记文学。

2008年5月，出版理论学术专著《中国新时期传记文学研究》。

2010年11月，出版理论学术专著《中国现代传记文学研究》。

2011年10月，在《立传①》发表传记作品《遗爱千秋——邓稼先传》。

2011年12月，在《立传②》发表传记作品《画家王阔海传》和传记理论作品《中短篇传记文学的复兴及时代意义》。

2012年3月，在《立传③》发表传记作品《当代花木兰列传》和传记理论作品《关于自传》。

2012年6月，在《立传④》发表传记作品《杂交水稻之父袁隆平》。

2013年2月，在《立传⑥》发表传记理论作品《"为生者立传"之意义》。

活雷锋郭明义

李春雷 著

活雷锋郭明义

郭明义，男，1958年12月生，鞍山人。1977年入伍，1980年加入中国共产党，1982年复员到鞍钢矿业公司工作，现任鞍钢齐大山铁矿生产技术室采场公路管理员。先后在矿用大型生产汽车驾驶员、车间团支部书记、矿党委宣传部干事、车间统计员兼人事员、矿扩建工程办公室英文翻译等岗位工作。先后荣获齐大山矿先进生产者标兵、模范共产党员，矿业公司先进生产者、模范共产党员，鞍钢先进生产者、精神文明建设标兵、优秀共产党员、鞍钢劳动模范，鞍山市优秀义工、道德模范、无偿献血形象代言人、特等劳动模范、辽宁省道德模范提名奖、希望工程突出贡献奖、全国无偿献血奉献奖金奖、全国红十字志愿者之星、中央企业优秀共产党员、全国五一劳动奖章等荣誉称号。被评为2010年"十大感动中国人物"之一。2012年11月，郭明义当选为中国共产党第十八届中央委员会候补委员。

1990年以来，他坚持二十多年无偿献血，累计献血6万毫升，相当于自身总血量的10倍。

1994年以来，他为希望工程、身边工友和灾区群众捐款12万元，先后资助了180多名特困生，而自己家却几乎一贫如洗。一家三口人至今还住在鞍山市千山区齐大山镇，一个20世纪80年代中期所建的、不到40平方米的单室里。

从1996年开始担任采场公路管理员以来，他每天都提前两个小时上班，15年中累计献工15000多小时，相当于多干了五年的工作量。

2006年以来，他发起八次捐献造血干细胞的倡议，有1700多名矿业职工参与；其中，齐大山铁矿汽运作业区大型生产汽车司机许平鑫同志与武汉的一名白血病患者配型成功，成为全国第1066例、鞍山市第5例成功捐献者。

2007年以来，他发起七次无偿献血的倡议，共有600多名矿业职工参与，累计献血15万毫升。

2008年以来，他发起的希望工程捐资助学活动，已有2800多名矿业职工参与，资助特困生1000多名，捐款近40万元。

2009年以来，他发起成立的遗体（器官）捐献志愿者俱乐部，已有200多名矿业职工和社会人士参与，是目前国内参与人数最多的遗体（器官）捐献志愿者俱乐部。

一、童心的樱桃树

有一首歌叫作《东北人都是活雷锋》，这句话用在全体东北人身上显然有些过头，但用在郭明义身上，似乎又不够。

准确地说，鞍钢工人郭明义就是雷锋精神的传人！

樱桃园村，好一个诗意的名字啊。小村位于鞍山市东北部，这里是千山山脉的余脉，到处是馒头状高高低低的山岭和蜂窝状深深浅浅的山坳，又宛若一只只温厚的佛掌，抚佑着祖祖辈辈的山民，连同他们的苦难和梦想。大自然无意中散布的厚厚薄薄、浓浓淡淡的脉矿，潜藏在混混沌沌、迷迷茫茫的石层中，那是现代人类的福祉，更是工业文明的筋骨。

1958年12月27日，郭明义就出生在这里。他的父亲是鞍钢齐大山铁矿的老矿工，解放前就在这里苦力换钱。

郭明义小时候经常在齐大山里玩耍，各种形态的山峰，像鹰，像兔，像神龟安眠，像将军跨马，像贵妃出浴；如果在现代派诗人的眼中，或许又像女性的乳房，像男性的阳物。

山下有一条不知名字的小河，清澈见底，空明若无。成群的鱼儿，像鸟儿一样忽快忽慢地在水里飞翔着、呼喊着、舞蹈着。慢慢地，鱼儿玩得累了，出汗了，就在五彩缤纷的卵石小床上睡觉，做一些悲欢离合的梦。河水静下来了，像一只亮晶晶的大眼睛，怔怔地仰视着湛蓝的天幕上牛群羊群一般的云团在悠悠然地聚聚散散……

周围是一片片的水田，密匝匝的水稻下是灰白白的河虾和黑黝黝的田螺。螃蟹们窜来窜去，手舞足蹈，像抽奖现场猛然中奖的彩民；而泥鳅则滑来滑去，贼意狡黠，像股市上见机行事的老手。间或有几只硕壮的青蛙，像华南虎一样蹲坐在田埂上，圆瞪着大眼，迷惑不解地遥望着远方的鞍山和鞍山市内匆匆奔忙的男男女女。

明明亮亮的水田，白白胖胖的大米，青青黄黄的四季，小河潺潺流响，那是岁月的琴弦，弹奏着童年的日子。

解放前，日本人曾在这一带开矿，新中国成立后也有零零碎碎的开采。郭明义做梦也没有想到，这里将来竟然成了全亚洲最大的露天铁矿，而且也将是他一生的工作岗位。当然这是后话了。

很快就进入"文革"了，学校处于半停课状态。经常一起玩耍的小伙伴李晓伟、乔广全可高兴了，早早地就把课本扔进了灶膛里。

这时倒是经常搞支农服务，号召学生义务拾粪积肥，而后交给对口的生产队。没有化肥的年代里，粪肥就是生产队的香饽饽，"庄稼一枝花，全靠肥当家"。但他们这些城镇里的孩子，都嫌脏怕臭，就挖黑黑的河泥充假。郭明义是一个老实孩子，每天背一个荆筐，拿一把铁铲，早早地出门拾粪。他爱动脑子，猪和羊随处大便，狗喜欢在固定地方拉屎，牛马粪在村头最多。所以，一个冬天，他积累的粪堆高高大大的，像齐大山一样厚实。

开春的时候，附近另一个生产队鉴定他家的粪堆是真货实料，就出15元收购。15元，几乎是半个月的工资，奶奶就答应人家了。郭明义回家后，跺着脚大哭，坚决把钱退还，把粪堆无偿地交给了指定的生产队。

那年月，学校还经常号召学生打老鼠，按尾巴计数。李晓伟、乔广全都是顽皮的嘎小子，就把马车夫的鞭梢偷走，剪成几段，用锉刀锉圆，再用砂纸打磨出毛毛来，简直和老鼠尾巴一模一样，不用手摸摸，根本分辨不出来。而女老师害怕传染病菌，谁会去用手触摸呢。于是，他们每每受到表扬，经常在背后呵呵地大声坏笑，只有他，总挨老师批评。

东北的冬天格外冷，教室里要生煤炉。他是劳动班长，天不亮就来到教室生火，弄得满屋子呛烟，别人骂他。等到炉火稳定时，红红的火苗唱着歌儿，跳起舞来，屋里暖融融的，大家心里甜甜的，却忘记了是他的功劳。没有人表扬他或感谢他，好像这一份工作天生就是他的差事。

但他不在乎，每次还是早早地来，小脸总是黑黑的。

童年里，郭明义最崇敬的人是雷锋。

雷锋就是鞍钢人，和父亲年岁差不多，都在铁矿当工人，后来从矿山参军了。周围很多人见过他，打过交道。

再一个对他影响大的就是父亲郭洪俊。1968年7月2日，附近的辽阳市兰家公社响山大队一个水井塌方，把一个中学生和一位解放军排长埋在里面。紧急情况下，郭洪俊和几名矿工跑步赶到，没有工具，硬是用双手抠穿古井，刨出了两个人，直抠得双手鲜血淋漓，指甲都没有了。

这在当时是一个闻名全国的英雄事件，郭洪俊曾专门赴京进行事迹报告，受到了周恩来总理的关注。1969年国庆期间，作为英雄群体的代表，郭洪俊还收到了周恩来亲自签署的参加国宴的邀请信。

也许，这些个英雄情结，像一颗细微的种子，飘入了郭明义的心田，默然发芽，长出了一棵小树，而后长成了一棵大树，一棵翁翁郁郁的大樱桃树……

二、本是同根生

历史真是惊人地相似！雷锋和郭明义这两个时代典型，虽然相差半个世纪，却有着太多的交集：都是鞍钢工人，都在铁矿上班，都从这里入伍，都在东北那疙瘩儿当兵，而且都是汽车兵……

最让人不可思议的是，介绍他们入伍的竟然也是同一个人——余新元。

当年，雷锋就是以鞍钢铁矿工人的身份入伍的。

说起雷锋当兵，不得不提到另一个传奇人物——余新元。

余新元，男，甘肃静宁人，1923年11月出生，1936年参加红军，抗日战争时期，参加过著名的山城堡战役、平型关大战、百团大战、狼牙山反扫荡战斗、锦州崔家岭攻坚战和辽西阻击战等，多次负伤，多次立功。更加传奇的是，余新元受的两次重伤，都是那位著名的白求恩大夫亲自主刀救治的。

新中国成立后，余新元在辽阳军分区负责征兵工作，雷锋当时在鞍钢弓长岭铁矿当工人，一心想参军，但由于个头太小，只有1.54米（规定1.6米），体重太轻，只有54.5公斤（规定60公斤），不合乎规定。但雷锋特别执着，再三恳求余新元。余新元也打心眼里喜欢这个朴朴实实的小伙子，感觉应该把这么优秀的青年送到部队去。从矿山到辽阳市，有几十里的路程，交通不便，无处吃住，余新元就让孤儿雷锋吃住在自己家里，陆陆续续竟达58天。这期间，余新元多次找有关方面疏通，终于使雷锋顺利入伍。这便开始诞生了一系列的我们大家都熟悉的雷锋故事。

郭明义初中毕业后，由于高考停招，只能到齐大山铁矿参加工作。当时，参军入伍依然是青年们的首选，郭明义当然也不例外。而此时余新元已经是鞍山军分区的副政委，直接负责该地区的征兵工作。

郭明义的父亲郭洪俊是赫赫有名的英雄，与余新元相熟，就带着儿子去登门拜访。余新元第一眼见到郭明义，就喜欢上了这个和雷锋一样朴朴实实的小伙子，而且郭明义的身体条件比雷锋好多了，于是就亲自担当介绍人，推荐他参军。

1977年1月，郭明义光荣入伍。在鞍山火车站举行的送行大会上，和雷锋一样，郭明义作为新兵代表，进行了慷慨激昂的发言。

郭明义所在的部队是沈阳军区23军201团，驻防黑龙江佳木斯。

第一个岗位是炊事员。当时连队每天的早餐是玉米玉米糁子粥，玉米糁子像碎石头一般坚硬，很难熬开，喝到肚里，不易消化，不少战士闹胃病。怎么才能熬出可口的粥呢？他悄悄写信问母亲。母亲告诉他，提前要用清水将大糁子泡软，再熬，又软又黏糊。从此，战友们都喜欢喝他的粥，称为"明义粥"。可谁知道，他为此要早起床两个小时呢。

为了改善伙食，他还养了十几头猪，最担心的是母猪生产前后，由于冬天太冷，如果照顾不到，小猪的成活率很低。他事先给母猪喂服土霉素，准备好消毒用品，整夜整夜地守在猪舍，把煤火生得旺旺的，把母猪的生产部位和乳头擦拭干净。小猪一只只地生下来了，他剪断脐带，擦上碘酊，将猪崽嘴里的残液清理掉，再将身上的黏液擦干净。有的小家伙不会吃奶，他就让它们吮吸自己的小拇指。那一年，连队的小猪崽们一个也没有夭折，全都溜光光、滚圆圆地成活了。

猪八戒们长得又肥又大，当地老百姓来参观，惊讶地说，当兵的比我们养猪还好；又叹息说，复员回去也不养猪，不过是一群哑巴畜生，对它们那么好，也不会开口说话，何必那么认真呢。

由于表现出色，部队又安排郭明义到汽车连。不用说，他成了一个雷锋式的汽车兵。

1978年年终，师直属汽车连进行技术大比武。

104台汽车停放在师部车场里，齐刷刷排成一条线。郭明义的"解放"开出队列，他操作精准、沉稳，前进、倒退、拐弯、提速、刹车……规定技术动作误差竟然不到一厘米。

结果，他获得理论和实际操作两项第一。

三、矿山的儿子

1982年1月，郭明义退伍，回到父亲的工作地——鞍钢齐大山铁矿汽运车间担任T20汽车司机。

层层叠叠的山峰，舒舒缓缓地四散开来，蕴藏着大自然留给人类的宝藏——铁。2500多年前，一个村庄群落栖息在一个形似马鞍的山坳里，憨憨地沉睡着，悄悄地繁衍着。鼓风冶炼的土高炉点燃了这里的文明之光，照亮了一张张黄褐色的脸庞。这就是鞍山城市的来历了。

鞍钢的前身是始建于1916年日伪时期的鞍山制铁所和昭和制钢所。据《鞍山志·鞍钢卷》记载："1935年—1945年，昭和制钢所累计生产生铁905.6万吨、钢547.4万吨、钢材327.8万吨。"日本人撤离的时候曾恶毒地留下一句话"你们在这里种高粱吧！"但，郭明义的父辈们却在这片废墟上，建起了新中国第一个钢铁工业基地，成为"共和国工业的长子"。

齐大山矿的历史也颇为曲折，日伪时期名叫樱桃园铁矿，属于掠夺式开采，循着富矿脉像老鼠一样挖洞，达数百米，这为后来的郭明义时代的矿业生产埋下了深深的隐患。新中国成立后，这里作为鞍钢的附属铁矿，也进行了小规模采挖。1969年，改名东方红铁矿，正式开始大规模露天采掘。"文革"之后，改现名齐大山铁矿。

铁矿原来是一座山岭，海拔127米。在郭明义儿时记忆中，当年的采矿设备都悬置在半山腰上，小火车、电铲、汽车等，需仰视才见。上世纪80年代初期，山头逐渐降低了。再后来，齐大山消失了，变成了齐大坑，而且这个坑越来越深，超过了负127米，开挖难度也越来越大。

郭明义肯定是一个优秀的司机，上班当年，便提前16天完成全年任务，创单车年产最高纪录，成为轰动矿山的新闻。

但他又是一个爱学习的人，他常常为自己学生时代的荒废学业而懊悔。当时，全社会正在兴起文凭热，全民自考，郭明义也迅速投身到了这股时代大潮中。

1984年，他幸运地通过国家人事部组织的全国统一录用干部考试，由工人身份转为干部。

这之后，他担任了汽运车间的团总支书记。400多个青年，唱歌、跳舞、演讲、篮球赛、足球赛，各项活动红红火火，男女青年高高兴兴。

两年后，他年龄大了，不再担任团干部，由于表现出色，被调入矿业公司党委宣传部，任副科级干事。

宣传部新来的年轻人，坐机关，搞宣传，以前没有干过啊。但郭明义是一个能吃苦、爱学习的小伙子。白天像蜜蜂一样在矿区各个角落飞翔，晚上加班写稿子。坐下去，坐下去，静静地阅读，深深地思考，苦苦地练笔，让思想生出翅膀，让枯笔开出鲜花。不长的时间内，他开始写通讯、写论文了，当年竟然发表100多篇。最让人惊奇的是，他还在《鞍钢日报》、《流火》等报刊上发表了十多篇（首）散文和诗歌，成为当地一个小有名气的业余作家。

人的潜质真是具有多种可能性啊，全在于实心投入和自我挖掘。

但好景不长，国内整个钢铁行业效益全面下滑，鞍钢是老企业，更是亏损严重。齐大山铁矿政工系统被迫大幅精简，党委宣传部撤销。他成了下岗分流人员，经过几个月的再就业培训后，被分配到机动车间，担任统计员兼人事员，成了一名只保留干部身份的车间工人。

人事员承担着车间劳动纪律考核工作。迟到、早退、怠工、失误，不管是谁，他都不留情面，在黑板上曝光。

在他的监督下，机动车间劳动纪律大变。

有几个被罚款的工人不服气，冲他说："你只管我们普通工人，车间主任、矿长夫人你敢碰吗？"

"只要他们触犯劳动纪律，我照罚不误！"于是，郭明义把目光紧紧地盯上了领导层。

果然，几天后，车间主任和矿长夫人的名字赫然上榜，被写在了门口的黑板上，每人罚款100元。

全车间惊炸！

父亲骂他说："你小子真是一根筋啊，你的岗位是车间主任给的，你又想被分流下岗啊？"

郭明义说："制度面前人人平等！工作制度是车间主任亲自主持制定的，他更应该带头执行，只有这样，才能服众。再说，鞍钢现在正是最困难的时期，再不加强管理，什么时候才能扭亏为盈啊。"

父亲叹一口气，不再说他。

但出乎父亲意料的是，当年底，郭明义不仅没有下岗，而且被满票当选为机动车间的先进个人。

那一年过年时，车间主任特意到他家里拜年，鼓励的同时，还给他送了几斤苹果。

四、我爱English

……
电铲

人们无法说出他的巨大

深出的手臂去触摸太阳

旋转的世界里

闪烁的星空里

捧出乌金

恰似那太阳洒出的余晖

……

——摘自郭明义的诗歌《矿山组诗》

整个学生时代，郭明义根本没学过英语。那是什么年代呢，反英反美又反苏，学英语也没有任何用途啊。

郭明义最早结识英语，是在恢复高考时的1977年。部队里有一个战友偷偷准备参加高考，每天都在收听英语广播，那是他第一次真正认识A、B、C。他的很多同学也报名了，并纷纷来信怂恿。他认真想了想，叹息一声，把这个想法又咽了回去，他知道自己的基础太差了。但对那些个蝌蚪似的字母，却暗暗燃起了兴趣。

渴望，像虫子一样，在心底蛰伏下来。

转业后到鞍钢上班，科学和文化的春天到来了。他也参加了自学考试和各种考试，学英语，读名著。但那是为了文凭，或者，就是为了学习，为了充实，没有别的目的，他只是觉得时间不能就这样白白地流逝。

1991年2月的一天，经过多轮严格考试，他终于拿到了国家统计员资质证书，是全矿山数千人中唯一的。他拿去向矿长宋贵清报告。

证书的封面上写着"中华人民共和国统计员资质证书"的中英文。

宋矿长问："你懂英语吗？"

"懂一点儿。"

"念一念。"宋矿长指了一指。

"The people's Republic of China actuary qualification certificate（中华人民共和国统计员资质证书）"郭明义脱口而出，流畅又滑润。

矿长定定地看着他，又询问他自学英语的经历。

两天后，矿办公室突然通知他，到冶金部干部管理学校（校址设在鞍山）脱产学习英语。

原来，国家"七五"重点建设项目——齐大山铁矿扩建工程已经进入开工准备阶段，计划投资45亿，引进世界上最先进的矿山设备，新建一个选矿厂，使之成为亚洲最大的露天铁矿。为了扩大生产能力，实现生产的大型化、现代化，国家批准引进33台世界上最先进的载重量154吨的矿用汽车——电动轮，每台售价1000万以上。由于该型汽车体积太大，任何交通工具都无法将其从海外运到现场，只能将零部件运来，然后由厂方派专家现场组装，这就急需与外国专家直接沟通的现场翻译。鞍钢集团公司分配给矿业公司四个指标，其中三个人已经确定，分别是清华大学和北京钢铁学院的毕业生，还有一个名额一直没有落实，矿长正在物色人选，正好遇到了他。

鞍钢是中国最大的钢铁企业，人才济济，整个扩建工程，全集团挑选的英语人才有四十多个，全部是来自清华、北钢院、北理工等重点本科院校的学生，只有他一个是完全依靠自学的土家伙。

郭明义当然珍惜这次机会，但与这些名牌大学的英语高才生比起来，他的基础实在是太差了。

在班里，他岁数最大，又是土包子，但他学习态度最好。

每天去得早早的，他恨不得自己的大脑变成一块大大的海绵，把所有的水分都吸收过来；抑或变成一台灵敏的录音机，把所有的英语单词全部存储下来。

他给自己规定了死任务，每天必须记住30个单词。他把这些单词写在胳膊上，写在本本上，写在家里的墙壁上。走在路上，他的嘴里喋喋不休，吃饭时也喃喃自语，睡觉前插上耳机，连梦里也爬满了密密麻麻的蚂蚁般的英语字母……

郭明义学英语的最大特点，就是"厚脸皮"。课堂上大胆举手，平时与同学们谈话也不用汉语，见到外教，总是主动上前攀谈，谈天气谈文学谈新闻，不会的词汇，就用手比画，就刨根问底……

一天午后，突然雷声滚滚，天昏地暗，暴雨大作。外教准时走进教室，同学们却没能赶来，只有郭明义一个人，骑着自行车，在闪电和雷声中，冒着大雨来到了，浑身淋得湿透。外教大为感动，亲自帮他擦去头上和脸上的雨水。

等了一会儿，仍是不见人影。外教便和他坐在一起，面对面，只给他一个人上了一节特殊的教学课。

1992年10月1日，是中国的国庆节。熟谙中国国情的外教，破例用汉语说："今天是你们国家的生日，请用你们自己的语言，唱一首生日歌吧。我想请郭明义同学独唱，听说他是一位业余歌唱家。"

全场响起雷鸣般的掌声。

郭明义唱得十分投入：

今天是你的生日，我的祖国。
清晨我放飞一群白鸽，

为你衔来一枚橄榄叶，

鸽子在崇山峻岭间飞过。

我们祝福你的生日，我的祖国，

愿你永远没有忧患，永远宁静

……

不知道是什么原因，他唱得泪流满面……

外教也流泪了，他的确很少见到这样的中国人。

郭明义，就是一个纯朴的、率直的、真情的人啊。

……

一年之后，郭明义的英语口语和书写能力已经初步达到能够与外国专家直接交流的程度，词汇量也超过一万个。结业考试时，他在四十多名学员中名列第五。

所有的人都惊呆了，这小子的脑瓜真是太神奇了，像磁铁一样能吸得住字母的碎屑。

其实，是郭明义聪明吗？

不是的。

他的秘密武器就是执着和专注，像一台锋利无比却又无所畏惧的钻机。

挥舞着这个武器，他战无不胜！

五、累，并快乐着

1993年，齐大山铁矿扩建工程全面开工。

33台电动轮汽车的散件陆续运抵现场，6个国家的40多位专家也纷纷进入岗位。

郭明义和另外三名翻译也随即被分配到扩建工程指挥部办公室，担任现场翻译和资料翻译。

实战状态中，郭明义再次感觉自己差距太大。来自6个国家的专家英语方言不一，而且汽车行业里有很多生僻艰涩的专业知识和术语，他没有学过工科，根本听不懂，往往形成误会，耽误时间，降低工作效率，引起外国专家的恼怒。他心里乱糟糟的，急得直想头撞墙。

苦恼，像药水一样浸泡着他。

怕硬服输，绝不是郭明义的性格。这时候的他，又拿出了自己的"钻机"，定准方向，狠命地钻下去，钻进去。和外国专家交流，最主要的不就是单词吗？那好，我就一个一个地去攻克。他每天把说明书里的生僻单词，一一对照地翻译成中文，而后再写在胳膊上，写在小纸片上，贴在家里的床头上、墙壁上，厕所里……只要一抬头就能看见。他每天一睁眼就开始背单词，晚上临睡前，再把这些单词在脑子里过一遍。每天最早到现场，最晚离开，就是为了能和外国专家多说几句话。

现场每天的工作进程，都必须有中英文报告，他主动申请执笔。无疑，这又是一条强化自己学习英语的路径。

工地上，双方工作人员交叉在一起，进行流水作业，环环相扣，紧张而精密，经常会出现一些配合上的摩擦和矛盾。这时候，专家们便会大声喊道："郭！郭！……"

他匆忙地跑过来，跑过去，像一个旋转不停的陀螺。

由于公司安排的司机不懂英语，与外国专家沟通不便。郭明义又主动要求担任兼职司机，每天开车接送。星期天，节假日，专家经常外出购物、游览，他也全程开车服务。专家们过意不去，给他小费，他分文不取。

他说："我们鞍钢有规定，不让私自接受专家朋友的礼品，还是让我们遵守吧。再说，我给你们服务，你们教我学英语，两两抵消了。"

50多岁的托尼，是澳大利亚——美国犹格里德公司的汽车发动机专家，一个认真得近乎顽固的工作狂，他按每天规定的目标工作，完不成绝不下班。一个三伏天的上午，大家在露天的工地上装配一套系统，因为一个程序错乱而耽误了时间。天已正午，骄阳如火，气温超过40摄氏度，别人都下班了，他固执地要坚持干完。12时20分，高大肥胖的他中暑了，突然摔倒在地，浑身抽搐。郭明义马上开车把他送到最近的鞍山市第四医院，背进急诊室。郭明义的妻子就在这个医院担任护士长，赶快跑过来一起抢救。

由于严重脱水，再加上心脏病突发，生命危险！

医院立即成立专家组。直到下午3点，终于转危为安。

从此，托尼与郭明义的关系更密切了。

过春节的时候，郭明义带着托尼和另一位外国专家，到家里一起包饺子。这些外国人对中国的饺子很是喜欢。

大家挤在郭家窄窄的房间里，心更近了。

刚开始，托尼包出的饺子歪歪扭扭，瘪瘪的，像一个个瘦骨嶙峋、弱不禁风的"林黛玉"。不一会儿，在郭明义夫妻的指导下，他的作品就变得饱饱满满的了，像一个个大腹便便、趾高气扬的薛蟠。

饺子出锅了，一个个白白胖胖，蹦蹦跳跳，坐在盘子里，微笑着，和大家一起欣赏着央视春节联欢晚会。

六、"郭大傻"

郭明义曾有一个绝好的跳槽机会。如果那样选择，他早就是富人了，可他没有，他仍是一个清贫而又快乐的鞍钢人。

按照规定，郭明义只是负责资料翻译工作，电动轮进口备件的质量检验与他没有关系。

可每一次对照说明原文，他都认真查验。

在组装发动机系统时，对发动机运转声音特别敏感的郭明义感觉到了几丝隐隐约约的杂音，便在质量分析会上公开提了出来。

一束束质疑的目光齐刷刷地射向他那张红褐色的国字脸，不仅来自外国专家，还有矿里的领导和工友们。

你懂吗？

你又不管质量检验。

你不是跟老外的感情很好吗？

这老郭又"犯傻"了。

外方专家明确表示郭明义多此一举，他们是这方面的权威。更重要的是，他仅仅是一名翻译，没有质检的权限，连一向与他关系密切的托尼也劝他说：

"Mr. Guo，my dear friend . Don't pick in others garden please. You are just a translator.(郭先生，我的好朋友。请不要在别人的花园里采摘。你只是一位翻译。)"

"Even though I am just a translator,I am an Anshan man.I should be responsible for my enterprise.I have the rights and obligations. （虽然我只是翻译，但我是鞍钢人，我要为我的企业负责！我有这个权利和义务。）"郭明义说。

"If you question us without any evidence,which will damage the reputation of our company.We will make you a protest.（你如果没有任何证据地质疑我方，将会损害我们公司的名誉。我们将向贵方抗议！）"

是啊。郭明义不再言语了。

但他内心不服啊。在之后的日子里，他常常钻进窄小的电机箱里，拿出厚厚的英文说明书，一张一张地核对图片，一条一条地核查合同条款，一项一项地推敲揣摩。

终于发现是因为后轴箱处轻微开焊。

他又细细检查，发现共有5台车有这种现象。虽然不是关键部位，但毕竟是外方设备的瑕疵。

他马上写出中英文报告，并请中方专家一起，与外方专家严正交涉，据理力争。

在事实面前，澳大利亚专家终于承认是他们配件上出现问题，不得不答应全部更换，并按照合同赔偿10万美元。

虽然双方时有摩擦，但关系更加亲密了。

一次，郭明义开车带着两名美国专家到鞍山市外事办公室办理手续。路过团市委办公室时，他说："对不起，请等一下。"原来他最近终于攒足600元，便顺便去一下"希望工程"办公室，为两个贫困孩子捐款。

两个美国人明白内情后，十分感动，也分别捐出600元，请郭明义帮助选择了两名资助对象。

合作结束后，外国专家组陆续撤离。分别时，澳大利亚人托尼又特意来到他家里，一起包饺子，并执意送给他一块金表。这对他来说，是最贵重的礼物了。

盛情难却。郭明义收下金表后的第二天，便主动送交鞍钢援建指挥部办公室。

办公室主任说："这只表是你们之间的私人赠与，你可以不必上交。"

"但，我是代表鞍钢的啊，没有鞍钢也没有我们的这一份私人友情，还是由公司保存吧。"

这个固执的人，硬是把金表上交了。从此，他被实实在在地扣上了一个"郭大傻"的外号。

至今，这一块本属于他个人的象征着他与托尼私人友谊的价值不菲的金表，仍然存放在鞍钢公司的礼品仓库里。

托尼也曾动员他出国，并答应帮他联系："你才38岁，出国发展还不算晚。凭你现在的英语水平和业务能力，完全可以在美国汽车企业里找一份年薪5万美金的工作，并全家移民。"

他坚决地拒绝了。

后来，在托尼的推荐下，澳大利亚——美国犹格里德公司澳大利亚售后服务部中国区总管主动联系郭明义，希望他能去北京工作，担任中国区总代理助理，月薪300美元，或日薪13美元。

郭明义当时每月工资只有400元。

他说，我的家在鞍钢，我父母都是鞍钢人，我的一切都是鞍钢给予的。我虽然不富有，但我很知足，我不能离开这里。

与他一起工作的另外三个翻译，其中两个出国了，另一个去了外企驻中国公司（即原来邀请他的位置）。只有他，依然踏踏实实地在鞍钢工作着。

他仍是一个清贫而又快乐的鞍钢人。

这真是天下最好的中国工人啊！

七、鞍钢宪法

1996年，齐大山铁矿扩建工程完成，全面进入生产阶段。

作为全国最大的钢铁联合生产企业，矿石生产是鞍钢的第一道工序，如果矿石供应不及时，整个鞍钢的生产链条将全面瘫痪。而这33台电动轮承载着3000多万吨矿石的运输任务，占整个鞍钢生产用量的三分之二。

电动轮汽车每辆自重90吨，载重154吨，加起来近250吨，对采场公路路况要求十分挑剔，路面要平坦，路基要坚实，坡度要平缓，一旦发生侧翻，损失不可想象。如果路况不好，还将直接损耗车辆，而每辆车的售价都在1000万元以上，每一个零部件都需要进口，别说车体损坏，就是更换一个轮胎，价值也在40万元以上。

养路重于修车！

电动轮汽车的发源地——澳大利亚的铁矿山，大都是富铁矿，品位在67%左右，几乎可以直接入炉冶炼，所以开采面很小，人家专门为电动轮汽车铺修了柏油路，可以一劳永逸。而我们的矿山，因为品位太低，每天需要大面积地爆破，剥岩的工程量太大，道路走向随时调整，根本没有修筑柏油路的必要，反而，对土石公路的设计、施工及维修的工程量却格外繁重。

必须设一个专职的公路管理员，负责公路的规划、设计，修筑、维护和管理考核。路况好了，不仅可以保证生产，而且大大节省汽车维修费用。

谁负责这项工作，至关重要。

只有郭明义！

本来，三年来担任现场翻译，劳苦功高，应该调整到一个高阶层的岗位，收入多些。但如果担任现场公路管理员，露天作业，又脏又累，这岂不是还不如以前的岗位？

连矿领导也不好意思找他谈话了。

但，出乎所有人意料的是，郭明义痛快地答应了，没有讲任何条件。在他的眼里和心里，电动轮汽车就是他的生命。

所有的人都在为他惋惜呢。

在接下来的几个月时间里，他日夜坚守在现场，指挥十几路筑路队伍，修造了24米宽、盘旋40公里的矿山公路，并制定了详细的矿路技术参数。

后来，这些参数经过反复验证，形成标准，并通过国家权威部门正式颁布，成为全中国矿山公路的"鞍钢宪法"。

采场的公路行云流水般在灰蒙蒙的山谷里飘荡，高高低低，起起伏伏，隐隐约约，缓缓降落在谷底的采矿场。这里是亚洲最大的露天铁矿——鞍山钢铁集团齐大山铁矿。经过几十年的采挖，齐大山实实在在变成了齐大坑。

采场呈锅底形，方圆6平方公里，公路环绕，层层叠叠。人工挖掘的悬崖峭壁上，遍布着赤红的矿石、黄色的岩石、白色的石英石……五彩斑斓，展示着大自然谜面一般的瑰丽、丰富和神奇。

这里，就是郭明义的乐趣，郭明义的世界。

每天都要放炮，都要开辟新工地，所以，这些公路几乎每天都在变动，都要重新开辟和修筑。而且，数十辆"巨无霸"的来回辗压，路基塌陷是经常的，路面出现坑坑洼洼、坎坎坷坷更是家常便饭。

每天筑路、修路的任务，真是太大了！

而且，近些年来，整个矿山的开采量一年比一年增加，现在已经超过5000万吨。每天的运输量是多少？接近20万吨。

　　矿山，我是你的儿子。不管我走到哪里，我都爱恋着你啊——矿山，我的故乡！年轻时的初恋，长期的吟唱，永不感到疲倦。矿山，你是一条流淌的金河，满山，满道，满坡，满眼的金黄……

　　洒满阳光的采场路上，一位年轻的矿工，唱着"咱们工人有力量"，唱着"矿工之歌"。听着听着，突然，电铲司机、钻机司机、推土机司机、电动轮司机都不再沉默，都随声附和，装车、开钻、刮道、唱歌。高亢有力的歌声，熟悉的曲调，优美、流泻的旋律，汹涌澎湃，一泻千里。

　　今天，又干了10万吨。

　　　　　　　　　　——摘自郭明义散文《放歌矿山》

八、为儿子服务

电动轮汽车的高度近7米，轮胎直径近4米，比姚明父女的身高相加还要高；加一次油要多少？2吨！这些都是他的儿子啊，比儿子还亲。

每天早晨5点钟，郭明义就步行出发了。

黄褐色的烟尘弥散着，几十辆“变形金刚”般的巨型电动轮嘶吼着，一顶红色的安全帽在它们的缝隙间跳跃。帽子底下是一张酱紫色的国字脸，这就是郭明义。

说起来，他这个公路管理员是公司技术室的业务总管，还是干部身份，本来可以坐在办公室，不必天天置身现场的，因为前线的修路车间还设有专人负责。

可他不放心啊。

每天4点40分起床，洗漱，准备早餐：昨晚的剩米饭，加开水，再加一个咸鸭蛋，或一个烀土豆，或半个茄子。匆匆吃完，5点出门，步行40分钟到办公室。换山地鞋，穿工作服，拿上有关工具，再步行30分钟，6点半准时来到现场。

若是冬天呢，天太冷太黑，就早10分钟起床，4点50分出发。采场内不准小型汽车出入，更不让自行车通行，因为电动轮太大了，轮胎直径近4米，驾驶舱高度近7米，驾驶员视野内有若干盲区，一辆小轿车在它的身旁或轮下，像玩具，辗压了都无知觉。

为了躲峰限电，电动轮的生产高峰安排在每天下午1点至第二天早上8点。每天上午呢？就回到汽运车间的大院里，检修车辆，添加油料。

利用电动轮检修、加油的间歇，郭明义指挥队伍抓紧检修公路。为了检修公路，矿山专门设置了一个修路车间，100多人，50多辆水车、铲车、石料车、平路机和推土机。

按规定，他的上班时间应该是早晨8点，而他总是提前一个半小时就赶到了。

为什么呢？

他赶到现场的时候，电动轮们正在陆续回巢，他就在现场步行巡视，把昨晚辗压过的所有路线全部勘测一遍，把损坏的路面一一记在心上，并开始构思、计算今天将要投入维护和修整的人员和物料。这样，修路车间的工人们8时上班后，就可以直接进入角色，一刻也不用耽误。

修补公路的过程中，他又开始检查验工了。

发现路面仍不理想，就马上用报话机下指令："3号公路2800米处，平整度不够，再卸5车粉石……"

于是5辆石料车开过来，卸下粉石。平路车迅速跟上，抹平路面。

"2号铲窝需要清理！"他又命令。

巨型电铲专为电动轮装运矿石，电铲的工作场地称为铲窝。铲窝附近常常会有掉落的石料，必须及时清理，不然不仅误工，而且损坏轮胎。

一辆推土机过来了，把地面上的碎乱石块清理到远处，为电铲腾出一个平坦、宽敞的舞台。

……

九、矿路医生

终于完工了，全体机械迅速撤出战场。突然，他摔倒在地——中暑了，口吐白沫，四肢抽搐。

躺在红红的泥浆里，十多分钟后，终于醒过来了……

阳光直射在连绵起伏的山谷，白亮亮地爆裂开，烤得人睁不开眼睛。

夏天的采场，简直就是一个封闭的桑拿室，高温时常在40摄氏度以上。

司机们工作在驾驶室里，有空调，而郭明义只能在露天作业，头顶上没有一片遮荫。

一次，由于前一天晚下雨，路面多处坏损，修路工程量骤然加大。修路车间所有车辆抢修到中午，还没有干完。他早忘记了吃饭，站在毒辣辣的太阳下指挥，叫喊，脸上热汗滚滚，满头乱发熊熊燃烧，如果在下午1点之前不能完工，就要耽误电动轮生产，就是一起严重的生产事故。

几十部机械都着急得发疯，拼命地干活，累得气喘吁吁，满头大汗。12时40分，终于干完了，全体机械迅速撤出战场。突然，他摔倒在地——中暑了，四肢抽搐，神志不清。

推土机司机单锡纯惊叫了一声，赶忙扶起他。他的工作服上结出硬邦邦的盐碱，烫手，没有一丝汗湿。

"水……"他喃喃地说。可是，哪里有水呢？在这个布满矿石的荒山野岭里，没有树阴，没有工棚，更没有凉水，只有白花花的炽热。最近的水源也有2公里呢。

怎么办？十几部汽车都瞪大眼睛，焦急地看着他。

情急之下，老单开来5米多高的洒水车，打开阀门，用喷水枪向躺在地上的老郭喷去。而后把车开到路旁，又把郭明义抬到车身的阴影里。

他全身湿透，躺在血红血红的泥浆里。十多分钟后，才缓缓地睁开了眼睛。

老单又摘下安全帽，接满水，送到他的嘴边。

2006年夏天的一个晚上，大雨骤至，导致山体滑坡，把公路掩埋了，正在工作的电动轮只好停工。郭明义马上从家里疯狂地跑出去，远远地看到大家围在路边。为了赶时间，他来不及绕行盘旋的采场公路，而是从一个斜坡上往下冲。这个斜坡高差90多米、倾角45度，雨水浸泡后山体松动、险象环生，每跑一步都有成群的碎石块随行。当他连滚带爬地赶到大家面前时，浑身衣服都扯烂了，鞋子也丢失了，双脚流血。

大家惊恐失色。

工友高森山一把抱住他，大骂："你他妈的不要命了！"

他顾不得许多，冲着大家吼道："快修路！"

他就这样光着脚，来回指挥着，直到天明，恢复生产。

冬天里，由于四周山壁遮拦阳光，采场内冷若冰窖，气温往往低于零下20摄氏度。

这时候的采场，最担心的是下雪，而地处东北的鞍山，偏偏天冷雪肥。每每天空飞白，是郭明义最紧张的时候，必须放下一切工作，全员出动，全力以赴，不惜代价，用最短时间把大雪铲掉，或用盐化掉，保证矿路畅通。否则，电动轮歇工一天，损失就太大了。

零下20摄氏度的天气，他跑前跑后，往往大汗淋漓……

还有各种各样的不测，他的心弦总是绷得紧紧。

当年日本人在这一带开采时，只选择品位高的矿脉，像老鼠一样挖洞，很深，达几百米，据说仅这些无名洞就有几千孔。抗战胜利后，这些档案资料全部丢失了，给现在的开采留下很多隐患。

这么巨型的汽车，装满矿石后，总重近300吨，如果路面塌陷，要出大事故。有一次，崖壁上突然冒顶，一条暗洞的积水猛然喷出，水红红的，像血，流淌了整整一天，把面前的采场公路也冲断了。

每天要步行几十公里。他的脚上似乎安装了传感器，一旦有隐情，就放慢脚步，放慢脚步，来回地转圈，那副样子，就像是电影里日本工兵在探测地雷，又像是医生在用听诊器细细地谛听患者的胸音。

鞍钢党委副书记闻宝满见他如此辛苦，曾特别决定为他配备一辆皮卡，作为工作用车。他当即就回绝了。

不仅仅是增加花销，更主要的，是影响他对矿路的脚感。

常常地，走在采场里那一条条灰灰白白的碎石公路上，看着布满铁锈的紫红紫红的悬崖，闻着那粗犷而又醇厚的矿石的味道，他的心里踏实而充盈……

十、不打不成交

人缘好，脾气暴。这是工友们对郭明义的评价。

采场上，爆破面扩展到哪里，公路就要跟进到哪里。电铲更要马上到位，为电动轮装载矿石。环环相扣，刻不容缓。而推土机则要及时为电铲整理场地，确保电铲有一个宽松的作业平台。

1999年冬天的一个上午，郭明义在巡查各电铲铲位跟进情况时，对5号铲位的平整度不满意，要求当班的刘师傅重新施工。

天太冷，冰天雪地，路面冻得硬邦邦的。刘师傅十分不情愿，但碍于郭明义站在冷风中，就没有发作。

干了一个多小时，郭明义仍是不让收工。刘师傅说什么也不干了："天太冷了，等暖和暖和再干吧。"

"不行！5号铲是高效铲，不能耽误了生产！"

刘师傅立时恼了："又不是给你家干活，我过完年就退休了，干了一辈子推土机还不如你吗？这样的铲位完全能够维持生产，你总较什么真儿，老子今天就是不干了，你爱咋的咋的。"

郭明义急得满脸通红，也提高了嗓门："你明天退休，今天也得干好最后一班。你在驾驶室里，我在雪地里，我能坚持，你也得坚持。如果干不完，我就把考核情况反映给你们的车间领导，扣你工资！"

活雷锋郭明义

185

刘师傅破口大骂起来，满嘴脏话，不堪入耳。不仅骂，还动手打起来。

在工友们的劝解下，两个人分开了。

郭明义很快调整了一下情绪，首先道歉："你比我年长，是我老哥，我应该尊敬你。刚才是我说话直，太冲动，请原谅啊。"

刘师傅没有吭声。

郭明义又说："你如果还是不解气，骂我、打我都行。但工作还得按标准继续执行啊，咱们可不能耽误了生产。"

刘师傅沉默了一会儿，慢慢回到自己的驾驶室里，继续干起来……

还有一个更加血淋淋的故事。

1997年3月的一天上午，郭明义认为采场公路平整度不够，指派石料车司机高森山拉两车粉料铺垫。但高森山认为没有必要，不干。两个人一个在车上，一个在车下，争吵起来。

双方争执不下，郭明义给高森山的车间主任打电话。高森山更加气恼，准备下车走开。郭明义不让，登上踏板，堵住车门。高森山急得满头冒火，冲着郭明义的胸部，狠狠一脚，把他从车上踹落在地，倒翻了一个跟斗。

郭明义从来没有受过这般奇耻大辱，心底的火药桶一刹那彻底引爆了，顿时失去了理智，爬起来，拼命扑上去，死死地咬住高森山的胳膊。高森山也顺势猛掐郭明义的后背，两人都拼命了，皮开肉绽，鲜血淋淋。

后来，车间严厉处罚高森山，并通报全矿山。

从此，两个人断绝交往，形同路人。

一个多月后，发生了一件事儿，触动了高森山。

采场内一条公路需要加宽，时间非常紧急。由于每天下午1点电动轮开始作业，为了赶工期，修路时间必须要加班到12点半之后，中午用餐时间自然要推迟。这样，习惯了准时下班的20多位修路工人不免有意见，骂骂咧咧。

郭明义想方设法调动大家情绪，他承诺，只要大家加班加点，保证工期和质量，每天下班后都请大家到饭店里吃饭喝酒。大家都是没有多少文化的基层工人，豪爽又直率，没有更高的要求。

这一招儿真管用，20多人的热情被激活了。连续一个星期，郭明义每天履行诺言。大家以为，他是矿上技术室的干部，请客吃饭肯定能报销。

终于提前两天完工。

过了很久，大家才知道，这2300元全是他自费的，矿上根本没有这一部分开支。

他说，大家天天加班，流了这么多汗水，我请大家吃几顿饭，喝几盅酒，也是应该的。后来，这些钱最终也没有报销。

"郭哥，以前全是我错了，我不是人！"一天下午，高森山主动找到郭明义，说："我知道你是好人，以后我都听你的！"

从此，两人又成了好朋友。

都是直肠子、急性子、牛脾气，偶尔还是会有争吵。但即使再着急上火，两人也不打架了，只是互相瞪瞪眼、咬咬牙，在耳朵边大喊大叫几声；再忍不住，就像两头发怒的公牛一样头碰头，拼命地顶撞安全帽，撞得"啪啪"直响，山崩地裂，直溅火星。

火气散去后，高森山就会往郭明义的塑料杯里注满水，冲着他喊："我饿死了！"

郭明义说："那你吃我吧。"说着，把拳头伸向他的嘴巴。

他就象征性地咬几口，哇哇叫几嗓子。而后，两个人就"嘻嘻哈哈"地吃食堂去了……

十一、矿工诗人

郭明义对我说："矿石是有灵性的。"

说着，他从乱石堆中找出一块矿石，又拿来一块顽石，冲着太阳，进行对比。果然，顽石黑沉沉的，而矿石在阳光下粼光闪闪，笑意盈盈……

铁矿石按其含铁量的高低分为富矿和贫矿，含铁量高于50%的是富矿，而低于这个数字的就是贫矿了。单就铁矿而言，造物主实在是有所偏心，澳大利亚、南非等国家以富矿为主，品位都在67%左右，直接采挖即可冶炼。而中国的大型矿山几乎全是贫矿，采挖后的剥岩、选矿工作量太大。齐大山铁矿呢，品位只有29.69%，但这已是中国最好的露天铁矿了。

郭明义给我津津有味地介绍着，齐大山铁矿为沉积变质型铁矿床，矿石主要工业类型为假象赤矿石，其次是磁铁矿石和半氧化矿石，矿石的自然类型是石英型铁矿石和闪石型铁矿石。

说着，他拿来几块不同种类的矿石，轻轻地抚摸着，细细地给我讲述。磁铁矿主要成分是Fe_3O_4，铁黑色，有时晶体带浅蓝色，不透明，在粗瓷器上刻划，条痕是黑色的，具有强磁性，能粘吸小铁钉和碎铁屑，是良好的导电体；赤铁矿主要成分是Fe_2O_3，颜色暗红，接近黑色，表面呈鱼子状或肾状……

看得出来，对铁矿的一切，他充满感情，如数家珍。

中午累了，郭明义就坐在采场路旁粼光闪闪的矿石上，喝水，吃干粮，吃得津津有味。抬头远望，齐大山的天际线与更远处的千山山脉手牵着手，云连着云，融为了一体。这时候，他的耳畔，仿佛飘来了一阵阵柔曼的歌声。

那是沸腾的群山在吟唱！

郭明义说，矿石是有生命的，你听那各种机械与矿石撞击的声音——咣当当、轰隆隆，噼啪啪，那不就是石头们的心跳和呼喊吗？

你看那矿山的身躯——主干道是主动脉，电铲支线是支动脉，更窄更小的铲窝就是遍布全矿的毛细血管了。沿着这些蜿蜿蜒蜒的毛细血管，矿石们呐喊着、络绎不绝地跑向了火红的高炉——而那是钢城的心脏了。

而当这些从这里走出的石头们变成遍布世界的飞机、轮船、汽车和高楼时，它们的身上依然存留着矿山的气息——厚重、深沉和温暖。

这时候的郭明义，是一个地地道道的诗人了。

郭明义从来不饮酒，不抽烟，连茶也不喝，更不打麻将。他唯一的娱乐就是唱歌。唱民歌，唱红歌，唱通俗歌，也唱邓丽君的歌；台湾校园歌曲、《青藏高原》、《塞北的雪》、《妈妈的吻》……

休息的间歇，虽然大家都必须守护在各自的岗位上，但碧蓝的天空就是大家共同的欢乐剧场。

"唱个歌儿吧，老郭。"不知谁在报话机里喊了一句。

老郭说好，马上开唱：

> 咱们工人有力量，
> 嘿！每天每日工作忙，
> 盖成了高楼大厦，
> 修起了铁路煤矿
> ……

嘶哑的歌声随着报话机传到工地上的每一辆"变形金刚"的耳朵里，大伙就开始"哇哇哈哈"地浪笑。

"老郭，再来一个。"

> 只要人人都献出一点爱，
> 世界将变成美好的明天
> ……

一支，两支，老郭认真地唱着，每拖一次长腔，都有一阵喝彩。老郭不管是真喝彩还是喝倒彩，一直在尽情地唱着。

> 妹妹你大胆地往前走，
> 往前走
> ……

不知道是谁吼一嗓子，中间插进来，猛然激起了汉子们别样的亢奋。

> 小妹妹你坐船头，
> 哥哥我在岸上走，
> 我俩的情，
> 我俩的爱，
> 在纤绳上荡悠悠
> ……

又加入了一个。

一个接一个，东一句西一句，荤一句素一句，原本是老郭的独唱，已变成了南腔北调的大联唱，狂野的、婉约的、通俗的，间或还有一两句美声唱法。

采场的上空，到处飘荡着五颜六色的歌声，时而像一道道缓缓游移的雾岚，时而又像一群群扑棱棱惊飞的鸽子……

原本静寂的山谷，顿时成了欢腾的海洋。

其实，老郭最喜欢最享受的还是柔美的抒情歌曲。

常常地，独自走在空旷的山路上，明丽的阳光下，他开唱了：

> 在哪里，
> 在哪里见过你，
> 在梦里，
> 在梦里
> ……

眯着眼，唱得雪花纷纷，唱得杏花满头，唱得满脸陶醉。

那是他的工作，也是他的幸福。

郭明义担任采场公路管理员，一干就是十几年。他制定的《公路、支线、铲窝维护技术标准与考核办法》、《采场星级公路达标标准与工作流程》等十多项技术标准和工作制度，填补了我国矿山采场公路建设和管理的空白，大大降低了备品备件和物料的消耗，大大提升了大型生产汽车和电铲的作业率，使齐大山铁矿的大型汽车效率和电铲效率多年来名列全国同行业第一名。

每天凌晨，刚刚走出家门，远远地就看到了矿山宽厚的身影。星星点点的灯火，隐隐约约的轰鸣，似乎在向自己眨眼，在向自己招手，在向自己呼喊，他的血液就马上温热起来。

天天如此，有15年了吧。

这时候，老郭的心底便会泛起一缕自豪而又沧桑的感慨。于是，他抿紧嘴唇，抬起头来，大踏步行进，步履间带着军人的速度和坚毅……

十二、血冷血热

当一个人对这个国家、这个社会充满热爱的时候，他最直接的表现，就是情愿奉献。

第一个层面是奉献金钱和财产；第二个层面，也是最高层面，就是奉献鲜血和生命。

无偿献血分为两种：

第一种是捐献全血，也就是我们常说的献血。1998年国家颁布实施了《献血法》，确立了无偿献血制度。其中第二条规定，国家提倡18周岁到55周岁的健康公民自愿献血。每个人每年最多只能捐献两次，每次最多献血400毫升。

第二种就是捐献血小板。每次可抽取800毫升或1600毫升血液，提取一个或两个单位的血小板后，再将血液输回体内，每次均按无偿献血等量计算。

郭明义献血，源于一个偶然。

1990年春天，鞍钢集团工会号召职工无偿献血，一向积极的他第一个就报名了。在鞍山市中心血站，他看到医生把牙签粗的针头扎进同事的血管里，鲜血汩汩地向外涌流时，浑身下意识地颤抖起来，心脏"怦怦"地狂跳。他咬咬牙，伸出了胳膊，可是肌肉已经不自觉地僵硬了。

医生把针扎进静脉，一股殷红浓稠的血浆立刻喷涌出来，却又迅疾地缩回导管。老郭觉得胳膊麻辣辣的，脑袋麻辣辣的，血液仿佛也麻辣辣的。

果然，血液停滞在导管里，冒着泡泡。

医生看他一眼，遗憾地说，你有晕血症，不适合献血。

同事们笑他说，30岁的人了，抽点血，就吓成这样，真是没出息。

郭明义满脸通红，愧疚不已。

但是，他心里纳闷啊。10年前在部队时，一名战友负伤，送到209医院抢救，生命垂危，急需输血。他匆匆赶过去，慌慌忙忙地献了一次血，当时并没有异常感觉啊，怎么现在竟然不适合献血了呢，看来还是太紧张。

坐在旁边休息了一阵儿，他越想越不是滋味儿，自己怎么能甘当懦夫呢？

晕血是一道心理障碍，必须跨过去！

半个小时后，郭明义不顾别人的劝阻，再度挽起袖子，伸出胳膊，闭紧了眼睛，再三恳请医生扎针。

殷红的鲜血瞬间地流了出去。

虽然医生只抽取了200毫升，可流出去的鲜血，却排解了他满腹的郁闷，他感觉心里亮堂堂的，如同湛蓝的天空，如同澄明的泉水。

从此，郭明义坚持每年献血，并由每年一次增加到最高限额的两次。到目前，已积攒了56张献血证。

一个体重75公斤的成年人，全身大约有6200毫升血液。

20多年来，郭明义无偿献血累计达6万多毫升，相当于自身总血量的10倍。

如果将这些血液装进大号的矿泉水桶，就是满满的6大桶。

按抢救一个病人需要800毫升鲜血计算，这些血液至少可以挽救75名危重病人的生命。

这些曾经滋润着郭明义生命的鲜血，正在滋润着众多的生命，众多的心灵……

十三、血浓于水

2005年，鞍山市中心血站引进血小板提取设备后，郭明义便主动要求捐献血小板。

道理很简单：血小板捐献者较少，而且捐献次数可以多些。

血小板一般每次捐献一个单位，即200毫升。可郭明义每次主动要求捐献400毫升，他说，好不容易来一次，多献一些吧，免得病人急用。

6年来，除中间因献过全血而必须等待半年外，他每个月都捐献一次血小板，从未间断。

2009年春节前一天的中午，郭明义正准备到食堂吃午饭，突然接到鞍山市中心血站的电话，问他能否提前捐献血小板？

郭明义明白，血小板保存期特别短，一般都是按照每月预约的捐献时间进行采血提取，没有危重病人，血站是不会打来这个电话的，尤其是明天就要过年了。

正像他猜测的一样，原来鞍山市第一医院紧急接诊了一名临产孕妇，患有严重的溶血症，如果不马上输入血小板，就会因失血过多而葬送两条生命。

求助电话打到鞍山市中心血站，而这时，血站恰恰O型血的血小板告罄。

马上就过年了，而且时间紧急，找谁去呢？大家不约而同地想到了郭明义，因为他就是O型血。

从来电急切的语气中，郭明义已经感到了时间的刻不容缓，尽管食堂就在眼前，他还是放下饭盒，急匆匆地向出租车跑去。

从早上5点到下午2点，郭明义没有进食。往常，在这种情况下，是绝不适宜献血的，可现在，为了挽救这对陌生母子的生命，他向血站的医生隐瞒了这个情况，只是伸出两只胳膊，催促工作人员快快开始采血。

工作人员建议他捐献一个单位的血小板。他坚决不肯："还有孩子呢，两条人命，宁可浪费点，也要保证母子平安！"

采集过程耗时一个小时零四十分钟，躺在采血床上的郭明义饥困交加，头晕脑涨，眼前幻影飘浮，他咬紧牙，默默地忍受着、忍受着……

捐献结束后，大家或忙着照顾病人，或忙着回家过年，都忽视了虚弱的他的痛苦表情。他依偎着楼梯的扶手，一步一步地挪下楼，实在走不动了，就躺在走廊一侧的椅子上，昏睡了过去。

妻子和女儿在家里等他回来过年，久久不见人影，屡屡打手机，也无人接听，后来经过辗转打听，才找到这里。看着独自昏睡在走廊椅子上的他，娘儿俩痛哭失声，把他搀回家去。

直到第二天，母子平安脱离危险后，患者的丈夫才哭着打来电话："你是我们全家的救命恩人，没有你就没有他们母子俩，我一定要当面感谢，给您叩头拜年！"

郭明义拒绝了。

别人劝他，你应该见见面啊，起码能知道你救的是什么人，对你自己不也是一个心理安慰吗。

郭明义说，我不要别人的感谢，更不要别人的礼物。对我来说，只要知道他们母子平安就放心了。

半个月后，母子出院时，全家人再一次坚持要来看望他，感谢他。

他再一次拒绝了。

十四、热血沸腾

其实，我们每一个人距离崇高并不远，只要你相信它存在，只要你不懈地追求，只要你从一点一滴做起，你就会一点点地接近崇高，变成一个高尚的人。

自从开始献血，郭明义就全身心地投入。他没有别的想法，只是感觉自己应该为这个社会做些什么。自己是一介平民，一个工人，没有什么别的能力，但有的是鲜血。

老郭说："其实，献血很简单。下了班，洗完澡，换上干净的服装，回家之前顺路拐到血站。"

静静地躺在采血床上，肌肉轻微地麻辣一下，扎针了，导管里的血液慢慢绕过前胸，把白色的管道染红，汩汩流淌到那个血袋里……

20多年了，他已经熟悉了这一切。

他不仅自己献血，更主要的是唤起社会捐献。

2000年1月，为了让更多的人了解无偿献血知识，参与到无偿献血的队伍中来，郭明义用自己个性化的语言编写了一份倡议书。他充分发挥自己曾经是宣传干部和业余作家的优势，既准确入理，又煽动人。

2000年5月1日，老郭拿着厚厚一沓倡议书，站在路口，局促地呆立一会儿，开始迎着行人散发起来。

有人过来了，老郭赶紧走上去，没想到这个干部模样的人根本不理他，直挺挺地走了过去。

老郭鼓起勇气，又迎向下一拨走来的人流。

人们有的接过宣传单看一看，放进包里或衣服口袋，有的随手就扔到路边。还有一个人一把推开老郭的手臂，打掉宣传单，夺路而走。老郭尴尬地愣了一愣，想喊几嗓子又隐忍了，急忙跑过去，捡起那张还没有被践踏的纸，轻轻吹掉上面的尘土，重新放回到那一沓子宣传单中。

"献血不仅无害，反而能促进血液循环。"他一捋袖子，干脆来一个现身说法，"看，我年年献血，身体棒得很。哪个跟我来掰掰手腕？"

"我来！"一个小伙子站出来。

第一局，老郭赢了；第二局，小伙子脸红红地扳回一局；第三局，老郭又扳回来。

围观的人越来越多，大家高高兴兴，连空气都仿佛跳跃起来。

上班时、乘车时、吃饭时、开会时，走到哪里，宣传到哪里。

领导、工友、贫困学生家长、经常打交道的邮政局职工、沿街商铺的店主和店员，还有齐大山铁矿周围社区的居民们，都收到了他的倡议书。

每次体检时，他身体的各项指标均合格。别人说，老郭坚持献血这么多年，身体还这么棒。我们一次也没有献过血，身体却还有这样那样的毛病，看来献血真不是什么坏事啊。

一把火终于点燃了。

2003年开始，郭明义成立了"鞍山市无偿献血志愿者应急服务大队"。

刚开始，只有三五个人，八九个人。后来，发展到三五十个，八九十人，二百多人……

十五、流动的血库

2007年2月，鞍山市临床用血告罄！

血源不够，就意味着有些患者的手术要推迟，紧急抢救的患者会因血源不足而丧失生命。

郭明义决定发动一次大规模的无偿献血活动。

回到家，他把原来的献血倡议书又修改了一遍，加入了"中心血站临床用血告急""患者的生命等待救援"之类的内容；还用换位思考的方式启发大家，假如亟待输血的病人就是我们的亲人，我们该怎么办？之后，他再次自费印制1000份，马不停蹄地穿梭于矿业公司机关和各车间的办公室和食堂，面对面地宣读。

老郭嗓音沙哑，浓浓的鞍山味儿，但他念得真诚、投入、声泪俱下。念完了，抹抹脸上的泪，又开始唱歌了，还是那一首著名的《爱的奉献》："只要人人都献出一点爱，这世界就会变成美好的人间……"

唱着唱着，他的泪再次下来了。

大家喊，老郭，你快别唱了，我们都跟你去献血！

3月2日，是一个星期天。在郭明义的召集下，齐大山铁矿和矿业设备公司等单位的100多名干部职工，30多名社区居民，齐聚中心血站。

一只只粗粗细细、黑黑白白的胳膊，伸向了采血车。

鞍山血荒，瞬间告破！

2010年2月1日，鞍山中心血站再次告急。

第二天，郭明义就向矿业公司的广大职工和社会志愿者发出了献血倡议。

2月9日，大队人马再次奔向鞍山市中心血站。

那一天，正是腊月二十六，天降大雪，寒风袭人。一辆白色的采血车，通红的十字闪耀着亮光，近百人的队伍排在车前，陆续还有从四面八方汇聚而来的人流。郭明义的工友来了，他常去汇款的邮局职工来了，常去复印打字门市的店员也来了，甚至还有社区那些泡棋牌室的"麻婆"和基督教徒，100人，200人，500人，600人……

鞍山市红十字协会的工作人员惊呆了，他们从来没有见到过这么庞大的献血队伍。没办法，只好临时再调用3台采血车。

这时候，老郭来了。队伍一阵骚动。

"老郭，你好！"大家纷纷向他打着招呼。

"大家好，排好队，一个一个来。"郭明义笑呵呵地挤过人群，跟大家频频拱手。大家也纷纷给他让开一条路。他挤上采血车，急切地与工作人员商量方案。

由于血站库存根本容纳不下600多人同时献血，这些队员中，只有138名志愿者完成了捐献。

这一次，共采集血液32000毫升，不仅保证了鞍山市春节假期的用血安全，还为邻近城市储备了充足的血源。

目前，郭明义献血志愿者已超过4000人，这是全国最大的一支人数固定的献血队伍，这是全国最大的一个流动血库。国家随时需要，随时取用。

每年的6月14日，是世界献血者日。上海、南京、昆明、深圳等大城市的血站门口冷冷清清，不时出现血荒，而鞍山市中心血站的门前总是热热闹闹，热血沸腾。

鞍山无血荒，因为郭明义！

十六、点燃希望的灯

从郭明义第一次投身希望工程，距今将近20年了。

那是1994年的冬天，他和工友们一块到台安县参加企业与地方的互助活动。吃饭的时候，他无意中走进了一户农家。这个家里只有两间破旧的土坯房，女主人病卧在炕上，动弹不得，一个十来岁的小女孩踩在小板凳上，正在为妈妈做饭。

看到这个情景，郭明义不由得眼辣鼻酸。

这是一个单亲家庭，父母离异后，小女孩跟着母亲生活。后来，母亲不幸患上了糖尿病，身体越来越差，地里的农活不能干了，日子一天不如一天，连孩子的学费也交不起了。除了用药，每天请医生输液打针需要4元钱。为了省下这笔费用，母亲就让女儿放学后给她扎针。可毕竟是一个十来岁的孩子啊，加上紧张害怕，每每扎不到血管，娘儿俩常常抱头痛哭……

郭明义的眼泪奔涌而出，他想起自己刚刚上学的女儿，掏出身上仅有的200元钱，塞给这个和自己女儿差不多岁数的女孩儿，临别时又记下了孩子的联系方式。

从此，这个名叫王诗越的女孩便成了他的挂念。

这个时候，社会上正在大力宣传"希望工程"，那个大眼睛的小姑娘时时出现在电视上。他一下子就明白了这项工程的意义。

回到鞍山的第二天，他又给女孩寄去了200元，鼓励她安心学习，好好学习，用知识改变命运，并写信承诺从今后每年捐助1000元，供她读完小学、中学和大学。

郭明义的工资只有三四百元，父亲正在重病中，女儿刚刚上学，正是最困难的时候。但他感觉自己应该承担起这一份责任。

没多久，王诗越回信了，字虽然写得歪歪扭扭，但纸上的泪痕却清晰可见。孩子说，郭伯伯，有了您的钱，妈妈可以请医生打针了，我也可以放心地上学了，您是我们全家的大恩人，我可以喊您一声爸爸吗？

郭明义心头一震。

帮助的是别人，感动的却是自己。王诗越给他的温暖，成为郭明义投身"希望工程"最初的原动力。

他想，社会上像王诗越这样濒临失学的贫困孩子还有很多，虽然自己的力量实在微薄，但也要尽心尽力啊。

　　郭明义第一次捐款，还是在当兵时的1979年3月。云南普洱地区发生6.8级强烈地震，许多人伤亡。他每天都收听广播，心里绞痛。前几年，鞍山市下辖的海城县发生大地震，那种恐怖的惨状，他曾经见识过。

　　几天后，他捐了100元，这是他当兵两年的全部积蓄。当时，他每月的津贴只有6元钱。

　　　　爱，深藏在您、我、他的身上

　　　　让爱

　　　　从您，从她，从我的身上

　　　　自然地流淌

　　　　这爱

　　　　像山泉

　　　　像小溪

　　　　像奔涌的长江、黄河之水

　　　　以博大的胸怀

　　　　以汹涌的气魄

　　　　流向他所爱恋的土地

　　　　去滋润每一个人的心灵

　　　　……

　　　　　　　　　　——摘自郭明义诗歌《让爱流淌》

十七、儿多女稠

　　1995年，工友马德金家的三胞胎顺利降生了。

大人们却是又喜又愁，三个孩子，3天就要吃掉2袋奶粉，一个月仅奶粉钱就要300多元，而两口子的工资加在一起才600元，这日子怎么过？

孩子3个月的时候，郭明义找上门来，不但送上了一份奶粉钱，还承诺，从孩子上小学开始，一直到大学毕业，每个孩子每个学期资助200元。

孩子长大了，马德金师傅家的境况也已经大为改善。他几次郑重提出，郭师傅，你捐助那么多人，生活也不宽裕，就不要再资助我们了。

郭明义说，我说话算数，一诺千金，孩子大学不毕业，我的承诺不会变！

齐大山铁矿协力中心有一个叫武昌斗的青年工人，患上了肝硬化，长期在家养病。后来，他的病情进一步恶化，需要注射大量"白蛋白"维持生命。这种药特别贵重，还不好购买。郭明义格外上心，除了经常去医院看望武师傅，还通过妻子，跑遍鞍山市的几家药店，到处去求购"白蛋白"。

毕竟，医生和郭明义都没有回天之力，病魔还是夺去了武昌斗年仅39岁的生命，丢下了一对孤儿寡母，和一个被外债压扁的家。

料理完丧事后，郭明义安慰武师傅的妻子，兄弟不在了，你的收入又很低，一个人拉扯孩子不容易，以后，孩子上学的书本杂费，我全包了。

从此，郭明义又多了一个叫武雪莲的孩子。

2001年6月，山东省嘉祥县老僧堂乡西李楼村的李秀立、轩荣华夫妇自然受孕，生下五胞胎。这件事曾轰动一时，当时也有人慷慨相助，可新鲜劲儿过去后，就没有人关注了。

郭明义从报纸上了解到，夫妇两人连奶粉也买不起了，打算把五胞胎分开，送给别人抚养。

郭明义的心受不了了。是啊，一对夫妻抚养一个孩子，正好符合工薪阶层的经济现状，五个孩子，确实与他们现有的经济能力差距太大。可孩子都是父母的心头肉，怎么能让他们骨肉分离呢？自己虽然力量微薄，不能从根本上解决问题，但如果有几个人共同伸出援手，这个家庭就能挺过难关。

第一次，他寄去了300元。

从那之后，郭明义每隔几个月都要给五胞胎寄钱。8年过去了，累计已寄出19次。李秀立夫妇也总是把五胞胎的照片回寄过来。

每每看着五个孩子生龙活虎的样子，郭明义都乐得合不拢嘴。

十八、爱心五连环

2011年2月2日是虎年的最后一天，这天下午，郭明义利用在北京参加中央电视台春节联欢晚会彩排的空闲时间，去北京积水潭医院看望一名从鞍山来的孩子。这个孩子名叫朱悦萌，因患骨肉瘤在此住院，随时有截肢的危险。

陪同郭明义的是他刚结识的另一个全国道德模范裴春亮。见到孩子后，郭明义把身上的1300元全捐了，裴春亮也捐出3000元。乘出租车返程的路上，两个人仍然在为孩子叹息。他们的对话，被驾车的北京出租司机全听到了，十分感动，表示要捐款。

郭明义说，你要捐就捐给你的同行吧，是我们鞍山市的一位出租车司机。

原来，郭明义有一个同事张云，是采场修路车间的平路机驾驶员，因患股骨头坏死无法工作。郭明义先后为他进行了六次募捐，共捐款3万元。张云的病治好后，仍然在采场开车。张云有一个同学叫王勇，是一个出租车司机，也是股骨头坏死，由于生活困难，便通过张云，请求郭明义帮助。郭明义就记住了他。

这位北京出租车司机当即捐出500元，托郭明义代交。

郭明义回来后，就张罗着为王勇捐款，先后募捐了4万多元。

不久，王勇进行了手术，效果很好，几近痊愈。之后，王勇仍然开出租车谋生。对于郭明义，王勇的感激是无以言表的。他把自己治病剩下的9700多元，全部退还给郭明义，请他捐给更需要的人。

2011年4月，郭明义再次去看望朱悦萌，正好孩子的继父杜枫也在场。让郭明义惊奇的是，杜枫竟然也患有严重的股骨头坏死，正在为治疗犯愁，一家人很是困窘。

事已至此，郭明义便把王勇剩余的9700元钱，全部捐给了杜枫，并又开始为他奔走捐款，不长时间，捐来3.1万元。

杜枫的病治愈了。

接着，郭明义先后又为小悦萌募得捐款2万多元。

由于救治及时，小悦萌经过两次手术，病情得以彻底控制，不仅不用截肢了，而且还正在走向康复。

十九、雨后有彩虹

2007年7月，张丽以超出分数线20分的成绩，考上鞍山市重点中学——第八中学。

这本来是一件高兴的事情，却急坏了她的母亲。

说起来，张丽真是一个苦命孩子。

上初中的时候，父亲绝情地离开了她和多病的母亲，家轰然倒塌了。母亲心脏病骤发，躺倒不起，脸色蜡黄，落发满枕，望着窗外整夜整夜地发呆。张丽害怕极了，拨爸爸的电话，永远是忙音。

张丽逃学了，独自在街头徘徊。两旁的橱窗里，诡异的模特用千奇百怪的姿态看着她，不时飘出声嘶力竭的摇滚音乐："我拿青春赌明天……"她在想，是不是赌一把，去做生意，挣钱照顾妈妈。

妈妈挣扎着爬起来，走遍了周围的大街小巷，急切地寻找深夜不归的女儿。终于在一家酒店的霓虹灯下，妈妈看到了孤影寂寂的女儿。

妈妈跑过去叫一声："丽丽。"

"妈妈，妈妈……"张丽哭着扑进妈妈的怀里。

张丽又开始了艰难的求学。

妈妈的工资700元，除去药费，所剩无几。就这样，懂事的张丽依然顽强地考取了本市的重点高中。学费虽然不多，可是压在张丽和妈妈的头上，就像山一样。

重点高中，是多少个孩子的梦想啊，可张丽眼看就要梦碎了。

郭明义从报纸上看到了这一信息后，马上按披露的联系方式，约见了张丽。

那一天，阴雨沥沥，失落的张丽看到哪儿都是灰暗的，潮湿的。她拿着父母的离婚证，下岗证，在孟泰公园里见到了郭明义。郭明义告诉她，知识改变命运，为了让妈妈今后过上幸福生活，需要靠你刻苦学习去赢取明天。张丽郑重地点点头。

郭明义送给她一个信封和一个书包，里面装了600元钱，一些学习用品，还有自己的电话号码。

从此之后，郭明义月月寄钱，连续两年。

2010年8月，张丽考上一本大学——辽宁工程技术大学。

开学时，高兴异常的郭明义又给她2000元："这是伯伯奖励你的。"

张丽日记中写道："是谁在风帆折断的时候，给了航船一个港湾？是一个素不相识的工人大叔，我这一生要感谢这个人！"

二十、苦菜花的微笑

刚刚出生3个月，杨斯雯——这个襁褓里的春芽一般的小姑娘面对的却是一个悲惨的人生开幕：父母离婚，双双离家出走，再也未曾见面，把她丢给年迈多病的爷爷、奶奶。爷爷是鞍钢的老工人，不久也去世了。奶奶曲卫君是一个家庭老太太，一辈子没有工作，没有收入，更没有积蓄。

奶奶依靠捡垃圾维持生活，实在难以为继，在孩子2岁时，就送人了。但想一想，毕竟是家族的一条根，不舍啊，就又讨要了回来。可怜的孩子，像一株寒春里的苦菜花，在生命的凄风苦雨中瑟瑟颤抖着。

小斯雯3岁了，由于没有钱，不能去幼儿园。

小斯雯7岁了，哭着说："奶奶，我想上学。"

学费300元，没有。奶奶只得把爷爷的照相机和书籍卖掉，凑齐了费用。

孩子上学后，奶奶就感到更加吃力了，身体本来就不好，常常要看病吃药。孩子上到四年级时，奶奶实在供养不起了，有好几次已经失去了生活信心，甚至想到了绝路。

正在这个时候，郭明义从市希望工程办公室了解到她的情况，便寄去了300元。

后来，每一次开学时，他都寄300元，还给奶奶写信，鼓励她坚定信心。

虽然学费解决了，可祖孙两人的生活还是异常困难。为了省下中午饭的3元钱，奶奶每天中午都要骑自行车把孩子接回家。特别是到了冬天，鞍山的温度在零下20摄氏度，北风呼号，滴水成冰，化不开的积雪，加上奶奶年老体弱，不知摔了多少跤。

郭明义又担心了，天这么冷，路这么滑，老人又有病，万一出了意外怎么办？于是，他每月又给小斯雯追加了100元，用于祖孙两人的生活费和小斯雯的午餐费。

虽然一直接受着郭明义的恩惠，但小斯雯和奶奶却一直没有机会见到郭明义。

2007年3月，在市"希望工程"办公室组织的一次座谈会上，双方才第一次碰面了。看到郭明义穿着黄色的劳保鞋，破旧的工作服，肘部还打着补丁，奶奶泪流满面。原来，她一直以为郭明义是一个富翁，没想到却是一个比自己好不了多少的普通工人。

小学读完后，小斯雯不想上学了，要去打零工，或拾垃圾，帮奶奶生活。

郭明义坚决反对，于是，帮助孩子进入了重点初中——第42中学。小斯雯特别爱学习，成绩在班里一直是上游。每个月，郭明义总要抽时间去看望一次，每次都要带一些礼物，平时搬一箱咸鸡蛋或一箱牛奶，中秋节拿一盒葡萄和两盒月饼，过年时带一桶油和五斤糖果。从齐大山铁矿到第42中学，中间要辗转4次公交。为了省下几元钱，郭明义从来没有乘过出租车。

很快，孩子要上初三了，而她们的房子要拆迁。为了让孩子安心学习，考上重点高中，2010年9月，郭明义替孩子和奶奶在学校附近租下了一套小户型的单元房。重点学校附近的房租特别高，但考虑到孩子走路不超过10分钟，不仅安全，而且能节省好多时间，他和爱心团队的几位朋友你三百，我五百，凑足了5000元钱，一下就交到第二年7月，顺便还交上了当年的取暖费。

9月12日那一天，郭明义和妻子一起来帮着搬家。连脸盆、拖布、墙上的挂表，都是郭明义夫妻买来的，还有一盏精致的护眼台灯，

郭明义对小斯雯奶奶说，孩子花多少钱，我们全负责，一直到大学毕业。将来出嫁，我们就是娘家人，再出一份嫁妆。

二十一、郭家的公共财产

郭明义的近视眼镜，一只镜腿是焊死的，戴了五六年，仍然没有换。

他家电视机的额头上，贴了一张小字条：公共财产，不许捐赠。

在整个鞍钢，除了贫困户，郭明义大概是唯一没有存折的人。直到今天，他使用的手机仍然是最简单、功能最少的那种老式三星。他的近视眼镜，一只镜腿是焊死的，戴了五六年，仍然没有换。

郭明义家离单位有五六里，每天本来骑自行车上下班。2003年8月，他认识了一个海城县的"希望工程"学生，每天步行4公里上学，当即就把自行车送给了孩子。妻子又给他买了一辆，可没过多久，他又捐给了另一个贫困孩子。妻子有些生气，就不管他了。他开始披星戴月地步行上班。过了一个多月，妻子还是心疼他，就又为他买了一辆"凤凰"。

第二年的"六一"儿童节，鞍山电台播出了一个访谈节目，询问孩子们的心愿。汤岗子小学的一个学生说如果能有一辆自行车就好了，那样就再也不用担心上学迟到了。郭明义听到后，马上给电台记者打电话，说这个孩子的心愿我包了。回到家，就把自行车擦得锃亮，又捐出去了。

从此后，他又开始步行上班了。妻子想，干脆不给他买自行车了，路上汽车太多，经常堵塞，而且路程也不算太远，马上就50岁的人了，步行既安全，又锻炼身体。

直到今天，他仍然是一个"步行族"。

还有一个三捐电视机的故事。

郭明义家里原来有一台国产"长虹"牌彩色电视机。2001年3月，他发现修路车间值班室里空荡荡的，晚班的工友们常常打扑克、玩麻将，心想如果有一台电视机就好了，于是就把家里这台搬了过来。妻子又买了一台"康佳"，可过了两三年，郭明义去看望一个棚户区的贫困孩子，发现孩子的父亲常年瘫痪在床，孤独无助，如果面前有一台电视，就不寂寞了。于是，又把家里的电视机搬了过去。

郭家的第三台电视机捐给了岫岩县的一个贫困孩子。在一次"希望工程"见面会上，郭明义问一个孩子最希望什么。孩子说最大的希望就是能看上彩色电视。郭明义的泪又下来了，现在都什么年代了，看电视居然成了孩子的最大奢望，他马上就答应帮孩子实现愿望。当时，女儿也正是爱看电视的年龄，看到电视柜里空荡荡的，女儿哭了。他安慰说，你现在正读高中，看电视耽误学习，等你考上大学，咱换一台大电视。

一年之后，矿业公司领导来家里慰问，看到这种情况后，就委托工会专门为他买一台电视机，为了不让他再捐出去，就严肃地告诉他，这是公共财产，不能自行处理。还特意在电视机的额头上贴了一张小字条：公共财产，不许捐赠。

如今，这台电视机仍然摆放在郭明义家中。

郭明义是一个纯正的工薪族，收入微薄。可这20年来，他的捐款累计已超过15万元，直接资助了210多个贫困孩子。至于物质的东西，更是倾其所有，只要自己所有，只要别人需要，能捐的东西，他都捐了，只落得家徒四壁。

虽然家徒四壁，但他却是最富有的人，也是最快乐的人。

他拍着响当当的胸脯，说，咱全家工作稳定，收入稳定，衣食住行有保障，养老医疗没有后顾之忧，把这些财物捐给更需要的人，咱心里踏实！

二十二、救救孩子

2006年11月底，工友张国斌的情绪骤然崩塌，原来他13岁的女儿张赫被查出白血病。

听到这个消息，郭明义的心也一下子掉进了油锅里。花一样的年龄，怎么就得了这种病？他一刻也坐不住了，立刻去看望张国斌。

张国斌的家里早已是泪水横流。医生的态度十分明确：必须做干细胞移植手术，而这个手术的配型成功率不足十万分之一，且医疗费至少需要30万元。

离开医院，郭明义马上行动。他知道，燃眉之急是首先筹到一笔医药费，这等于给张国斌带来一份信心。然后，再为了那十万分之一的希望，做十万倍的努力。

他自己首先捐出700元，然后到处奔走呼号。

几天后，郭明义气喘吁吁地跑回了医院，手里拿着一个鼓鼓囊囊的大信封，里面装着3万多元。这是郭明义几天的努力，也是矿山工友们的一片真情。

本已绝望的张家人，一下子又有了信心。

可是，祸不单行。正在这时候，另一个工友刘孝强15岁的儿子也被检查出同一类型的恶病——再生障碍性贫血。

他又开始替刘孝强奔走，并把自己医疗账户上仅有的3000多元，全部划给了刘家孩子……

毋庸讳言，白血病、再生障碍性贫血等血液病，已经成为中国少年儿童的最主要杀手。

2002年，郭明义献血时，得知鞍山市红十字会开始向社会征集捐献造血干细胞，便报名采集了血液样本，加入了中华骨髓库，成为鞍山市第一批捐献造血干细胞志愿者。

二十三、泣血的呼喊

看到两个工友整日以泪洗面，想着两个花季少年正在被病魔蚕食，郭明义心急如焚！

目前，除了募捐医疗费，最有效的办法就是进行造血干细胞移植。可是，通过鞍山市红十字会再三联系中华骨髓库，得知的信息是，虽然正在全力寻找，但由于目前国内捐献血液样本的志愿者十分有限，配型成功的希望微乎其微。

此时美国造血干细胞资料库内存有样本已达800多万份，欧洲的库存为370万例，中国台湾地区慈济会的数据是30万份，而拥有13亿人口的中国大陆却只有13万份。在美国，造血干细胞移植的成功病例已达数万，而中国自1964年在北京大学人民医院进行第一例干细胞移植手术至今，成功者尚不足900例。

但即使是十万分之一的希望，也不能放弃啊。

站在医院的窗前，郭明义的目光迷茫地投向了川流不息的大街。突然，他眼前一亮，如果从现在开始，把大家动员起来，积极捐献血液样本，或许就能找到那一个配型成功者。

他猛然为自己的这个想法激动不已。

当天夜里，郭明义熬了一个通宵，再次写出了一封特殊的倡议书——

亲爱的工友：

当我们高高兴兴地迎着旭日走向工厂的时候，当我们拖着一身疲惫回到家里享受幸福时光的时候，你有没有想过我们的工友，我们的工友他正在遭受着痛苦。我们的一位工友，他的女儿得了白血病，我们的另一位工友，他的儿子患上了再生障碍性贫血。

你是否愿意献出你的爱心，如果你的血型能够跟这孩子配上型，献出自己的造血干细胞就能挽救他们的生命……

于是，每天上下班前的十几分钟，人们看到了这动人心弦的一幕幕：

郭明义像是着了魔怔，逢人就讲造血干细胞，就读自己的倡议书。车间开会时，他也读；食堂吃饭时，他也读；齐大山铁矿的70多个机关科室和班组，他都读遍了。即使门岗那里，他也去声情并茂地宣读。

不仅读，还唱，唱《爱的奉献》。

最后，嗓子全哑了，说不出话来了，唱不出声了。

热气腾腾的澡堂，是矿工们下班后最集中的去处。大家脱去衣服，下饺子般扑进水池里。老郭拿着搓澡巾，主动给大家搓澡。这是十几年的老习惯了，只是现在搓的时间更长些。搓着搓着，就开始说起两个不幸的孩子，眼圈发红："孩子多可怜啊，我们伸伸手就有可能救他们一命啊……"

有人问："对身体有害吗？"

老郭抡起浑圆的胳膊，摆一个pose，看，我这胳膊。我年年献血，也是志愿者，身体好得很哪。

正说着，热水突然停了。一身肥皂沫的老郭眼睛一亮，端起脸盆接满凉水，站在大家面前。众人不知道他要干什么。

只见他猛地举过头顶，兜头把凉水全倒在自己身上。

啊！

大家齐呼，似乎一股冷气从自己的头上浇下。

老郭扑棱扑棱脑袋，爽朗地笑了："看我这身板，硬实得很噢。"

……

洗澡的人走了一拨又一拨，老郭搓完一个又一个。

浴池就剩他一个人了，他仍然不肯走，他有些累了。毕竟年近半百了，他的头轻轻靠在浴池边上，憨憨地打起盹来……

是啊，连石头都要感动啊。郭明义与这两个工友，非亲非故，却比亲人还要尽心尽力啊，他图什么呢？

郭明义又与鞍山广播电台联系，带着刘孝强的妻子和张国斌，走进了直播间。

直播间的玻璃窗隔绝了外界的喧嚣，明明灭灭的指示灯像生命的火花一样在眼前跳跃。

老郭对着那些火花，用低沉、浑厚的声音讲述着两个年轻生命遭遇的不幸。他说："如果我们伸出的臂膀，能挽救花蕾一般的生命，我们为什么犹豫，为什么观望呢……"

说着说着，这个铁一样的男人竟然哭出了声：

"我每次去医院，都会看到孩子们趴在病房的窗口，眼巴巴地看着路上那些背着书包有说有笑上学去的孩子们……请大家帮帮这两个孩子吧，帮他们实现这个最简单、最幸福的愿望吧……"

说到这里，郭明义已经泣不成声。他捂着脸，趴在直播台上，呜呜痛哭。浑厚的哭声，随着浩瀚的电波，扩散到整个鞍山人的耳鼓里，震荡着人们的心弦，令人肝肠寸断……

"我的血型也许和你的孩子相匹配，明天就去医院化验行吗？"

"我下了夜班就去医院，请等着我。"

直播间的电话被打爆了，直到节目结束，还在此起彼伏，持续到深夜……

2006年11月30日，郭明义组织了第一次捐献造血干细胞样本采集，当天便由红十字会采集140例。

27天后，组织第二次采集，又有400多名工友和社会上的爱心人士参加。

随后，他又连续组织了7次采集活动，陆续采集了1300多个样本。

采集后的样本，马上与患者血型进行比对，而后加入中华造血干细胞骨髓库，与全球华人互通互用。

感受阳光，感受温暖，感受自然，感受生命。

我一次次地问自己，生命究竟对我意味着什么？是我面对失败后的哭泣，还是成功后喜悦的泪水，还是不经意间的瞬间流逝？

有的人终生辛劳，没有鲜花、掌声，在人们不知晓的某一时刻，轻轻地，静静地，悄悄地离开了他所爱恋的土地，这是平凡的人生。

也有的人劳其一生，洒下了饱蘸生命辛酸的汗水，用百倍、千倍、万倍的努力，用生命中最鲜红的血液，书写着辉煌的一生，在人们前进的道路上矗立起一座座丰碑。

热爱生命吧！

热爱人生吧！

……

——摘自郭明义散文《感受生命》

二十四、谁是最幸福的人

28岁的电动轮司机许平鑫，只是一个普普通通的小伙子，没有多少公益意识。但是这些年和郭明义在一起，耳濡目染，已经悄悄地发生了质变。

当郭明义为张国斌和刘孝强的孩子呼吁造血干细胞捐献时，他碍于情面，也报名了，但抽血化验后，并没有配型成功。此事已经过去，他就彻底抛在了脑后。

谁知，两年后的2008年11月，鞍山红十字会突然给他打来电话。原来中华骨髓库经过全球华人样本比对，他的造血干细胞与远方一个人配型成功了，希望他践行承诺。

许平鑫害怕了，一种莫名的恐惧淹没了他。

"这是多么幸运的事啊！让你小子赶上了。"郭明义惊喜地说，"别害怕，就和第一次献血、献血小板一样。"

但毕竟不一样啊。许平鑫心里没底，不住地懊悔。

郭明义想方设法，联系到了三位以往的造血干细胞捐献者，询问他们的近况，并通过他们给许平鑫打电话，谈亲身感觉。

许平鑫的顾虑慢慢打消了。

12月初，再次采血。化验之后，与患者血液样本相似度竟高达90%，这是罕见的高配了，接近于同卵双胞胎的相同率。

可是，许平鑫的母亲和妻子又站出来，坚决反对，你是独生子，现在刚结婚，还没有生孩子，留下后遗症怎么办？

郭明义和医生一起，上门做工作，保证不会危害身体。

母亲和妻子虽然不再坚决反对，但又提出了一个条件：等生下健康孩子之后，再去捐献。

可患者等不及啊。

郭明义再次苦口婆心。

2008年12月18日，许平鑫赶到沈阳盛京医院，注射干细胞动员剂。连续5天，每天一针，之后，顺利地抽取了400毫升造血干细胞。红十字会工作人员和医疗人员乘飞机马上送往对方医院，输入了正在无菌氧舱里等待救助的患者体内。

许平鑫由此成为全国第1066例造血干细胞捐献者。

按照国家有关规定，捐献者和被捐献者之间必须严格保密。捐献是义务的，对方不必留名，双方勿需相识。好奇的许平鑫通过不同渠道，还是打听到了，那位曾经濒临绝境却又鲜活过来的生命，据说是武汉市的一位民警。有关人员描述，那是一位40多岁的高个头儿的中年汉子，手术康复后已经重返工作岗位。既然国家规定不提倡双方相识，不相识就不相识吧，留着一个美好的念想，自己的血液奔流在一个遥远的地方，一个陌生人的血管内，在滋润着这个人的生命。那是人世间一种最美好最温馨的感觉啊！

虽然耽误一些时间，虽然抽干细胞时略有一些不舒服，但这是救人一命啊。

许平鑫不但不后悔，反而十分庆幸，感觉这是他人生中所做的一件最有意义的事情！

当然，他最感谢的人是郭明义，是他，让自己体验到了一个真正奉献者的幸福和快乐！

这么多年来，郭明义热衷于造血干细胞的捐献，可是最让他遗憾的是，始终没有找到一位需要自己干细胞的患者。

如果自己的造血干细胞能够与某一个患者配型成功，能够挽救一个人的生命，那么自己就是天底下最幸福的人了！

二十五、星星之火，正在燎原

经过两年多漫长的等待和寻找，张国斌的女儿终于与一名外地捐献者配型成功，并顺利进行了移植，病情走向痊愈。

而刘孝强的儿子却没有那么幸运，最终也没有找到理想的配型。

一个疼痛的结局！

临终之前，已陷入高烧昏迷状态的孩子，还在喃喃地说："郭伯伯一定能为我找到配型的。"

郭明义难过地仰起头，不让泪水流下。

孩子"远行"的那一天，郭明义异常悲痛。茫茫人海中，肯定有着很多与孩子相匹配的血型样本，可为什么没有找到呢？还是因为中华骨髓库里的备选样本太少啊。

孩子的悲剧，本来与他没有一点关系，可郭明义的心却一直在深深地自责，似乎这个悲凉的结果是因为他的松懈和怠慢造成。

他俯在孩子的遗体上痛哭，孩子，伯伯对不起你啊，呜呜。蚕豆大的泪珠，噼噼啪啪地落下来，砸在大地上，砸得地球生疼。

如果中华骨髓库中，有更多的样本，所有的配型都能伸手可得，那应该能挽救多少孩子的生命啊！

从此之后，郭明义在这方面投注了更多的精力。

他到处讲演：

> 请想象一下，如果你和另一个人配上型，那是多大的缘分，十万分之一啊。说不定在几百年之前，你们是同一个先人，血脉是相通的，否则不可能没有一点关系就配上的。
>
> 中国古代哲人常常讲，凤凰浴火重生。当你的造血干细胞栽种在别人的身体里时，你已经又再造了一个自己！
>
> ……

中国捐献造血干细胞的人群仍是太少，比率不足发达国家的百分之一。

但中国毕竟是发展中国家，有着自己的特殊国情啊。捐献造血干细胞虽然对身体无害，但毕竟在一定程度上误工又误时。而大部分国民的经济收入不高，也没有完全纳入健全的社会保障体系，特别是农民工、下岗职工和没有固定收入的人群太大了，这部分人的捐献积极性难以真正地被调动，况且，知识分子阶层对这一项社会公益事业的认识还没有根本改变。

社会意识偏见，仍然是一座尚待融化的冰山。

而郭明义，正是自发于民间底层的一条热流，一丛地火……

二十六、把我的肾给你

2010年3月11日下午。

郭明义从报纸上看到一条消息，辽宁科技大学一名21岁的女大学生丁雨含，不幸患上尿毒症，为了挽救生命，必须换肾，可她的父亲因为心脏病丧失了劳动能力，一家人只靠母亲800元退休金维持生活。面对28万元的换肾费用，全家一筹莫展。最后，这位大爱母亲，决定割肾救女。

放下报纸，郭明义一刻也坐不住了。这样的家庭，妈妈可是家庭支柱啊，万一身体垮了怎么办，失去了一个肾，一家不全都是病人了吗？

他马上赶往丁雨含住院的鞍钢铁东医院。

见到病床上的丁雨含，两个人的眼圈都红了。郭明义身上只装了200元钱，他全部掏出来，让孩子母亲先买些营养品。

接着，他找到医生。医生叹息着说，现在，当务之急就是寻找肾源，可这样的家庭……

郭明义马上表示可以捐一个肾，并急不可待地让医生开单子，抽血化验配型。

血液采集结束后，医生让他留下联系电话，回去等通知，一旦配型成功，马上过来做移植手术。

丁雨含的父母反复问了几遍，真是难以置信。捐肾是一个多么大的事情啊，别说他们经济拮据，就是富翁，花多少钱也难以买到理想的肾源啊。现在到哪里去找这样的人呢，素昧平生，什么条件也不讲，不要任何回报，就直接要为对方捐肾。

丁家父母问他姓名，他不说。看他穿着鞍钢的工作服，就问他在鞍钢哪个单位，他仍然不讲。

这家医院里正好有一个熟人，就把这件事告诉了郭明义的母亲叶景兰。

郭明义妈妈听说后，大吃一惊。她以为捐肾以后就是废人了，又气又急，坐在地上号啕大哭起来。平时捐钱捐物，她都不拦着，自己有退休金呢，用不着儿子贴补。可捐了一个肾，就等于捐出去半条命啊，万一要有什么意外，整个家庭就天塌了。她在电话里大骂儿子太鲁莽，劝他千万不要做傻事。

妻子知道后，既震惊又后怕，也哭着说，你觉悟再高，自己的身体不要了？讲奉献，也要有一个度啊。

可郭明义决定的事情，谁也改变不了。他说，人有一个肾就够用了，捐出另一个又不碍事，亏你还是医生呢。你不捐，我不捐，那孩子不是等死吗？

几天后，化验结果出来了，配型不成功。

郭明义十分遗憾。

虽然没有捐成，但也是孩子的恩人啊。丁家父母一定要当面感谢。

郭明义说，不用谢我，咱们还是共同救孩子吧。

后来，在大家的共同寻找下，终于找到了合适的肾源。

小雨含，得救了。

二十七、严涵的春天

2010年7月，刚满10个月的小姑娘严涵高烧不退，到鞍钢总医院检查，竟然又是白血病！

孩子的父亲严会春惊呆了。短短的时间内，花光了家里的所有积蓄，把仅有的一间门市也转让了。但想着暗淡的前景，他们心底的火苗渐渐熄灭了。

好心人悄悄劝说，这么小的孩子，别倾家荡产救治了，你们还年轻，再生一个吧。可面对聪明可爱的孩子，严会春夫妇怎么能够轻言放弃呢。

郭明义匆匆赶到了医院。他与严会春虽然都是鞍钢人，但并不认识。

两个人面面相觑，沉默无言。凝滞的愁苦，像一颗沉重的铅球，在两人之间寂寞地来回滚动着。

霍地，郭明义猛吸一口气，说："这是你的不幸，也是我的不幸，既然不幸掉在了咱们头上，咱们共同承担吧。"

刘孝强儿子的离去，深深刺激着郭明义，他下决心不让悲剧在小严涵身上重演。像上一次那样，他再次写出了一份倡议书，利用班余时间，去鞍钢矿业公司的70多个部门奔走呼号。现在的郭明义，个人影响和人格魅力早已广为人所知。从领导层到普通一线工人，大家纷纷解囊，不到一周时间，便募捐了18.7万元。

正是这笔捐款，把严会春夫妻从绝望的深渊中拉了回来。

人，在孤独和绝望中，绝大多数是通过外力实现自我拯救的！

可怜的小姑娘，正在黑暗中与死神进行着激烈摔跤。

病情一次次危急，又一次次化险。后来，在专家的建议下，转院到上海儿童医学中心，这是一家治疗白血病的权威医院。

好消息终于传来，小涵涵的血中癌细胞数值下降了。

更大的好消息接踵而至：通过中华医学骨髓库在全球百万华人捐献者血液样本中详细比对，竟然找到了配型。如果各方面条件允许，近期就可以进行移植手术了。

但，小涵涵的下一步治疗，最少需要20万元。没有这一笔费用，就无法完成盼望已久的手术。

但郭明义的眼前，已经悄然升起了一道亮丽的彩虹。

在此之后，他四处奔走，通过网络、报纸，大声呼吁为小严涵捐款。他义薄云天的真情，感动了全社会——

2010年底，他在鞍山市疾控中心做报告。会后不到一个小时，全体职工捐款9000元。

中国最大的煤炭企业——神华集团听过郭明义的报告后，毅然决定从党员扶贫基金中捐出10万元。

与此同时，中国通用技术集团公司也雪中送炭，捐出7万元。

一位不愿意透露姓名的个体老板，主动找到郭明义，亲手递交3万元。

……

这哪里是巨额捐款，这就是孩子的生命啊。

严会春夫妻泪流满面，跪在地上，以额磕地，叩谢苍天，叩谢大地，叩谢所有善良的人们！

二十八、孩子，请你这样想

2010年夏天的一个晚上，放假在家的女儿郭瑞雪在书架上翻书时，不经意间翻到了两本捐献遗体（器官）志愿者证书。打开一看，上面竟然写着爸爸妈妈的名字。

女儿吓得哭了，猛然感觉天崩地陷了，以为两人得了什么绝症："爸爸，妈妈，你们怎么了，你们怎么了？"

爸爸似乎猜到了女儿的心思："我们都好好的，没有什么病啊。"

"那你们？"

"谁都有这么一天，这是自然规律，虽然忌讳，但不能回避，更不能避免啊。咱们是唯物主义者，都是现代人，人家国外年轻人立遗嘱的很多呢。为什么不活明白些呢？"

"就这么简单？"

"是，本来就是挺简单的事啊。"郭明义头也没有抬，"亏你还是一个大学生呢，思想还这么守旧。"

"那，将来，我可到哪儿去看你们啊？"

郭明义放下书，拍一拍女儿的肩膀，笑一笑说："傻孩子，就是不捐，你不也看不到了吗？"

"那你们也得留点什么吧？"

"记在心里比什么都重要，再说，我和你妈不是还有照片吗？有空看一看不就行了吗？"郭明义轻松地说，"闺女，这真不是什么大事。你看，你姑姑和姑父，也和我们一样，都签了字。这一次你回来，我们还准备做你的工作呢，你要在年轻人中带这个头啊。"

女儿哭得抬不起头了："老爸，你……"

二十九、手套更暖心

几位退休老矿工正在矿区文体活动广场上悠闲地打门球。细碎的沙粒在清冷的日光下反射着点点金光，黏着沙粒的白色小球被一杆击中，瑟瑟地滚向远方。

这是2010年冬天的一个上午。

一阵寒风呼啸着从李宇老人的手上刮过，像冰刀一样舔舐了一下握紧球杆的粗大手指，他哆嗦了一下，手指有些麻木，刚才击球的方向偏了好多，不仅没有击中对方的红球，反而落在对方最好的打击角度内。哎，后悔没有听老伴的话，忘记带手套。

路过这里的郭明义，看到了老人击球的那一幕。前几年，父亲在世的时候，也常常在这里打门球，有一次忘记戴手套，竟然生了冻疮。

他走上前，把自己的手套摘下来，递过去。

李宇愕然地望着这个素不相识的人，停在那里，没有接。

老郭又往前送了送："给您，快戴上，看把手冻红了。"

李宇揉了揉眼睛，仔细看了看眼前这个陌生人，一身矿工服，头戴安全帽，宽大的眼镜后面灿然地绽放着一脸真诚。

"给了我，你戴什么呢？"李宇问。

他笑一笑，把双手插在衣兜里："我不骑自行车，不用的。"

于是，老人伸出手，接过了那一副雪白的手套。

一阵温暖的暖流顿时传递到全身。只见他双臂潇洒地轻轻一扬，"啪"地一声，球迅疾地向前撞去，吧嗒，撞击得红球一头栽到洞里，而白球却悠然地转了一个圈儿，稳稳地停在洞口，得意地微笑。

场上一片喝彩："好球，老李！"

老李感激地看着那个送手套人的背影，纳闷地从记忆里搜索着这个人的线索。

这时候，有人悄悄说了一声，他就是郭明义。

"哦，原来是郭明义，难怪！"老李深深地长吁了一口气。

大家一边打球一边聊天，这个人是有那么一点"卡"，这两天又在矿区内外动员捐遗体、捐眼角膜呢……

三十、今天的你我，不要重复昨天的故事

郭明义说，过去参加亲人、朋友、领导、同事的遗体告别，心里只是沉痛。现在，除了沉痛之外，还有一种可惜。大家的遗体都不捐献，只是一把火烧了，太可惜了！

论人口，中国有13亿，遗体资源最为丰富；论信仰，共产党员是最坚定的无神论者。如果有充足的可供移植的器官，就会有更多的生命被拯救，就会有更多的人恢复健康。如果有足够的遗体供科学研究，我国的医疗水平将会大大提速，许多生命缺憾将可以弥补，我们的世界就可以更健康，更和谐，更文明。

改变现在，就是改变未来！

2010年6月25日，由郭明义发起的"鞍山市无偿捐献遗体（器官）志愿者俱乐部"成立。会上，包括郭明义妻子孙秀英、妹妹郭素娟夫妻在内的218名志愿者，庄重地举起右手，攥紧拳头。

郭明义饱含激情地宣读着誓言：

既然避免不了死亡，就让我们在生命的最后一刻做出一次庄严的选择。请一切相信、富有爱心的同志加入我们的俱乐部，让我们摒弃传统落后的观念，树立达观的思想，正确对待死亡，让自己在离开人世后，还能做出最后的贡献，为人生画一个圆满的句号，让自己成为一个高尚的人，一个纯粹的人，一个洋溢着无私大爱的人。

我自愿成为一名光荣的遗体（器官）捐献志愿者！

郭明义第一个签名后，母亲、妻子、妹妹、妹夫和数十位亲戚、

朋友也签名了，更多的工友、小区居民也签名了。

当天，参加签名的有500多位。

而今，这个团体的志愿者已达到8000多人。

无疑，这是全国参与人数最多的遗体（器官）捐献者团体！

三十一、暖巢

在樱桃园社区的北部，有一片建造于上个世纪80年代的住宅楼，最北面一栋的顶层，就是郭明义的小家了。

走进屋里，一室一厅一卫，没有天然气，包括阳台在内，使用面积只有28平方米。卧室里，被一张老式双人床占据了大半空间，电视和电脑都唯唯诺诺地拥挤在临窗的墙角；客厅只有三四平方米，那是女儿的空间，一张小号单人床，床沿几乎顶到了屋门；卫生间呢，只有单人沙发大小。还有厨房，面积只有客厅的一半。这是鞍钢所有家属房里最传统最狭小的一种户型了。

室内水泥地，白灰墙，日光灯管，唯一的装饰是墙上的中国地图和世界地图，还有床头挂着的一幅小油画：天使之爱。在陈旧的家具中，最值钱的是那一台2005年购买的单门电冰箱。

这套房子，是鞍钢1988年分给郭明义的。

现在，那些与他同时入住的工友们，大都住进了高档小区，最差的也买了大户型的商品房。

完全可以说，郭明义是他那一批工友中住房条件最差的人。

不是郭明义没有改善住房的机会，恰恰相反。他是干部身份，又是副科级，工龄又长，还多次荣获鞍钢集团公司的"先进工作者"和"优秀共产党员"称号，每一次福利分房都排名靠前。可他每一次都主动放弃选择权，连一份申请书也没有写过。

根本的原因是没有钱。他说，分新房还要加钱、装修、购买新家具，花不少钱呢。咱们在这里住着舒舒服服，不去费那个心思了。

别人劝他："别犯傻，这是你应该得到的。像你这种资历，谁没有两套房子？你可以把房子先要到手，再转手卖给别人啊，能赚好几万块钱呢。"

他笑笑说："那何必呢？费那个周折干什么呢，直接分给别人不就得了。我没有时间动那个心思。"

他常对妻子和女儿说："咱们条件不错了，有地方住，有固定工作，收入也不错。比不上我们的人多了，咱们应该知足了。"

房子虽小，每隔一两年，他都会将墙壁粉刷一遍，雪白雪白的；木门窗呢，油漆成明亮的天蓝色。总共用不了多少钱，却使小小的屋子充盈着浓浓的温馨……

三十二、永远的欠条

为了保证家里的最基本开销，郭明义夫妻之间曾有一个口头的"君子协定"：家里财政归妻子掌管，捐款以郭明义总收入的一半为限。

可是，一年四季，郭明义经常多捐，出了许多赤字，每每向妻子求援。

每当这个时候，他就把需资助孩子和家庭的照片和资料拿出来，向妻子讲述。说着说着，"催泪弹"就起作用了，夫妻两个人就一起流起了眼泪。

2008年初，郭明义在"希望工程"名单上又发现了4个特困孩子，便一口应承下来了。每个孩子一学期300元，共1200元。

可是按原来计划，上半年"希望工程"的捐款已经用完了。怎么办呢？女儿已经考上大学，每年学费、生活费需要1万元，前天刚刚取走。妻子的卡上已经没有多少存款了，他实在不好意思再开口了。

当天晚饭后，他对妻子说："你歇着吧，让我来。"刷锅洗碗，抹桌拖地，而后又想方设法地讨好妻子，一会儿揉肩一会儿捶腿，没完没了地乱献殷勤。

妻子知道他又要故技重演，便执意不理他。

果然，他张口了："老伴，拿几个钱。"

妻子仍是不吱声。

他把4个孩子的资料拿出来，开始讲述各自的家庭困难。

这些，妻子都听多了。

是啊，夫妻两个人的收入并不高，结婚20年来，工资加一块才20多万，可他却捐出了12万。现在物价太高，钱根本不够用啊，一家人的衣食，人情往来，双方父母，女儿上大学。平时，水果不敢买，买菜也不去超市，而去地摊。这么多年来，自己连最普通的化妆品也没有用过啊，上个月过年时，连一件新衣服也没有买。前几天女儿开学时，她还专门规定每月的生活费不能超过300元……

孙秀英越想越生气，心头陡然涌上来一股无名的委屈，跟着这么一个男人，真是亏透了。想着想着，禁不住抽泣起来。停了一会儿，擦干眼泪，下楼散闷去了。

郭明义赶紧闭上嘴，尾随而去。

妻子在周围的小树林走了两个多小时，郭明义一直在远处守望着。

街上的人影稀疏了，郭明义走上前，小声说："老伴，半夜了，天太冷，咱们回家吧。"

妻子不理他。

看着妻子情绪稳定了，郭明义继续献殷勤："累不累？"

"不累！"

走到楼梯口，郭明义说："我背你上楼吧。"

说着，就蹲下去，后背冲着她。

妻子径自上楼去了，留下他，仍然蹲在那里。其实，妻子的心早就软了，铁铮铮的汉子，在她面前却变成了小绵羊。

进门后，她开始数落："你这是逞什么能，咱有多大本事办多大的事儿，你自己就是一个穷困户，还去帮助别人。"

郭明义哄骗妻子："那怎么办啊，钱借了单位的，已经给人家打欠条了，明天要还上。"

妻子一怔，沉默了一会儿："那你也给我打一个欠条吧。"

郭明义暗自庆幸："好，好，我写欠条，日后一定还你！"

说着，拿过纸笔，写了。

不用说，这笔欠款至今也没有还上，欠条仍然放在妻子的箱子里。

2009年7月，单位派郭明义和几位劳模到井冈山疗养。

临行前，妻子往他的行李包里塞了1000元钱。因为担心他不会买东西，被人欺骗了，便又嘱咐他什么也不用买，只要平安返回就可以了。

一路上，郭明义谨遵妻嘱，什么也没有购买。他想，这1000元钱正好是3个孩子半年的费用呢。

临下山时，走进一家商店，一枚款式别致的仿钻石戒指深深地吸引了他。如果不是行家，这枚包金上镶嵌着玻璃的"钻戒"还确实足以乱真。打听价格，竟然只要28元。这时候，他猛然想起了与自己相濡以沫20多年的妻子，时光真快啊，恍惚间，自己已经走过中年，迈向老年了。于是，咬咬牙，就买下了。

两天后，郭明义回来了，神神秘秘地拿出一个小盒："老伴，我给你买了一件好东西，戴上试一试，肯定好看。"说着，拉过妻子的手指。

妻子眼前一亮，却又满腹狐疑，1000元能买上真钻戒？便问：

"花了多少钱？"

"别问了，反正你给的钱够用的。"

妻子真的不再追问了，高高兴兴地戴在手指上，左看右看，特别喜欢，又小心翼翼地收起来，放在匣子里。

后来，还是一同去井冈山的同伴泄露了"天机"。

孙秀英淡淡一笑，她并没有什么意外。其实，她早就知道那是赝品。不过，这是结婚20多年来丈夫给自己购买的唯一的礼物，她已经十分满足了。

三十三、爸爸爱我吗

在女儿郭瑞雪儿时的记忆中，爸爸经常给"希望工程"的孩子们买本买笔买文具，却从没有给自己买过。书本都是自己采购的，一个文具盒陪她度过了好多年，坏了，就用橡皮筋扎住。

爸爸没有带自己去公园玩过，也从没有送过自己上学，更没有参加过学校组织的家长会。

2005年，女儿考上了全市最好的重点中学——鞍山一中，这引起了多少家长羡慕啊。可是入学时，爸爸只是把自己送到校门口，入学手续、寻找教室和宿舍入住都是自己办理的。

女儿清楚地记得，刚上高中那一年，学习紧张，功课压得喘不过气来，情绪有些波动和急躁。妈妈一边安慰女儿，一边挖空心思改变饭菜的花样和营养。家里房子小，女儿做作业的时候，妈妈不敢开电视，洗衣服时也担心流水声打扰孩子。

可是，偏偏这一年，爸爸从市孤儿院领回一个5岁的小男孩儿，每个周末都住在家里，晚上就睡在夫妻两个的中间，星期天还让妈妈带着去公园游玩，还去看电影。小家伙儿满屋子跑，没有停歇的时候，看到瑞雪在灯下写字，一会儿拽一下衣服，一会儿喊着要喝水，一会儿又在凳子边撒尿。

老郭急忙用拖把擦干净，不好意思地挠一挠头，对女儿说："对不起，影响你了。"

女儿没好气地说："你有那么多儿子、女儿要照顾，还有心情管我啊。"

老郭沉默了，轻轻地叹一口气："你太幸福了，而他们太可怜了，以后你会明白的。"

直到一年后，孩子被人认养，找到了温暖的归宿。

2007年3月的一个星期天傍晚，女儿兴冲冲地放学回家。湖南卫视有一档节目，她特别喜欢。

可是走进家门，她愣住了，桌上空空的，电视机不翼而飞了。她忙问爸爸怎么回事，郭明义低着头，不说话。

不用说，爸爸把电视机捐给贫困学生了。这已经是第三次了。

女儿赌气地说，我要看电视！

爸爸的脸红了，嗫嚅着说明了原因。而后对女儿说，别着急，等我攒够了钱，再给你买一个大的。再说，你明年就要高考了，我捐出去，也是为了让你更安心地学习。

女儿的高考成绩是593分，接近北大清华分数线，最后却被南京师范大学录取。为什么上师范？那就是郭明义手里没有钱，上师范能减免许多学费。

被录取的那一天，郭明义高兴得像一个孩子，他说，你看老爸多英明，要不是我把电视机捐出去，你能考这么好吗？

那一刻，女儿哭笑不得。

入学那一天，别的家长大都送孩子到大学，他只是把女儿送到火车站。

在大学里，女儿是最朴素的一个。学校里有一个大餐厅，一楼是普通菜，二楼是特色菜，上了四年大学，她竟然一次也没有上去过。

女儿的入党时间是2009年12月26日。第一时间，女儿打电话就告诉了爸爸。

郭明义兴奋地在电话里大喊："女儿同志，这一下你妈可永远赶不上了，咱们父女都是21岁入党，你妈妈30岁才是党员，她连撵上咱们的机会也没有喽，哈哈。"

随着女儿一天天地长大，她逐渐读懂了父亲这一本丰富而厚重的大书……

三十四、我爱我家

郭明义的书柜里摆满了书——文学书，泰戈尔、屠格涅夫、莎士比亚、艾青的著作等等。晚上的时候，他常常坐在书桌前，拧亮台灯，走进书中世界，与大师对话。或拿起钢笔，放飞想象，遨游四季，春雨润青，夏日泼墨，秋草摇黄，冬雪飞白……

于是，一首清丽的小诗，或一篇温情的散文出来了，静静地栖息在纸页上，悄然飘浮着淡淡的墨香，那是他的心音，他的思绪。虽然略有粗糙，但不乏才情。

每天凌晨，他起床最早，窗外的城市还在静静地沉睡。蹑手蹑脚地简单吃完早餐后，他总是习惯性地为妻子晾一杯开水，待她睡醒后，不热不凉，正好饮用。而每天早晨8点半之前，妻子刚刚坐到办公室，就会准时接到一个电话，只有三个字："到了吗？"

老郭是一个细心人，妻子从离开家门，到乘坐公交车，再到办公室，冬天夏天雨天雪天，各需要多长时间，他都能准确地算得出来。

虽然只有三个字，却可以让她温暖一整天。

而每天的晚上，家里的主角就换成了妻子。迎接自己的永远是温柔的灯光，和香喷喷的饭菜，当然，还有妻子那一张永远也读不厌倦的笑脸。

女儿在南京上大学，已经是一名学生会干部了，前年还入了党，正在准备考研究生呢。

虽然窗外的霓虹灯闪射着诡谲的光亮，给这座城市的人们的富足和欲望，涂抹上了一层浓稠的暧昧色调，虽然穿梭在那浓稠的暧昧色调中的男男女女是那么急切，那么兴致勃勃，那么津津有味，但这个小窗里的人家，永远是那么质朴，那么简单，那么纯净，那么快乐……

常常地，他为这些独有的快乐而自我陶醉，自我感动。是的，比起那些家在农村的工友，我多了妻子的一份收入，多了一套矿区的宿舍楼，多了一个聪慧美丽的考上大学的女儿，还有一帮理解自己、支持自己的亲人、朋友和"大眼睛"们。更主要的是，我还有着健康的身体，还有着一件件永远也做不完的充满着乐趣与希望的事情，我还有什么不满足的呢？

为此，他还专门写过一篇散文《常常感动》，发表在当地报纸的副刊上。

有一天晚上，郭明义回到家里唉声叹气，这可是少见的现象啊。原来刚才在院内，有几个人当面嘲笑他是傻子。

妻子安慰他："咱走咱的路，他们爱说就说吧，只要咱们心安就行。我理解你，支持你。是啊，我们家老郭，不抽烟，不喝酒，不打牌，就是喜爱做好事儿。这是好事啊，能不支持吗？"

郭明义一听，又笑了："还是老伴好，你支持我了，就等于全世界都支持我了。"

妻子温柔地看着他，欣赏着他。郭明义心中暖洋洋的，像泡了温泉，周身的细胞也都在跳舞、唱歌。

三十五、第501号义工

为了发动人捐款，郭明义也不少碰壁。

一次，一个工友被郭明义劝急了，大喊道："捐捐捐！我自己都困难拿什么捐？你说得好听，让你把脚上的鞋换给我，你愿意吗？"这双鞋是前几天自己生日时，妻子花200多元特意买的礼物，他心里爱惜得很，可一听这话，就毫不犹豫脱下来，与这位工友交换了。

还有一次，有人看见郭明义穿着一件新工服，就说，你不是学雷锋吗，看我这衣服破成这样了，换一下吧。

旁人都觉得这人是在欺负郭明义，都很气愤。但郭明义一点儿也不气恼，笑呵呵地把衣服脱下来，送给了他。

李晓伟与郭明义是从小一起长大的好伙伴，中学毕业后也在齐大山铁矿参加了工作。2000年左右，鞍钢全面亏损，李晓伟便请假离岗，随一位亲戚到国外做生意，在南非的博茨瓦纳开办了一家小型超市，自任老板。

鞍钢效益好转后，严令外流人员返岗，否则可以解除劳动关系。他思考再三，舍不得辞职，便转让超市，回来上班。由于转让超市赔了一笔钱，他心情郁闷，平时总是沉迷于酒杯里和麻将桌前，对社会则是玩世不恭，怨天尤人。

对老同学郭明义，李晓伟更是经常公开嘲笑："真是大傻瓜，天下第一的大傻瓜！"

见到郭明义，他总是玩闹："昨晚上玩麻将输钱了，能赞助我300块钱吗？"

"我欠饭店100元酒钱，你是活雷锋，帮哥们儿结算一下吧。"

2006年夏天，郭明义号召捐献血小板的时候，曾找他做工作。

"你是傻蛋，我不傻啊！"他瞪大眼，一口拒绝。

"献血对人体有好处啊。"郭明义劝他。

"我不关心这些，我只关心献血给不给钱？"

"给啊。"郭明义一听，笑着说。

"给多少？"李晓伟下意识地反应。

老郭只好哄他："300元。"

"好！那我去。"

这是李晓伟第一次献血，跟郭明义一起去的。

献完血小板后，市红十字会给他颁发了一个红彤彤的志愿者证书，他高兴地笑了。

"钱呢？"李晓伟又问郭明义。

"血站为你采血化验，花了300元成本。两不找了。"郭明义呵呵一笑。

李晓伟气得哭笑不得，一拳头打在郭明义的胸脯上。反正是从小的好朋友，狗皮帽子没反正。

虽然没有钱，但李晓伟的心里一下晴朗了，感觉做了一件好事，往日填满阴霾的心胸舒畅多了，别人看自己的眼光也变得亲热了。

从此之后，他经常去献血小板，还学着郭明义，资助了一个穷困孩子。

但他还是心有顾虑，做了好事不敢说，不好意思说，怕别人讽刺他，尤其是见了以前的酒友和麻友。

一次打麻将，几个麻友嘲问他最近又做了什么好事，他不敢承认。这时，他的上衣口袋里正好装着一张献血证，弯腰拾牌的时候滑落在地上。麻友拿过献血证，使劲打他的脑袋："真是傻X！吃饱了撑的。"一边打，一边哈哈大笑。

还有一次，一个过去的酒友，因为持刀伤人被判刑三年。刑满释放了，几个朋友为他接风，像迎接凯旋归来的英雄。

他心里很不是滋味儿。

"晓伟，其实帮别人就是帮自己，谁能保证自己或自己家人永远不出事？你家里出了事，大家都不伸手，你心里怎么想？"郭明义常常开导他。

再打麻将时，他也开始试探着讲一些希望工程的话题。

麻友问："捐一个希望工程多少钱？"

"只需要300元。"

"300元，小意思，小意思，一圈儿麻将就赢过来了。"

下一次，李晓伟就带着"希望工程"捐款志愿表过去了，让他们填写。可他们早就忘记了，不仅不填，还嬉笑着把志愿表也撕碎了。

李晓伟勃然大怒："你们都是王八蛋，说话不算数，做人没爱心！"说完，摔门而出。

自此之后，李晓伟再也不与他们联系了。

过去身上有钱，喝了，输了，现在都捐给了困难孩子，心安啊！

平时，李晓伟的妻子谭桂华因为担心他惹事，总不让他出门。可是郭明义打来电话，她肯定放人："郭明义的电话，你随便接，随便唠，参加郭明义的活动，缺钱我给你。"

现在，李晓伟已经成为鞍山市第501号义工，参加了郭明义的全部7个爱心组织。

三十六、老郭改变我后半生

乔广全也是郭明义儿时的同学，在鞍钢房产公司工作。2002年，单位给了1.7万元，买断工龄，自谋职业。

2004年，乔广全带领18个人，承包了鞍钢下属某单位的锅炉改造工程。辛辛苦苦干了半年，总共20万元的工程款，却拖欠6万元，迟迟不给。后来，对方老板干脆跑掉了。18个人经常围攻乔广全，打他、骂他。乔广全也没有办法，只得自己掏路费，和大家一起四处追讨，可谁管他们啊。最后，实在没有办法，他们决定在2008年奥运会之前，集体去北京上访。

郭明义劝他："全子，不要给中国人抹黑啊。国家是大家，咱们是小家，国家办奥运，需要喜气洋洋，咱们家办喜事儿，你愿意有人来搅浑水啊。"

"可谁管我们死活啊。"乔广全哭丧着脸说。

"我帮你！"

郭明义与乔广全一起去讨款。乔广全的承包属于转包性质，企业已将工程款交给个体户，可个体户老板却跑掉了。郭明义通过企业厂长，想方设法寻找个体户，讲道理，上法院，前前后后跑了十几趟。

最后，在各方的压力下，个体户老板终于分两次把6万元付清了。

后来，郭明义让乔广全跟着自己去献血。乔广全说："别说献血，就是要我命，我也给啊！"

原来的乔广全喝酒、打麻将、动刀子、打架，浑身匪气，是齐大山镇有名的"惹不起"；现在的乔广全，却变成了一个带头做好事的活雷锋。

这几年，他献了5次血，捐助了3个贫困学生。郭明义的所有团队，他也都参加了。2010年底，他居然还被社区评为"爱心公民"，领到了一张大大的奖状。

乔广全说："我这大半辈子混日子，人见人讨厌，从来没有得过先进。没想到过了50岁，却第一次被表彰，很激动，我感觉自己活得值，活得有尊严了。是郭明义改变了我的后半生！"

三十七、艳丽馅饼店

莫道君行早，更有早行人。

在郭明义每天早早上班的路旁，有一家小小的"艳丽馅饼店"。40多岁的女店主李艳丽，是一个下岗职工。

因为做早餐生意，李艳丽每天凌晨5点钟就开始忙碌了。

金黄的馅饼，5角钱一个，香飘半条街。黑黝黝的大街上，没有几个人，郭明义天天路过，便冲着李艳丽点一点头，却从没有买过馅饼。

2007年秋天，艳丽馅饼店的阁楼突然失火。一场意外的惊吓和经济损失折腾得李艳丽垂头丧气。

老郭主动找到她："小店不容易，我组织大伙儿给你捐捐款吧。"

"不用啦，不用啦。"李艳丽心头热烘烘的，"真的不用麻烦大家，不用麻烦大家了，我手里还有一些本钱。"

不久，艳丽馅饼店重新粉饰一番，红红火火地又开张营业了。

从此之后，两人就算熟悉了。

再路过的时候，看到那个鲜艳的招牌，老郭就会喊一声："早啊。"

这个时候，李艳丽就笑呵呵地转出来，说："老郭，这么积极，真是雷锋啊。"

有时候，老郭也会停下来，走进小店，帮着端端盘子，搬搬桌子，再摆上几把凳子，冬天的时候，还帮着捅两下火炉。

日子就这么平平淡淡地走过。

2008年春，郭明义再次发动捐献造血干细胞。刚开始的时候，他不好意思找李艳丽宣传，因为他从来没有买过一个馅饼。所以，每当准备开口时，总是迟迟疑疑的。

李艳丽主动问："大哥，看你说话吞吞吐吐的，有什么心事吗？"

"妹子，我有一件事，想给你商量商量……"

听他说完后，李艳丽犹豫了一会儿，慢慢地却是坚定地说："我报名吧。"

从此，郭明义的队伍里又多了一位卖馅饼的女老板。

后来，李艳丽说："我没有多少文化，也不看报纸，不知道这事到底怎么样，但我相信，郭大哥是一个好人，他号召的事情肯定没有错！"

电影《郭明义》中有一个情节：老郭每天早上买两个馅饼。那是剧作者从画面语言的要求而编造的，其实，现实中，生活节俭的郭明义从来没有在这个馅饼店买过一个馅饼。

"我是一个普通人，没有什么能力，只能用这种方式去服务社会，帮助别人。"李艳丽说。

是的，长不成一棵树，长成一株草也行啊。

只要心是绿的。

三十八、把春天寄给你

苹果放在桌子上，大家都没有吃，红红的，像一颗颗心。

几年过去了，大家心里都平静不下去了。身边有这么一个活雷锋，咱们不做好事，心里过意不去啊。

齐大山镇上有一家樱桃园邮政所，是郭明义向外汇款的必由之地。

邮政所里的几位女邮政员都很纳闷，这个人寄钱的地址多而散，又经常变换，且大都是农村和学校。有一次，邮政员冯渤就问："这些都是你亲戚？"

"不是啊。"

"那是谁啊？"

他的脸红了，含含混混地说是自己资助的几个穷孩子。

几个女孩子的眼睛都瞪大了，真是亲眼见到活雷锋了："这么多穷孩子，你也是一个穷工人，有能力啊？"

"尽力呗。"老郭叹一口气，平静地说。

他仍是经常来寄钱。相互点点头，看着他，来了，走了。

几年过去了，大家心里都平静不下去了。后来，不知谁提议，咱们也捐助几个孩子吧。身边有这么一个活雷锋，咱们不做好事，心里也过意不去啊。

于是，她们就从希望工程办公室提供的贫困孩子名单中选定了几个，进行长期捐助。

后来又响应他的倡议，主动献血，一下子就去了6个女邮政员。郭明义知道后，特意送来一兜儿苹果，询问："第一次献血，有没有不适应？"

"没有什么啊。"女孩子们轻轻松松地说。

"那就好，那就好，其实献血对身体有好处的。"说着，就让大家猜他的年龄。的确，他50多岁了，却显得年轻很多，他经常说那是献血的原因。不过，最主要的是，他有一颗年轻的心。

几个苹果放在桌子上，大家都没有吃。苹果红红的，像一颗颗心。

后来，凡是郭明义倡议的活动，只要有时间，只要有条件，她们全参加了。邮政所长王亚军，还有韩晓威、冯渤等9个女邮政员，都加入了郭明义的爱心团队，希望工程、献血、捐献造血干细胞、捐献遗体……

三十九、咱们的爱心团

郭明义最早资助的"女儿"王诗越已经大学毕业，找到了一份满意的工作。王诗越早早地就加入了他的爱心团队，长期资助着2个贫困学生。

王爽，是郭明义资助过的一个工友的儿子，也是郭明义众多的

"儿子"之一。他于1996年考入大连海事大学，大学三年级时就开始学着"爸爸"义务献血了。2010年，王爽被上海一家大型船舶企业录用，参加工作后的第一件事，就是申请长期资助几名特困学生。

还有十多个"女儿"和"儿子"大学毕业后，从第一个月的工资里拿出300元，交给郭明义，请求他帮助选定资助对象。

2010年12月，郭明义收到两封来自新疆的信，是一位叫辛亮的退休教师写来的，还寄来两张500元汇款单。辛老师承诺，今后每个月从退休金中拿出500元，请郭明义代捐给最需要的人。

对郭明义，张国斌真是无以言谢啊。他说，过去听到有人说郭明义是"傻子"，自己曾在一旁看热闹，可等到真正遇到困难，才体会到这样的"傻子"是多么珍贵，多么难得！

张国斌夫妇一直琢磨着用什么方式感谢郭明义，可他们太知道他的脾气了，给东西不要，请吃饭不去，怎么办呢？最后，夫妻俩商量，咱们跟着郭明义一起去献血吧！

除了献血，夫妻俩还加入鞍山市义工团队，到街道上打扫卫生，到公园里捡垃圾……

以前坐公交车从没有意识到让座，现在张国斌见到老人上车，就会不由自主地站起来，浑身总有一种帮助别人的欲望。

张国斌说，以前总觉得雷锋离我们很远，现在才体会到，你只要伸伸手，弯弯腰，你就是雷锋，你就是郭明义……

这几年，郭明义陆续组织了7个爱心团队：

希望工程爱心联队成员已达8000人，总捐款超过200万元，资助了2000多个贫困孩子。

无偿献血联队已有10000多人，累计献血超过1200万毫升。

捐献造血干细胞志愿者已有4000多人，为中华骨髓库增添了4000多个血液样本。

还有，捐献遗体（器官）、慈善义工、红十字急救队等等。

齐大山铁矿共有职工2400多名，凡符合条件的人，基本上全部参加了郭明义的爱心组织。

郭明义的爱心团队，像滚雪球一样越来越大。

我们希望他的团队越来越大。

我们希望全国13亿公民，都能参加他的团队。

……

四十、时代的呼唤

2011年3月25日，郭明义在新浪网开通了自己的微博。

开博第一条就让人眼睛发亮，心生暖意：

"各位微友，您好！今天是一个值得记住的日子，我开始融入这个群体，与各位微友一起分享阳光、温暖、力量、快乐！谢谢！"

郭明义开微博，目的很明确："我想借助这个更广阔的平台，帮助更多有困难的人，带动更多愿意帮助别人的人，同时把自己的快乐和幸福传递给更多的人。"

出人意料的是，他的微博很快就受到网友热捧，关注者以日均万计的人数增长。当年6月，粉丝数量就突破100万；8月，突破200万；10月，突破300万；12月，突破400万。在新浪1亿多微博博主中增长速度最快，在微博新人排行榜上排名第一。

据统计，郭明义至今共发微博3200多条，覆盖网民9000万。回复中，99.8%的网民对郭明义事迹持推崇态度。

郭明义微博内容涉及工作、生活、感情等方面。在这里，他质朴、直率地直播思想，坦袒露心声：

> 看到了小贾明伟。7岁。我们爱心团队三次捐款计25000元。站在贾明伟面前，我在想，也许，这点钱对他来说微不足道。但，有那么多人在他无助的时候，伸出手帮

他。我发现小明伟父母忧愁的脸露出了一丝微笑。去爱我们身边这样的孩子和他父母吧!

在从武汉机场上飞机时,看到了一个坐轮椅的女同胞等待上飞机一同前往成都。我和同行的吴峥还有一名飞机男乘员一起,将她抬上飞机。非常高兴。

我在和工友一起修整10号电铲坡道。站在骄阳似火的采场,看到工友挥汗如雨,眼泪在眼里滚动。我想起了几年前,工友看我献血返回采场大干昏倒后,用洒水车将我浇醒。万分感激之情,油然而生。

今天炒了土豆丝,还有红烧肉,非常好吃,非常高兴。

我开始做好事时,也有很多人不理解。想一想还有那么多需要帮助的人,我就不能不管,这让我义无反顾地放弃了杂念,坚持下来。

……

在微博里,郭明义对于网友的问题,既不回避,也不闪烁其词,像生活中那样真诚。

2011年底,他回到儿时的家园,深情地写道:

再次来到了你的身旁,梦中的故乡。故乡,是母亲脸上挂着的春天的微笑,是父亲那可依偎的宽大的肩膀,是扑面而来的散发着泥土芳香的可口饭菜,是江南水乡雨巷里站着的一位小姑娘,撑着伞,消失在雨巷的尽头。我走在故乡的土地上,我在遥望,在寻找,故乡的春天。

郭明义的坦率和真诚，激起了数百万"粉丝"热情洋溢的回应。一方小小的微博，成为人们守望高尚的一个窗口，交流真善美爱的一个平台：

沈阳音乐学院大四学生李萱桐是郭明义的忠实"粉丝"，她说："郭明义精神告诉我们，大学生在走上社会以后，应该以怎样的态度去工作和生活。"

北京贵友大厦职工董敬说："我通过郭大哥的微博体验到了爱的力量,并宣布加入了郭明义爱心团队！"

辽宁大学学生王晓磊说："郭叔叔的很多事情都可学、可为。"

网友"尚雯婕"说："人们期待您的声音，给人温暖、智慧、力量、信仰，像人们渴望的太阳！"

"郭大哥，原来你也是一个开朗且能够接受新鲜事物的人，我也想参加您发起的造血干细胞捐献。"

"经常看你的博文，很有感染力，很受教育，向你致敬！"

"在爱的世界里，什么奇迹都可能会出现！"

……

还有更多的网民，表示要献血、捐献造血干细胞、捐献遗体器官，要资助贫困学生……

2011年6月14日，在第八个世界献血者日到来之际，郭明义通过微博倡议举行无偿献血活动。据不完全统计，活动当天，散布在全国各地的郭明义爱心团队的3000多名志愿者，献血达60多万毫升。

眼下，网络早已流行，微博成为时尚。一些娱乐明星、时尚"大腕"和话题人物人气高涨，备受关注，俨然成为时尚的风向标。

但郭明义，一个朴朴实实的普通工人，却领风气之先，这无疑表示了一个鲜明的社会现实：时代需要郭明义，需要郭明义精神！

同时，这也愈加凸显了那个更为重大的时代命题：在工业化、全球化和信息化的今天，一种丰满的蕴含着社会主义先进文化核心因子的新型价值观建设，已经成为国人发自内心的最热烈呼唤，也是历史赋予我们这个时代的最迫切任务！

……

人类的心胸究竟有多宽多大

难以想象

不仅容纳了太平洋印度洋大西洋

珠穆朗玛峰马里亚纳海沟

还容纳了地球月亮和宇宙

……

人类的梦想有多大

人类的生存空间探索空间

就有多大

人类的爱有多宽广多博大

人类的幸福和温暖

就有多大

……

——摘自郭明义诗歌《人类的梦想》

李春雷，1968年2月生，河北省成安县人。毕业于邯郸学院英语系和河北大学中文系，国家一级作家。主要作品：散文集《那一年，我十八岁》，长篇报告文学《钢铁是这样炼成的》、《宝山》、《赤岸》、《摇着轮椅上北大》和《木棉花开》等。曾获鲁迅文学奖、徐迟报告文学奖（蝉联三届）、全国五一工程奖，冰心儿童文学奖，河北省文艺振兴奖（蝉联三届）和河北省五个一工程奖（蝉联五届）等。2012年6月，当选中国报告文学学会副会长。2012年12月，在《立传⑤》发表传记作品《女大学生村官——张广秀》。

李春雷

浮光掠影看今生

——王宝库自传

王宝库 著

引 子

　　"树碑立传"在中国历来属于达官显贵、有名有位之类尊者的"专利"，而且这碑文传记一向是"盖棺"后才可有之的"定论"。至于凡夫俗子、平头百姓、存世活人，当然既不能"树碑"，亦不可"立传"。《立传》丛书倡导"为生者立传"，提倡为无尊卑之分的当代活人立传，为当代活着的人书写鲜活、生动、充满生命张力和时代特色的传记。有鉴于此，李健健主编约我作传，讲讲我这凡夫俗子虽然平凡却也多少有些意思或许也有点意义的一生中的大半辈子。

一、在那遥远的小山村

　　1945年5月13日，农历乙酉年四月初二日，我诞生在山西省阳城县淇泚村下淇泚东头自然村。

　　母亲怀孕有我时，日本人还未投降，中国人正在异族入侵的战火中备受煎熬。兵荒马乱，母亲自己的吃喝都难保正常，在她肚子里的我当然更是饥寒交迫，先天的营养不良早已命中注定。

　　我的苦命和苦命的我，在娘胎里形成。每念及此，吾心之凄惨悲戚便由隐而显。

　　我终于出世了，呱呱坠地之后的哭声自然是底气不足。据大人告知，我出世后的肉体似乎是一只退了毛的小老鼠，极度地缺斤短两，堂房大个子伯父所穿布鞋的任何一只，都可以放得下我。

　　我是父母的第一个子嗣，却并非头胎。我之前，母亲生过一个女孩，生命未及一周便不幸夭折。我那只活了一周的姐姐比我体健，尚且不能存活，我这个脱胎而出的小软蛋，可有活头？父母对我活下来并且活长久的期望值显然不高，却也未必认定我必死无疑。

我倒是命大，活了下来。虽然其貌不扬，又小又黑又丑，也还是需要一个名号，于是有了"王宝库"其名。

我的姓名虽土，爷爷及父亲这两代人的姓名却非但不土，甚至十分高雅。爷爷叫"王克敦"，父亲名"王士治"。爷爷辈的姓名除了爷爷本人，其他人我出世时皆已作古，因而无由知之。

日本侵华，兵至阳城，设据点，建碉堡，立维持会。唯斯时也，兵连祸结，民不聊生。日军为了吃肉，抢走了吾村百姓的圈中之羊以备宰杀。未儿，这些羊居然在日本兵的严密看守下不知去向。日本兵怀疑是吾庄村民偷走了这些羊，因而怒不可遏，纵火烧毁了我所在的淇汭村之下淇汭东头自然村。

我的父亲被日本兵抓走，押在县城南面山头上的黄龙庙为日军修碉堡。据父亲讲述，彼时他20岁左右，正年轻力壮，高强度劳动之后的饭量甚大，日本人却不令饱食，而且往往将饭食摊在大石板上，让他们这些中国苦力伸出舌头在石板上狗一般地舔食，日本兵则在一旁逗乐取笑。

有一次，一名日军士兵押父亲去山脚下的河滩内挑水，天气炎热，日兵偷懒，站在山头守望，令父亲自行前去。父亲挑水上山，因山道陡峭，走走歇

童年时的作者与父母留影

歇当属正常，日本士兵并未阻挡。父亲挑水走到拐弯处歇息时，他仰头看不到日本兵，因而晓得日本兵同样看不到他，于是乘机逃跑。日本兵久不见人，知其逃走，立即实施追捕。父亲匿身于杜沟村的马食槽内，身上盖满草料，躲过了日军搜捕，一口气跑到县南深山，参加了八路军的游击队，也就是投身革命事业，后来就成了共产党员、革命干部和国家公职人员，曾经先后担任过县纪检委干部、公社党委书记、县畜牧局长等职。

父亲告诉我，解放战争时期，陈赓、谢富治所率领的陈谢兵团进军中原，阳城县组织了武装民兵团随军参战。父亲打过游击，又在村里长期充任武委会主任，较其他民兵打枪多了准头，在民兵团里他大约是个连、排级干部。一次他奉命率领一个班的武装民兵护送民夫运送军需给养，半道遭遇国民党重兵，躲不开，逃不掉，于是他与全班民兵奋力抵抗，打死了不少敌人。全部民兵壮烈战死，只有他受伤后倒在尸堆里、血泊中，特地将人血涂抹脸面，装死不动，躲过一劫，只身返回部队，受到首长嘉奖。他说，有一次，我军四面合围城堡里的敌军重兵，敌兵多次突围未果。当他们获知父亲所在方向只不过是非正规军的民兵团时，遂集中全部兵力向这个方向猛冲。父亲所在的民兵团顶不住了，开始溃退。关键时刻，陈赓率领督战队赶到，一面朝民兵头顶上空射击，一面大声呼喊："凡是不堵截敌军拼全力作战者，一律军法处置！胆敢后撤、逃跑者，格杀勿论！"民兵们无路可退，于是拼死作战。父亲表现英勇，枪法甚佳，弹无虚发，杀敌甚多，被首长看在眼里。在战后的庆功会上，陈赓司令员特地向爸爸这个阳城小伙子敬酒，向革命老区的民兵团致敬，民兵团和陈谢兵团政治部给爸爸记了功。战后返乡时，兵团首长奖给他一把军用指挥刀、一挺机关枪、100发子弹、一件国民党军官配用之呢子军大衣。

爸爸自战场归来时，我3岁左右，被陌生而且带枪的老爹吓哭了。他将指挥刀拿给我玩，我才破涕为笑。此后，他拿上机关枪和子弹，把我带到南磨道茅坑已垮塌至半的南墙上，压弹入膛，朝南山坡无人处扫射，声音比过年的爆竹响多了，逗得我好高兴。他打完了100发子弹，我捡了许多铜弹壳，藏于秘密处，以为珍宝。不知道在哪一天，母亲发现了我的秘密，未经我同意，将那些铜弹壳拿到供销社换了商品货物。我难过了好多天，才慢慢恢复平静，不再记挂和念叨此事。

爸爸作为革命干部，甫评薪级，便定了个19级。阳城是个革命老区，老资格、没文化的干部不知凡几。爸爸识得几个字，随陈谢兵团参战又立过战功，因而在他们那一茬人中，他的级别算定得高的。有鉴于此，所以他此后几十年再无升级，直至"文革"结束，他才升了一级，变成了18级。至于官职，则始终未获升迁，直至去世，一辈子老是正科级。

我生下来之后，父亲不在家，仅靠母亲一个人养我。穷人产妇无奶汁，因而我只能喝小米汤充饥。先天的营养不良，加上后天的食品匮乏，我便不似正常婴儿那般大哭大闹，成了毫无反抗能力的"乖孩子"。母亲去农田劳作，会将我放在院门口平整洁净的大石板上。她走时按照什么姿势安置我，自庄稼地回来之后，我依然会是什么姿势，既不会翻身，也不会滚爬，绝无坠地、撞墙、受伤、挨痛或流血之虞。

妈告诉我，一次她下地归来，看见一只大公鸡昂首挺胸，站在我的肚子上，我的肚脐眼里则堆满了鸡屎。母亲见此情景，潸然泪下，撵走了大公鸡，将我紧紧地抱在了怀里。

我至今想来，深感后怕和恐惧。我出世时生态环境甚佳，野狼出没、狐狸偷食、老鹰抓小鸡、蛇虫吃老鼠现象时有发生，有些现象儿时的我也曾经亲眼所见。我的一位下淇沕西头村同龄人赵练喜，脸颊左侧有一个长约半尺的条形疤痕迄今尚存，就是野狼啃咬所致。狼没有吃了我，算我命大。或许是我身上只有骨头没有肉，或许是我久卧不动如同僵尸，狼也懒得理我，看我不起，我终于没有成为亡灵而毕竟是个活体，真个是造化。

我虽然艰难，却也在长大。记得一次在村西南底下院外老槐树下的石碾驾驴碾米时，爷爷抱着年幼的我，谆谆教诲："小宝孙，爷爷告诉你，'万般皆下品，唯有读书高'。你要早识字，早读书，多识字，多读书，长大了一定要做个知识人和文化人！"

爷爷虽然是农民，却识字，会念书，毛笔字写得极好。每逢过年，门上的对联都是他亲自书写。别看他胡须飘拂，满面皱纹，却身体壮健且头脑灵活。他的儿子、也就是我的父亲是共产党员和革命干部，在中共阳城县委员会工作，爷爷很为自己的这个儿子庆幸和骄傲。他年纪大，思想却不守旧、不落后。记得抗美援朝战争爆发后，他给灶王爷神龛上贴的一副楹联，就是他自编自写的新词："上天言好事，永远要抗美。"他样样农活皆通，是种庄稼的行家里手。且他还识得工尺谱，精通古乐，在村里的八音会里是起指挥乐队作用的司鼓手。与村邻夏日饭场进餐，冬季围炉闲聊；他说话不多，但有言出，却极具分量，在村民中深孚众望，受人尊崇。

母亲是爷爷的儿媳，他视同己出，以亲闺女相待。我一向以为我妈是我爹的童养媳，很小就在我家祖宅生活，由爷爷一手拉扯长大成人。爷爷与妈妈情同父女的关系，我深刻理解。后来与我大姑、也就是爸爸的嫡亲姐姐谈及此事，以聪明伶俐记忆力惊人著称的我们家族的大姑当即予以指正："你妈不是童养媳，是'爹公娘婆'！"

"爹公娘婆"，这个词太精准了。爷爷原配妻子是上淇沋村人氏，名讳"原小云"，在先后生下了伯父、大姑、父亲、二姑两男两女之后，便溘然仙逝。

奶奶去世后若干年，便有寡妇携幼女登门乞讨，爷爷见母女二人可怜，遂生恻隐之心，予以收留。这寡妇是茹家庄人氏，名叫茹小田，出嫁梁沟村，与梁姓男子成婚。丈夫不幸去世，时逢天灾降临，于是携幼女流浪乞讨，艰难度日。后来，茹小田女士经人说合，成了爷爷的续弦夫人，她所携带的幼女梁彩莲，经我的爷爷与新奶奶、旧姥姥协商，童养作爸爸的未婚妻。如此一来，继父充任公公，亲娘兼作婆婆，不就是"爹公娘婆"么？

爷爷与新奶奶生下了我的三姑，便短命夭亡。此后过了不知多久，爷爷与其英年早逝的嫡亲弟弟的遗孀酒秀英生活在一起，生下了我的最小叔父王士杰。

我深刻理解爷爷此举是怜悯嫡亲弟弟的遗孀孤苦伶仃、长年守寡、誓不改嫁，沿袭"兄纳弟妻"旧俗，基于慈悲心而勉强为之。在我看来，爷爷与脾气倔强、不懂得温柔体贴的弟媳妇生活在一起过得并不称心如意。自我记事起，没见他们有多少语言交流，而且俩人不吃一锅饭，爷爷是自己开灶，自做自食。他老人家必定有诸多难言之隐，而今想来令我感叹唏嘘，此心戚戚，难以言表。

我这一家祖父辈婚姻关系的数度调整和奇特组合，跌宕起伏，转圜曲折，奇奥诡谲，颇富戏剧色彩，当堪称太行山民情风俗千年延续的一个当代反映。

我敬重我的爷爷，他对我的教诲，我牢记在心，没齿不忘。在我未入学不识字时，常以粉笔在故乡的砖墙、地面和大石板块上涂画，或山或水，或人或物，或鸡或狗，或树或花……虽然毫无章法，人们却一看便知所绘者云何。

我想，这大约是爷爷让我早识字，我为了遵其教诲而自己创造的一种图形文字。

我幼年作画，似无单幅图，皆是连环画，系我用粉笔和童心讲述的一个又一个很有些趣味和意思的儿童故事。

大姑告诉我，我用童心所绘一幅连环画，说的是：一家三口人。父母于半夜炸制故乡美食油骨朵，他们的幼子睡在被窝里闻到香味，勾出了馋虫，偷偷在被窝里凝神观看而馋上加馋，于是大喊要撒尿。妈妈端来尿盆，塞入被窝内，却半天不见动静。妈妈因而知道小家伙喊撒尿是借口，内心所想实在是要吃油骨朵，于是用筷子夹上美食塞入儿子口内。儿子吃了又吃，终于睡着了。第二天醒来，嘴里居然还有一个没舍得下咽。

我的妈妈看了我作的画，笑得合不拢嘴，当即给我炸制油骨朵，令我一饱口福。

自此之后，但凡我有何要求，便以画代言，向妈妈表白，其效果比那些靠哭闹要挟大人以达目的之方法，好了不知多少倍。

老宅被日寇全部烧毁，我和母亲住在简单修缮的街门道小宅内。爷爷将三间南房位在东侧的一间半分派给我家，其余西侧的一间半则分派给了伯父一家。我们无力修缮南房，只好在断壁残垣上搭建草棚，供夏季做饭使用。每逢大雨如注，草棚漏水，妈妈用铁盆遮盖火口，以免其熄灭。我会坐在锅台上，用竹筷敲铁盆击锅盖，口中有节奏地高唱自编的歌词：

> 锅哟盆哟，饭哟菜哟。
> 肚子饿哟，啥时吃哟。
> 妈哟妈哟，快做饭哟。
> 做完饭哟，再补衣哟。

我会涂抹连环画，还会自编自唱无调门的催饭歌，妈妈惊喜，爷爷惊奇，认定我长大之后或可成为有用之才，遂告知父亲。父亲听了很高兴，与老师几经协商，在我5岁时便把我送进了村小学做候补学生。

我不是正式学生，没有课本，使用的是爷爷用白绵纸为我抄写的课本。课本上的课文，现在依稀记得，是"上下大小，天下太平"和"人，一个人，一个人有两只手，左手，右手"之类，我念得极卖力，极认真。

爸爸在县城工作，每至年终岁尾，他总会拿些旧报纸回来，用于裱糊我们家老旧透风的墙壁。报纸上有字，我主动辨认、记忆，日积月累，收获颇丰。我在村小学上了两年候补一年级，之后才成为正式学生。初小二、三年级，我可以凭借我在糊墙旧报纸上阅读的内容，给家中亲人和本村邻居讲一些国际旧闻和国家大事，听者当然大为惊奇，大声感叹，大力褒扬，以为我是"神童"。童心受到激励，我读报劲头倍增，爸爸便给我订了《时事手册》、《华北人民》杂志和《中国少年报》，让我阅读。

渐渐地，我不满足于读报，开始读书。记得我所读的第一本课外书，是中国少年儿童出版社出版的多卷本《诸葛亮》，系从古典小说《三国演义》中择录、节选。自此之后，我掀起了生命史上的读书狂潮，见书就读，手不释卷，时迄今日，从未中辍。

很短暂的时间内，我就将我们下淇汭东头村能够找寻得到的书一一借来，逐一阅读。20世纪50年代初期我们村可以自农民家中借得到的书，无非是《三侠五义》、《七侠五义》、《五女兴唐传》、《蜜蜂计》、《茶瓶计》、《薛仁贵征东》之类，都是古书或说古的书，其中不少是写给说书人击鼓拉胡琴表演说书节目时所用脚本。另外有三本新书，分别是《新儿女英雄传》、《刘胡兰》、《小二黑结婚》，记得是向宽广叔王士光所借。至今还没忘《新儿女英雄传》开头第一句话是："牛大水二十一岁了，还没娶媳妇。"

爸爸获悉我爱看书之后，给我买了许多书，其中最贵重的是七十一回本《水浒传》，此处不予赘述。

我上初小的儿童时代，对我关怀备至、影响至深者，是我的嫡亲叔伯兄长王仓库。

王仓库生肖属马，年长我3岁，在我心目中却似长辈，而非兄弟。仓哥是伯父一家的佼佼者，他升级、升学以至考大学，从来是一考即中，畅通无阻。从1949年到"文化大革命"终结那一年，我们下淇汭

与仓哥年轻时在老宅下军棋

东头村考上大学者几十年来仅有两人，一个是仓哥，一个是我。

我自幼体质甚弱，连路也不怎么会走。上小学时，从家中到学校所在地长生观，须走井坡道。这条道路以青石铺筑，表面光滑。每逢下雨之后或冬季结冰，年幼的我走一步，吃一跌，跌跌撞撞到学校，总会弄个鼻青脸肿。年纪并不大、同样在上初小的仓哥告诉我说，你跳着走，往平石上跳，不要往坡石上跳。如果到了坡石上，你怕滑就专门去滑，觉得有意思，你反而滑不倒。

放了假，他给村里人放牛，总会拉上我去刮野鬼，在沙圪梁、老东坡、小南坡到处转悠。如遇雨天，他会把我带到山洞里躲雨，用镰刀砍些树枝，为我削制刀、剑、枪、矛之类的小玩意儿供我玩。他会爬树，如猴子般灵巧，不似我，只会抱住树干底部向上仰望。他上树为我采摘空软柿子供我吃。雨天时他还会往洞穴内搬柴火，点燃之后，到庄稼地里偷些嫩玉米进来，烧烤熟让我吃，那味道真是好极了。

他学习好，我命运好。我们那时候，全县就那么几座高级小学，整个县的全体考生同聚县城，进行会试，择优录取。初小我俩同在本村小学读书，自不待言。考高小，他考上了润城高小；轮到我，却考上了县城的十字完小。考初中，他考上了地处东乡海会寺的阳城二中；轮到我，却考上了县城的阳城一中。考高中，他考上了晋城一中；轮到我，却考上了长治的太行中学。考大学，他考上了山西矿业学院；轮到我，却考上了山西大学。大学毕业分配，他分到了晋城矿务局；轮到我，却被幸运地分配到了太原的一个军事管制单位，月工资较其他大学生多了3元。别小看这个数，它足以在当时购买一个月的口粮而绰绰有余。地方上粗粮供应比例极大，我们单位在相当长一段时间内却是白面、大米随便吃。

初小之后的学校，我所上者，总比他所上者似乎高出一筹。我想这并非因为我考试的成绩比他好，而是他升学考试时总会碰上政策紧缩，我则总会碰上政策略加放松和相对宽容。

命运如此，我只有谢天谢地了。

我兄弟姊妹3人，本人是兄，妹妹次之，幼者为弟。我比妹妹年长9岁，妹妹比弟弟大了7岁，我与弟弟的年龄差是16岁。如此年龄阶梯和差距在农村并不多见，却使我们之间的关系由于年龄差过大而显得格外亲密，并且在亲密之外还多了彼此的尊重。我们从来没有恶语相向、斗嘴争吵、高声大喊地说过话。

提到弟、妹，我所欲陈述者是人名的奇异和诡谲。

前述兄长叫王仓库，我叫王宝库，弟弟叫王金库，妹妹则叫王金梅。

"仓库"是存储物资的库房，对于在晋城矿务局退休之前长期充任供应处处长的仓哥来说，倒也是名副其实。

"金库"是金融之库，自

王宝库偕老伴与弟弟王金库相逢在阳城县皇城相府

然和金钱有关系。弟弟王金库原本在晋城电视台工作并且充任首席记者，字写得漂亮，文笔也甚佳，似乎是电视台的台柱子。可是他却不安心做记者，辞退了工作，专心搞安利产品的营销，晋城市人几乎都知道他是营销安利产品的高手，也有人说他发了不小的财。弃文从商，与金钱打上了交道，我隐隐觉得他的名字在冥冥中或许起了神奇的作用，致使他有今日。

王宝库的妻、子与妹妹王金梅（居中者）在故乡。

妹妹王金梅命运多舛，3岁时患小儿麻痹使右腿致残，其女儿即将成人却不幸夭亡，丈夫早逝而令其寡居……诸如此类的坎坷对于任何人来说都是难以承受的打击，她却过了一坎又一坎，坎愈高愈大愈多而抗打击能力愈强，天大的困难压不倒她。她以"金梅"二字为名。"金"与弟弟之名一样和金钱有关，遂对她产生了影响，因而从事营销中药制品。然而"梅"字的高雅却令她搞营销而不在意金钱，不以盈利的多寡判断事业的成败，只注重心灵的超脱飘逸恬淡宁静。她笃信佛教，凡事以慈悲为怀，乐善好施，多行善事。

我的名字更有意思："宝库"内不以收存金钱做取舍，而以无价之宝为依归。于是这库内就有了与珍贵的中华民族传统文化关联甚紧的形形色色，并且自幼及长读书不辍，写作不止，出书不少，涉猎甚多。

说到我们兄弟姊妹的名字，我骤然想起，其实王仓库尚有二位胞弟，一位名叫王满库，一位名叫王晚库。库"满"则荡漾，于是外溢，老王家自然不能久存，因而过继给大姑为子，改名侯满库。晚到的那位王晚库或许是由于"晚"与"挽"同音，果真为我们家族的子嗣延续唱了挽歌，不但自己短命夭亡，而且老王家此后再无"库"字辈兄弟出世。

名字果真神奇，一旦命定，便如影随形地伴随你走完人生之路，以其所用汉字的音、形、义三要素而昭示着什么或解说着什么，从而证明了中华文化和中国汉字的奇奥诡谲与卓越非凡，令人不得不心存敬畏。

二、学海无涯苦作舟

有句老话说："书山有路勤为径，学海无涯苦作舟。"这句话其实不是"话"，而是一副对仗工整的楹联。它不但词性、平仄、声韵堪称对仗工巧至极的"绝对"，而且是绝对正确的真理。

书，当然不是一两本书而是堆成山的书，你把它认真地读了，自然会有一条通向成功的大路摆在你的面前。但是要想读完那堆成山的书，绝非轻而易举之事，非勤奋而不可。所以说，只有"勤"才是通向成功目标的唯一路径。学问的大海浩瀚无涯，但是只要吃得苦耐得劳，便找到了能够承载你抵达成功彼岸的舟船。

爷爷要求我早读书、多读书，告诉我"读书"是极有品位的高尚行为。我记住了他的话和他的要求，自幼年记事起便身体力行，无一刻懈怠，无一时忘怀。迄今为止我所读的书难以精确计数，但是已正式出版的本人撰写之各种图书，大小厚薄不限，已逾40册。我想我真的没有辜负爷爷的嘱托和期望。我的那些著述或许未必皆属上乘之作，但是我心以为足可告慰爷爷的在天之灵。

读书首先得认字，鲁迅先生似乎说过："人生识字糊涂始。"中国汉字成方，每一个字均需逐一辨认、记牢，才有可能以之断句、诵读、作文，不似外国拼音文字，只要记住二三十个字母，就可以把所有书不费吹灰之力地予以读、念。中国汉字有音、形、义三要素，一字一形，但是未必一形一音，有些字是多音字，同一个字读音不同则有不同含义。譬如说，三点水偏旁加一个"日"字，"日"字写瘦了是汨罗江的"汨"，读mì；"日"字写胖了是汩汩流水的"汩"，读gǔ。"宿"有三音：读sù是宿舍的"宿"，读xiǔ是住了一宿的"宿"，读xiù则是天空二十八星宿之"宿"。一个"马"字，一个"也"字，二字保持适度字距是一个词："马也"；二字无字距而挤置一处，则成了一个字："驰"，即奔驰的"驰"。有鉴于此，所以说汉字之认识令人迷茫，致人糊涂。糊里糊涂认不准字，对于正在识字的人来说，就是一个心理与生理备受双重折磨和煎熬的大痛苦。

我小时候识字，需踩枕头、上箱顶、踏板凳攀高辨认祖宅陋室糊墙报纸上的字，当然是十分辛苦。如果不小心，自高处坠地，酿成受伤流血后果，则不但是苦，而且疼痛，乃至洒热血而伤筋骨……诸如此类，属于无涯学海中的原始苦、初等苦、低级苦。

识字之后的读书，使我陷入了一种近乎癫狂的状态，睡觉前读、吃饭时读、走路时读、蹲茅坑拉屎时更读……记得一次拉屎时读书，我沉浸在书中描述的生动情节而忘乎所以，几近个把小时。母亲到处找我不见，终于在茅厕（这"茅厕"一词分开读字，其一读máo，其二读cè，但是如果将两字放置一处所组成的语词在方言中却不读máocè而读máo si，此乃"人生识字糊涂始"之又一例证）遇到了我，不禁勃然大怒，猛然夺过我手中的书丢入粪坑，厉声呵斥："你个书呆子，除了看你那破书，还知道干什么？到臭粪坑里念你的书去吧！"说完将我拖至家宅罚跪。我伤心地痛哭流涕，不是缘于罚跪，而是因为心爱的书在顷刻之间落入臭不可闻的茅坑里。这种学海之"苦"，是暴风骤雨，是晴天霹雳，似撕心裂肺，如五雷轰顶。

元博
7

浮光掠影看今生

　　读书过久而没有节制，令我在初中时就双眼近视。彼时并不知道自己已患近视眼疾，并且需要配置近视眼镜，走路姿态总是踉踉跄跄跌跌撞撞，撞人撞物东倒西歪。路上偶遇至亲之人也看不见或辨不清，因而未打招呼，对亲人多有得罪。下地劳动，分不清是苗是草，有时候锄了苗而留下草，缘此而获得了"书呆子五谷不分"的臭名声。这些学海之"苦"形形色色，难以细述。

　　蹲厕看书积久成习，遂至肛门外翻下垂，里外痔疮并发，此种"学海型"苦痛为害甚巨。我的太原黑龙潭旧居邻里有民间老中医，他研制了一种液态痔疮奇药，需凭借针管向病变部位大剂量注射，疗效甚佳，却疼痛无比。我强忍巨痛，接受治疗。此种大疼痛和大苦难，是我在无涯学海中所受诸苦之无出其右、无与伦比者，令我的生命史上突显了一次"登峰造极"的巨痛体验。吾心戚戚，却又倍感自豪。

　　我自初小至大学的求学生涯中，除了在山西长治市上高中时认真而完整地听化学老师赵崇印先生讲授的一节45分钟高中化学第一册绪论课并且大有收获之外，从来没有全神贯注地听其他老师讲的任何一节课，而是在课堂上大量地偷看课外读物，时不时被老师当场发现即时捕获，点名站立突然提问当堂献丑。缘此之故，加之在高中时和地富子弟张小忠同学交往过密被冠以"丧失阶级立场"的大帽子，致使本人初一申请加入中国共产主义青年团，直至高中三年级仍入团无望。高中行将毕业，大学考试在即，在班主任老师梁积荣先生的帮助下，我才勉强被团组织接纳。迄今除团组织之外，年近古稀的我没有参加任何党派组

作者高中时的毕业照

织，此乃本人学海生涯中所受精神与心理之"苦"。想来五味杂陈，酸甜苦辣咸，品不出究竟是何种滋味。

仔细想来，我的读书积习之形成并且能够持之以恒，除了爷爷的教诲和引导之外，先天的遗传和故乡的风气，为我的读书提供了极好的条件和适宜的氛围。

我的先天遗传，主要表现在记忆力甚佳。良好的记忆是读书收获良多的必要条件。且读且忘，任凭你读了多少书，只能在数码上"归零"而化为乌有，读书便成了"无用功"。

我读书似乎无需刻意，便可记住诸多我感兴趣的东西。我读《水浒传》和《红楼梦》，书中的不少诗词可以做到即读即记，恒久不忘。有些对仗极工整的章回目录，令我感到有趣，以致过目不忘。

上高小时，我在课本上胡绘乱画，且用刀镌刻了许多图案，将课本弄得十分腌臜破烂不堪。父亲或一日心血来潮，检查我的作业和课本，见到脏烂书册，勃然大怒，厉声责骂："你是老鼠，竟然吃书？"他喝令我伸出左右两手，每只手被他用鞋底狠狠抽打了50下，双手立即肿成了发面饼。他仍怒气未消，罚我卷起裤管赤膝跪在砖石地面上。他说，你既然像老鼠那样把书吃到了肚子里，要么把书吐出来，要么把课文背出来。我吐不出书，只好背书，竟然将此册语文课本的第一课迄最后一课一字不差地背了下来，令他大吃一惊，也令本人自感诧异，从此知道我竟然如此了得。父亲与我抱头痛哭，他说你能背下整册课本固然很好，但书还是应当倍加珍惜而不可恣意污损。父亲讲了老家人历朝历代对有字之纸的敬畏风俗，还说故乡至今无人敢用字纸揩擦拉屎之后的屁股，体现了家乡人对字神仓颉和大圣人孔老夫子的无上尊崇。他要求我无论书读得再多再熟，也不能做损毁书籍的"缺德事"和"败家子"。我将父亲的教诲铭刻在心，自此之后对书钟爱有加，嗜书如命，心存敬畏，不敢有丝毫亵渎。

2012年我67周岁时，自我感觉记忆力有所衰颓，似乎出现了老年痴呆症和健忘症的迹象，试着背古文和古诗词，倒是依旧记得快且记得牢。妻弟李宏力说，古文、诗词有情节有逻辑有趣味，讲对仗讲工整讲声韵，你记忆这些东西自然有技巧性，莫如背人名，彼名与此名之间的关联毫无逻辑机理，你记住了一大堆人名，便证明记忆力真的尚佳而无患健忘症之虞。我接受他的建议，开始背八洞神仙、十大元帅、十位大将之类，心里并不满足，于是试着背梁山好汉一百单八将，居然正背、倒背、跳着背皆可熟背如流。受此启发，我想《唐诗三百首》之长诗《长恨歌》、《琵琶行》、《蜀道难》之类我既然可以熟背，那么357句的天下第一长诗《孔雀东南飞》，我或许亦可熟背之。于是试着去背，竟也背了下来，目前已臻达烂熟程度，令我额手称庆，信心倍增。

阳城县久享"文化之邦"盛誉，明清两朝更是人才辈出，代不乏人，显赫于朝野。时迄清季中叶，文风之盛，鼎极一时，有"名列三城，风高五属"之说，与安徽桐城、陕西韩城三城并列而名扬天下，在泽州府所属晋城、高平、阳城、陵川、沁水五县中文风最高。阳城县在中国封建社会史上通过科举考试踏入仕途的进士累计有123位，其中3位是武进士。这些进士中有两位官至宰相，即清季康熙朝廷的文渊阁大学士陈廷敬和雍正朝廷的文华殿大学士田从典；另外有4位官至尚书，即明代万历朝廷吏部尚书王国光、天启年间工部尚书白所知、南明王朝吏部尚书张慎言、清顺治年间刑部尚书白胤谦。此外，在有明一代，官至南京兵部尚书的原杰由于政绩卓著而声名远扬；官至金都御史的杨继宗则因为"不私一钱"而被誉为明季"天下四大清官"之一。时迄清代，官至户部右侍郎的田六善是朝野公认的康熙王朝颇具远见卓识的政治家，以数学见长的张敦仁则在乾隆年间成为享誉一时的"北方学者"。阳城籍人才的出类拔萃，为时人所津津乐道。满清入主中原的第一位皇帝爱新觉罗福临在位的18年间，阳城县总计出现了17位进士，几乎平均每年出现一位。而仅仅在顺治年间的丙戌（顺治三年，公元1646年）科一科，便有10位阳城士子同时获中进士，号称"十凤齐鸣"，因而成为科举史上的佳话，在故乡世代相传，脍炙人口。

如此乡邦，必然会酿制良好的读书氛围。在良好的读书氛围中读书，即便你不怎么爱读书也会深受感染与熏陶而沉浸其间随风读书渐入佳境。

自小学至初中，我皆在故乡读书，深刻地感知了那个时代故乡同龄人的求学欲望和读书态度，因而上学读书全身心投入。其结果是：在初中将近60人的同班同学中，我们班仅有两人考上高中，吾乃其中之一。其他同学，有被录取入师范或幼儿师范者，有被录取入技校或中专者，但总数屈指可数，五六位。

我们班绝大多数人没有考上高中，不是因为学习不努力或学习成绩欠佳，而是因为考试时适值20世纪60年代的三年困难时期，大量高中和师范巨幅压缩招生名额，有些学校甚至被撤销或归并，酿成升学率的最低点。我们班有若干平常学习成绩甚佳之人没有考取，是由于考试时临场发挥欠佳的偶发因素而使然，有些人则因为家庭出身不好或政审不合格而不被纳入录取范畴。

当时是晋东南全专区统一考试和招生，我被录取于晋东南首府所在地长治市的太行中学。太行中学原名"晋东南师专附中"，因为经济形势吃紧迫使师专下马，师专的大学老师归并于附中而充任中学教员，此一举措遂令太行中学成为当时全专区乃至全省师资力量最强的中学。我能在全区数十县的范围内被这样的中学录取，可见我的考试成绩或许甚佳。当时一切保密，考试成绩亦属保密范畴，不予公布。

在我的求学生涯中，考高中是个"坎"，逾越了这个"坎"，此后的升学前程自然是无可阻挡，一帆风顺，一路坦途。

学海虽苦，却果报甚丰，因而学海所受诸苦是最值得、最划算、最上乘、最有效、最不吃亏的付出和投入。

大学读书期间，遇上了历时10年的"文革"，学校停课，工厂停产，机关停止办公，全国家全民族陷入了一种令人莫名其妙的疯狂状态。这场暴风骤雨虽然有百弊，但是对于我本人却似乎独享一利：正是在这场丧失理智的运动中，我自幼稚走向成熟，酿造了一颗超凡脱俗的佛心，炼就了一双虽然近视、老花、右眼视网膜脱落却可以透过表象看本质的慧眼，以及如簧的口舌和娴熟的文笔。

"文革"需要写大字报，我的文笔由于写大字报的历练而日见老到；"文革"需要辩论，我的口才由于与对立派的辩论而妙语联珠。

说到"妙语联珠"，兹特陈述一例：

某年某一日，三晋文化研究会开会，午餐后回归会议室稍事休息，以备续会。我对被大多数人视为美味佳肴的饭菜浮想联翩，突发感想，慨然叹曰："山珍海味虽好，终难比家常便饭。我老婆做家常饭，那真是'天下第一'！"

在座的老领导李玉明先生听闻此言，忍俊不禁，随即揶揄道："在座诸公，只有王宝库恬不知耻，居然在大庭广众表扬自家老婆！"

我嗫嚅作答："不表扬自家老婆，您让我表扬人家谁的老婆？表扬自家老婆，我心里头踏实，保准没有人吃醋。表扬了别人的老婆，我怕人家跟我吹胡子瞪眼，斗个没完没了。"

听者闻言，哄堂大笑。我手足无措，不知如何是好。

我所谓的"妙语"其实大多是扯淡。这种"淡"扯得多了，反而酿制成了本人特有的文风。我在《佛眼看凡尘——人生苦乐一念间》一书中，开篇第一章即以"般若斋扯淡"为名号，并且就"淡"字扯出了一大段话：

> 现在的都市生活，太过浓酽。
>
> 斜刺里杀出一条姓名土、乡音土、穿戴土、举止土的伪好汉——般若斋主，来给身居都市的小姐、先生、俊男、靓女们扯淡。

爷们儿、哥们儿、姐们儿或许要问："淡"是什么？如何"扯"之？

您且耐住性子，听在下慢慢道来。

"淡"是胃袋里积淀的生猛海鲜、猪手凤爪、驴鞭鹌蛋、林菌山蘑……太过沉重，把您弄得血压升高、血管变细、血液黏稠、血糖攀升之后，端在您面前的那碗稀饭。

"淡"是酒过三巡、菜尝八道、一边剔牙、一边打嗝、碎肉末满嘴、油腻味缠身时，端到您面前的什么调料也不放、您喝得又鲜又香的那碗清汤。

"淡"是声色犬马、酒绿灯红、市场博弈、官场浮沉、情场调笑、舞场周旋弄得您心猿意马、心烦意乱、心情下坠、心火上升之际，骤然出现在您面前的绕云的崇山、飘雾的溪水、螭干虬枝的老树、炊烟袅娜的茅棚。

"淡"是震耳欲聋、缠绵悱恻、纸醉金迷、鬼哭狼嚎的歌厅音乐骚扰了您的肉体又撩逗了您的灵魂之后，不经意间听到的似有似无的催眠歌、没有伴奏的小夜曲、无标题的轻音乐、二胡鸣唱的《江河水》。

"淡"是铅华洗净之后的素面如玉，是褪却霓裳羽衣之后的本真裸体，是对肝胆相照的朋友一吐为快的悄悄话，是"山重水复"之后"柳暗花明"的大惊奇，是野花的俏，是山石的拙，是农夫的实诚，是村姑的质朴，是和子饭，是苦丁茶，是小鬼话，是大聪明，是发酵粉，是调料面，也可能是响彻长空的一声惊雷，或者是洞穿幽冥的一道闪电……

以上云云，便是我正在扯、将要扯、扯不断、理还乱的"淡"。

"淡"字有三点水，所以我扯的"淡"有水的阴柔，有水的清纯，有水的谦卑，有水的高尚，甚至有些水性杨花。君不闻老子《道德经》所云"上善若水，水善利万物而不争，处众人之所恶，故几于道"乎？

"淡"字有两把火，所以我扯的"淡"有火的阳刚，有火的浓烈，有火酿造的利，有火施加的害。君不知火乃人类文明的伴生物，人类在熊熊烈焰中练就了高级灵长类动物的"金刚不败"体么？

俗话说，"水火不相容"。偏偏是这个"淡"字，将水火融为一体，斯字之神奇，斯"淡"之妙谛，不"扯"之品之说之论之，您如何晓得这个世界很精彩，这个世界很无奈？

其余事不必细述，单说"文革"令我脱颖而出，成了系内派别小首领。一次聚会点名，我随口而出，将本系本派师生姓名逐一道来，便成了极有意思的《三字经》文。兹特引述如下，供读者欣赏，亦向有幸读到此文的读者诸公展示一下本人为文的手段和手艺：

霍山中，冬桂芳。

森林里，林竹生。

芜青禾，蚂鳜放。

驾豪鲤，松花江。

空泛舟，镇牛王。

湖光秀，万品煌。

初晴云，黎明亮。

盼心花，常临墙。

梁修淫，找改良。

申纪惩，禁令彰。

憨小姐，许好郎。

另立例，少尊王。

王如何？曰王淳。

王涨寿，金辉旺。

王道成，史兮光。

高寿天，凤斋幛。

同献谱，鹨皆唱。

经文中的姓名，有些是采纳与姓名同音之字以便使上下文贯通成章，有些则是姓名倒置而名前姓后。其中与本名有异者，注释如后："冬桂芳"指董桂芳同学，"森林里"指李森林同学，"林竹生"指林祝生同学，"芜青禾"指武青禾（武天保）同学，"蚂鳜放"指马桂芳同学，"驾豪鲤"指贾好礼同学，"松花江"指宋化江同学，"空泛舟"指孔繁洲老师，"镇牛王"指王振牛同学，"湖光秀"指胡广秀同学，"万品煌"指黄万品老师，"初晴云"指初青云老师，"黎明亮"指李明亮同学，"盼心花"指潘醒华老师，"常临墙"指畅林强同学，"梁修淫"指梁秀英同学，"找改良"指赵改良同学，"申纪惩"指申纪成同学，"禁令彰"指张金铃同学，"憨小姐"指韩小坚同学，"许好郎"指许浩同学，"另立例"指林利利同学，"少尊王"指王绍尊老师，"曰王淳"指王淳同学，"王涨寿"指王张寿同学，"金辉旺"指王金辉同学，"王道成"指王道诚同学，"史兮光"指史希光老师，"高寿天"指高守田同学，"凤斋幛"指张凤斋同学，"同献谱"指仝献普老师，"鹨皆唱"指刘建昌老师。

顺便提醒读者，这《三字经》文并非当时抄录留存至今，而是撰写此文时忽然想起，记忆所及，由此可见吾记忆恒久力之一斑。

吾之为文，已出版拙作甚众，于中可窥全豹，此处不予赘述。有一首我为朋友所作电视剧脚本即席所写主题歌词一首，引录如下，以飨读者，且偷窥本人为诗为文之拙劣才情：

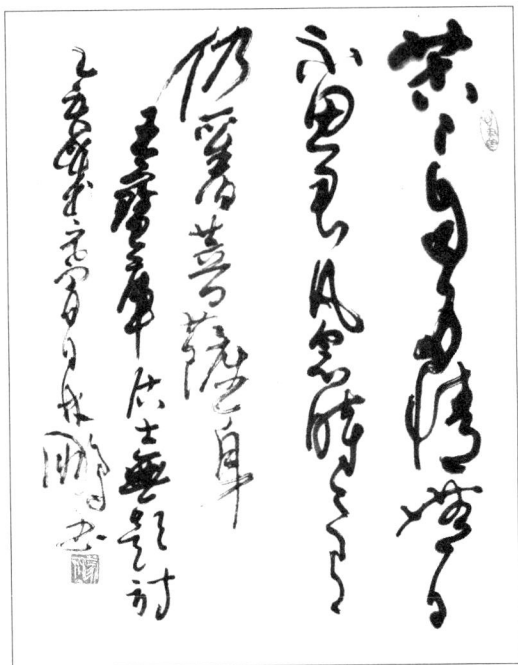

著名书法家林鹏狂草王宝库《无题》诗："苦苦自多情，无日不思君。凡念时时有，仍旧菩提身。"

太行山西黄河东，
尧天舜日华夏风。
楚材晋用传佳话，
唐诗胡歌共融通。
这方水土这方人，
巾帼须眉皆英雄。
河东狮子冲天吼，
声如雷霆气如虹。

我的诸多著述，无论优劣好坏，俱可彰显本人读书的泛与广和多与众。我不知深浅寡廉鲜耻地说这些没滋没味的话，不是为了自我吹嘘和自我表白，而是为了在电脑和网络时代诱导青年后生不要小觑了读书和懒惰了记忆。"学海无涯苦作舟"，这句话在现时代仍具有实用价值，千万不可让高科技闲置和荒废了头脑。

曾经写过一首《七律·扯古诗旧句凑本人新词戏为诗》，引录如下，以为本节文章之收尾和小结：

我本山沟野村夫，科考及第出茅庐。
两耳不闻窗外事，一心只读圣贤书。
情满三晋丰臀撅，学富五车瘦骨枯。
老来欲把风骚弄，画眉深浅入时无？

三、爱情·婚姻·家庭

"谁知道角落那个地方，爱情已把它久久地遗忘……"当年我在就职单位上班时，听到大街上商店里的高音喇叭传来朱明瑛所唱《被爱情遗忘的角落》电影主题歌时，那悠扬婉转缠绵悱恻的韵律和精准到位直刺人心的歌词，令我听来格外动情，涕泪纵横。

这首歌我听来如乱箭穿心，是因为曲调的翻肠搅肚摧肝裂肺和歌词的撩人心弦催人遐想而撕开了我辈同人积存心中数十年的难言之隐和含辛茹苦。

按理说，吾侪虽有苦楚，然而总体应当是满足的、安逸的、幸福的，似乎此生诸事足矣而一无缺憾，但是在生命的尾端适逢改革开放大潮的汹涌澎湃和思想解放巨澜的方兴未艾，便觉此生虽然老来得贵而百事无忧，却隐隐感到那最令文人津津乐道魂牵梦萦牵肠挂肚的爱情竟与我无缘，不幸沦落为爱情的"绝缘体"，于是便情不自禁地悲从中来，魂不守舍地"寻寻觅觅冷冷清清凄凄惨惨戚戚"起来。

我有情，情也曾有施于我；我有爱，爱亦尝加诸予我。然而将俩字合拢一处而归并为一个名词时，这个东西便骤然蒸发而没了踪影，令老夫深切思之而透彻骨髓。

小时候，我蛰居于太行山南端小山村的角落里；长大了，我匿身在太原市黑龙潭的巢穴中，于是便堕落在角落里而被爱情遗忘。

爱情遗忘了我，我却没有遗忘爱情。于是搜肠刮肚地仔细寻觅超然入定地朝思暮想，便有一串串老掉牙的故事向我走来，我倒是倍觉新鲜极感神奇。这些故事说了，会打破历久弥坚的平衡；这些故事不说，吾心戚戚而且痒痒。

说不说呢？说，但是不去细说；不说，然而却要表白。

那是在大学读书的年代，却因为"文革"革了文化的命而不再读书，专搞革命，我在本派所设一个"揪叛徒"的团体充任办公室主任。或一日，门吱呀一声被人推开，接着进来一位年轻、清纯、质朴、素雅的女士，眼放渴求的光芒，面带羞涩的红晕，轻声说："我是外语系同学，可以在你这里参与你们的工作吗？""文革"又是所谓"大民主"的年代，没有什么不可以，所以我答："可以。来吧！"于是我们在一块，成了朝夕相处的战友。我对她有许多影响，热衷于背英语单词的她开始背唐诗；她对我有几多关心，我的衣饰于是整洁，办公室和办公桌不再腌臜而变得干净。

每次午餐，她总会把半碗白面条倒入我碗内，说她吃不了许多，请我帮忙。那时候粗粮多而细粮少，白面是稀罕食品，我胃口又大，来者不拒，狼吞虎咽地悉数收入腹腔，还美滋滋地以为自己做了帮人解困的"活雷锋"而自得其乐。

有一次，我蓦然发问："细粮饭票如此金贵，你吃不了可以少买些，为什么还要买许多？我肚子是化肥厂，吃入其内，白面变成了粪肥，岂不可惜？"她嫣然一笑，未置可否，起身之后，用食指在我的额头用力一点，说了两个字："傻帽儿！"便袅娜而去。

我的脸涨得彤红，回到宿舍卧在床上，终于明白了"这是为什么"，我这个爱情的"绝缘体"自此刻起变成了"半导体"。

其实我并不是彻头彻尾的"傻帽儿"，心眼里也曾经半明半暗地想到过什么，觉得：吾乃山野村夫，她是太原娇娘；我老子是科级干部，她父亲是12级高干。门不当而户不对，我果断地杀灭了脑壳里的情商细胞，心如止水，复归平静。她那玉指一点，便似普罗米修斯的圣火点燃了喷洒汽油的干柴，我的心于是燃烧起来，终至辗转反侧，夜不能寐……

这个故事就此打住，再讲下去或许会有颠覆作用，可能引起多米诺骨牌的坍塌与连环地震的爆发。

总而言之，我与这小妹子由于外力所迫，而且这外力缘于我方而伊人无咎，彼此断了交往，一段佳话就此尘封而进入历史。事隔多年，在海外使馆就职的她还与我曾经奇迹般地在太原重逢，但是"昔别君未婚，儿女忽成行"，我们已各自有了家室子嗣，两家还在省政府门前照相、大酒店里聚餐。此事约略叙述至此，我由于难言的苦衷，下定决心不再念及伊人。之所以在此浮光掠影地涉及，是因为此乃吾今生今世清纯洁净的"处女爱"，加之本节题名"爱情·婚姻·家庭"，我总要在"爱情"问题上说点什么，于是翻出这一段尘封日久的往事。

大学毕业前的一段时间，校方举办"一打三反成果展览"，我曾经充任负责人。其时一帮美女作为说明员归我管辖，惹得不少老师、同学艳羡妒恨。参加工作之后，我所供职单位曾经招纳一群年少色丽的美女在此就业，令我有机会与她们早晚见面朝夕相处，我写过"黑龙潭是美人窝，美人窝里美人多。美人与我心相印，我与美人共蹉跎"之类句子的长诗记述之。

这或前或后异地存储的两大美女群落，自当是文人或文化人猎取爱情的最佳"猎物"或挖掘爱情的丰富"矿藏"。事实上，这两大美女群落中的确有我爱的和爱我的"猎物"与"矿藏"存在。那虚无缥缈的爱情也曾经或明或暗地有过，其中的酸甜苦辣咸五味俱全，说出来或恐诱发超级暴风雨或后遗症，我且如《红楼梦》中的甄士隐先生般隐了真情，说说这群"猎物"这堆"矿藏"中的两位女士给我惊天动地的提醒与振聋发聩的启迪。

一次赴京，在北京工作或寓居的黑龙潭旧友餐会，其间海说神聊，令人精神抖擞。其中有杨剑英女士，是黑龙潭美女部落体型瘦削、长袖善舞之"舞林教头"。她感慨地说：当年的我辈，涉世未深，哪里懂得什么爱情？谁先找我们，我们就嫁给谁。如果你老兄第一个向我求婚，我就嫁给你！本人闻言大喜，随口作答：时光流逝几

消逝的倩影——黑龙潭当年的那一群男女。

十年，今日你才吐真言，早知你有此心态，捷足先登与你把手牵。可惜吾已老矣！听卿所言，令我血压疯涨，心脏狂跳，倘若因为兴奋激动呜呼哀哉命归西天而"安乐死"，小心我家老李（吾妻姓李）杀上门来向你索赔，要你补偿她一个好老公和伟丈夫。

一群人闻言大喜，笑喷了饭，乐漏了酒。

此前在太原朋友聚会时，黑龙潭美女部落里的程建平女士、我的说满口京腔京韵普通话的阳城县老乡逗我：你如果有王长连和郭铭生的胆量，我们中的任何一位都可能嫁给你！

如果说杨剑英女士对我所言的诱惑仅只是单兵行为的话，那么程建平女士干脆是团体进攻，我如何抵挡硕大如此甜蜜如此的"糖衣炮弹"对我心灵的猛轰？于是陷入浮想联翩：杨小妹倘与我配对，绝不会吼喊而必定温柔，且喜其宫保鸡丁炒得色香味俱佳，深得吾子褒扬与厚爱。至于程女士所言"我们中的任何一位"，更令我想入非非。她俩在天地间给我画了一个硕大无比的烧饼，令我反复咀嚼而韵味无穷。

程建平话中所言王长连和郭铭生二君，也都是乡村山沟出身，却在美女部落里弄到或年少丰盈或美貌绝伦的部落成员做了妻子。

　　我当然知道杨、程二女士是在逗耍，是在戏谑，但是却又未必尽是谎言。她们的话，令我无限遐想，茅塞顿开，体悟到这些"猎物"和"矿藏"并非镜中花、水里月而求之不得。但是基于种种不可言说的因由，我浪费了这些或可酿造惊天地而泣鬼神之古今绝版爱情故事的美女资源。而今想来，在这个问题上我才算得上货真价实无与伦比的"大傻帽儿"。

　　我在爱情问题上的不够敏感、感觉迟钝，或属"绝缘体"、或是"半导体"，并非缘于我的薄情寡义与无识无知，而是因为我出身山沟口吐方言面皮欠白而自惭形秽，底气不足。

　　我曾经把婚姻划分为"找对象"和"搞恋爱"两大类型。认为"找对象"是通过以"媒妁"为名号的中介找一个条件相宜的伴侣，组成以"婚姻"为契约的家庭；其构架体制是"终身制"，运营方式是"铁饭碗"，生则居于同一座屋檐下，死则埋入同一窟墓穴中。"搞恋爱"则是以"情"为目标，以"爱"为取舍，以"搞"为手段，以"恋"为依归；"情"断即弃"爱"，"恋"销则止"搞"，届时分割财产，各奔东西，谁也不拖欠谁，谁也不缠着谁，以金钱为筹码，拿青春赌明天，着意追求自我、纯情、愉悦、潇洒。我认为"找对象"太实际太功利，"搞恋爱"太虚无太情绪，于是创造了自我独有的第三种类型——配种型。我曾经说过："配种型"是站在人种学、遗传学、民族学、历史学的高度，以科学的态度、睿智的手段、高尚的情怀、精准的算计、艰苦卓绝的努力、锲而不舍的追求，立志配一位以彼之长补我之短的佳偶；"配"是手段，而"种"是目的（内含耕耘播种和收获种子两种类型），组成彼此坚守婚姻契约而固若金汤的家庭。我以为，真正的婚姻不说"爱"。大爱无形，大爱无言，用玫瑰花彰显的"爱"难免矫情或者作假与做戏的成分。

就我而言，我知我丑，找一个比我还丑的老婆，生下的儿子必定是丑上加丑，故吾人非闭月羞花、沉鱼落雁、倾国倾城者不娶；我知我黑，找一个比我还黑的老婆，生下的儿子自然是黑上加黑，故吾人非"著粉则太白，施朱则太赤，眉如翠羽，肌如白雪，腰如束素，齿如含贝"者亦不娶。至于智商，我有自信：自高小至大学，在升学率极低的那些年代，我是一级一级考出来并且考上来的。如果我是一头蠢猪，大约是走不出太行山南端的那个小山村的。以我的软件与如意美娇娘的硬件相匹配，必定会酿造一个脱胎换骨、面貌一新的第二代，此乃人种的优化、民族的改良、遗传基因的最佳配置，是人类历史质的进步、进化与飞跃。

妻子年轻时

　　我所创造的理论，必然会指导我所履行的实践，否则这种理论便只能束之高阁而沦为花瓶和摆设。

　　于是，我历尽艰辛，终于找到了一位"闭月羞花沉鱼落雁倾国倾城貌若天仙"的老婆。

　　倘若不信，且听在下慢慢道来：

　　岁月远逝，我却依稀记得，当年我与未来的配偶在公园初次约会时，夜月高悬，银辉洒地，皎洁的月光照得我心里发毛。即便是内心萌动些小越轨的念想，也断然不敢在"光天化月"之下轻举妄动。

　　然而奇迹骤现：朗朗圆月，刹那间失了光亮。月闭了，地面上是一片昏黑。

后来我知道，那是"天狗吃月"，科学的说法是"月全食"。

此后我俩到公园花房看花，花果然害羞了。我当然知道，此花乃"含羞草"。

我偕老婆到汾河公园，水中的鱼儿果真直沉河底。我更知道，这是笃信佛教的优婆塞和优婆夷，亦即男女居士在此"放生"。鱼自木盆中倾倒河内，受盆中水的冲击和地球引力的作用，鱼沉潜底，非关吾夫人之姿色。

雁遇拙妻而坠地，非异端，那是因为生态恶化，大雁进食农药所致。

我携新婚燕尔的妻子回到我的故乡，山沟小村备受震撼。村人倾巢出动，齐来观瞻本人自大都市娶回的"洋媳妇"，仿佛外国人看熊猫，那当然是看稀罕。此后当我俩在家室坐卧时，总有人趴在玻璃窗上偷窥，却不再是看稀罕，而是看美色。丑汉娶回美妻，村人口口相传，几于尽人皆知，小山村的轰动效应正式发酵。我俩去逛县城，因为"文化大革命"而不读书的村中小鬼，会成串跟进，同赴县城，喊喊喳喳，簇拥着我俩，引来了极高的"回头率"。夫人穿白地黑花上衣，全黑色西裤，剪裁得体，加之一米六五的身高，在当时小县城的蓝色海洋里显得别具一格，于是在县城绝无仅有的不太长的东西向大街上，引起了巨大而持久的轰动。

村倾了，城亦倾了，真的是缘于她的姿色行状而使然，不似我先前所述之强词夺理和牵强附会。

至于"倾国"，则自当别论。

我们现在的大中国，并非春秋时期的诸侯小国，似乎无人可以倾之。我老婆倾不了，应在情理之中。

依拙妻那样的肉体躯壳，里面所承载者当应是一副温柔典雅、小鸟依人的灵魂。事实上，她却一点儿也不温柔，反倒是极威烈、极霸气、极雄性、极阳刚，甚至还有那么一点儿乖张和暴戾，实乃我始料所未及。我在心理上和生理上、精神上和肉体上备受折磨和煎熬，真的是百感交集而难以诉说。我在《佛眼看凡尘——人生苦乐一念间》一书中写了一篇回忆录类型纪实体小说《我和老李》，于文中尽吐我的苦衷，有兴趣的读者不妨拨冗一阅。

我老婆虽然具备"河东狮子吼"的山西女人味道与行状，本质却端的是个好人。其优点与缺点形成了对比强烈反差巨大的泼墨彩绘美人图，令你恨不得却也爱不得。她用她的厨艺将我饲养成为她的宠物狗，任凭她如何叱咤，离开她我又有些舍不得。

她给我生养的子女，正如我所想象和设计，硬件似她，软件如我，且喜子女媳婿们的工作单位、经济收入、婚姻子嗣也都无可挑剔。

家能如此，夫复何言？

依照中国文化所云，女儿嫁人随汉，姑且不论。儿子是家族的传承人和顶门杠，那就说说儿子与儿子一家吧！

我兄妹三人，唯我有子嗣，遂令吾子成为我们王家唯一的种族延续和历史承继。

20世纪70年代的农历丙辰土龙年，全世界的妇女节3月8日这一天，一个男孩出世了，他便是我的儿子。儿子外貌越长越像他妈，头脑却有点似我，重文史而轻数理，自小学起便有点偏科。他与我有些一样也有些不一样。我考高中是个"坎"，他考大学是个"坎"。他的"坎"，我心知肚明，于是竭力帮他度过了这一关，并且选定了非上学而不可求知的外语系令他报考。他说他喜欢历史，不愿学英语。我说历史知识无需上大学攻读，你自学即可成才。以你现在某些方面的历史知识，会令若干大学教授也自愧弗如。我作为儿子上大学的投资人，一定要选对项目。外语能力倘无人教授便不可获得，何况世界变成了地球村，母语之外的其他语言已成为未来世纪的交往工具，故非学不可。有了坚实的外语能力，此后你再选择什么专业和干什么工作，便具备了坚实的基础和充足的资本。

儿子上了外语系，考上硕士研究生之后攻读世界历史和国际关系，考入中国社会科学院任职之后又获得了博士研究生文凭，果真一帆风顺而蒸蒸日上，前程似乎不可限量。

大姑的女儿、我的表姐一家原先在天津工作，其女儿在北京就业后又举家迁居京城。我与表姐自幼在故乡长大，彼此亲密无间，她当时劝我将儿子弄到北京工作。彼时非现在，进京谈何易！谁能想到儿子居然在硕士研究生毕业之后，于网络上查到中国社会科学院招聘信息，便报考且一考即中。据我所知，他能考取中国社会科学院就业，除历史知识之外，英语能力起到了至关重要的作用，由此证明了我当年为儿子上大学选择专业决策的正确。

儿子到了北京，我便常赴京城。表姐视吾子似亲子，其女儿待吾子如胞弟，在各个方面给其以无微不至的关怀和切实有效的支持。

儿子赴京，单位分配给他一间半地下室供居住。那一年多雨，地下室潮气与湿度甚大，儿子身上起了疱疹。我与表姐谈及此事，他们家将五棵松的一套房子提供

妻子与儿子、儿媳在一起。

儿子居住，巨额房租，分文未收，大恩大德，没齿不忘。表姐一家对吾子之关爱非止一端，难以尽述。大恩不言谢，铭刻在心中。

我的婚姻欠缺了爱情因素，家庭却多了令人艳羡的成分。凝神细想，命运、天意、亲情、机缘、主观设计、客观融通、时代进步、社会包容……令吾深感生逢此时的莫大幸运。

儿子英俊，儿媳贤惠。儿子拥有博士研究生文凭，儿媳则是硕士研究生学历。儿子在中国社会科学院工作，儿媳在北京市朝阳区检察院就业。儿子作为访问学者于美国留学，儿媳曾经是上届北京市人大代表。夫妻俩在北京二环内拥有住房，两人所生女儿在北京市东城区东华门幼儿园寄托。自2007年起，夫人长住北京照顾孙女，我则著书立说，周游名胜，或为企业做文化定位策划，或为旅游景点弄景区规划设计，有稿费收入，也有策划报酬……如此家庭，谁能说不如意？谁敢言不幸福？

偏就有人无风能掀巨浪，无事时常生非，视微尘如乾坤，看蒜皮似九鼎，于是令如意变失意，让幸福化不幸，我心深处便时不时地会有大刺激，会生大痛苦。

家里有了把鸡毛蒜皮搅得满天飞的女人，从此家无宁日，令吾焦头烂额，苦不堪言，于是开始想当年。

当年我问未来的配偶为何同意嫁我时，她说她立志要找一个大学生做丈夫，我闻言心内大喜。她看重知识与文化，吾此生福大、命大、造化大矣！岂料她说：我月薪30多元，再找个赚30多元月工资的丈夫，日子咋过？我听后愕然，但是扪心思量，此话似也无错。

谁知道生活中的她，果真只看重收入，极藐视文化，对于我对家务事的无能反感至极而不能容忍，称我为"废品公司都拒绝回收的再生塑料式的垃圾"。数十年过去，我恍然彻悟：拙妻应当找一个赚钱较多但是尚非大款的民工头充任丈夫，才堪称彼此匹配、适销对路之最佳组合。这样的丈夫，赚钱多但是并不太多，故无需担心第三者插足或勾引"小秘"包养"二奶"之类事变发生，并且能够乐于和善于干家务活。找我这"君子动口不动手"的空头理论家或者动手也只能动笔的丈夫，彼亦苦大矣！

好在苍天有眼，好在我佛慈悲。苍天赐我以好孙女，佛陀令我有好心态。好孙女巧舌如簧，常逗爷爷开心；好心态镜花水月，时令吾人生情。

吾孙女之可爱，令我陶醉。无论何时何地何种心态，只要想

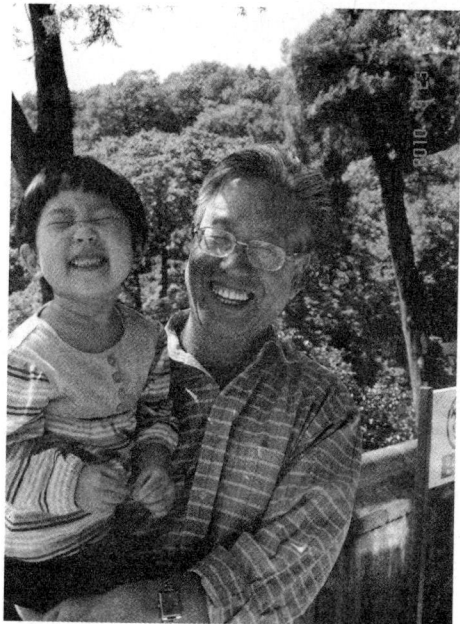
爷孙乐开怀

起她、见到她，便不知此地是何地、今夕是何年，有愁即解，苦则变乐。如果说对子女之亲情还存有"养儿防老"之类功利意图的话，那么爷孙间的"隔代亲"就是无丝毫功利可言的大爱和真爱。我在《佛眼看凡尘——人生苦乐一念间》一书中有长文专记可爱孙女的千姿百态，此处从略，不予赘叙。

家事无对错，说来太烦人。就此打住，我且闭目思往事，张口诵佛经，出神入化，浪迹天涯。

本节行文到了这里已"就此打住"，岂料最近发生的一件事，却使我对我与拙妻之间的感情交织有了一次令我摧肝裂肺、肝肠寸断的全新体悟，不妨一吐为快。

儿媳携孙女拟赴美国探亲，看望她的丈夫、孙女的爸爸、我的儿子。她选择订购了2月14日这一天自北京飞抵美国加利福尼亚州洛杉矶的机票，因为其时乃西方的"情人节"，机票打折优惠。我与夫人、姑娘定于四月份赴美探亲并且办好了签证，预订的同样赴美往返机票

却比儿媳多了2000多元人民币，可见其折扣之高和优惠之丰。2月14日是2013年春节的正月初五日，所以我们一家在北京过节。送走儿媳与孙女之后，我们老两口返回太原与岳母家人团聚。夫人的同事在一家中医院以住院形式进行全面体检和保健医疗，拉拙妻做伴。夫人在该医院实施抽血检查时，血清化验单所载CA—153项目的指数是58。业经向医疗界的朋友打探，始知该项目系妇科卵巢与乳房的肿瘤标识物检测，其正常范围在0~30之间，夫人的指数竟比正常范围的最高值多了将近一倍。我竭力宽慰她，劝她同意赴治疗肿瘤的专科医院做进一步检查和病症确认。女儿陪同她去山西肿瘤专科医院检查，我在家中留守。她走之后，我将此一信息传达给一位多年来交谊至笃的好友，然后进食早餐。不经意间，我竟然发现有泪水长流而滴入碗内。我分明记得我是在念宽心经，如何便泪流满面而不能自止？

这几天由于那个中医院的主治医师忧虑夫人担惊受怕而与我提前通电话告知，要我劝她同意赴专科医院做详检和确诊。我知道我这几天与夫人交谈时缺少了往日的简单与直率，而她在与我对话时竟然也凸显了倘无反差对比便不可轻易察觉的几多温柔。看来过去她对我的严苛、粗暴和呵斥，有大半责任在我。是我的忙于写作疏忽了她，才

当年的小夫妻　　　　　　　老两口在长白山天池

导致了她对我的冰冷。

如此看来，我与拙妻之间的情感交结真的是错综复杂，五味俱全，绝非淡而无味。

或许这就是爱，真的说也说不清楚。这当然就是爱，但稀里又糊涂。

四、我这一辈子的大不幸与大幸运

我这一辈子经历了诸多大不幸，然而这些大不幸却往往皆能转化成为大幸运，从而印证了中国文化"福兮祸所伏，祸兮福所倚"之大辩证。

日军侵华，烧杀抢掠，我的祖宅及其所在地阳城县淇汭村下淇汭东头自然村被付之一炬，烧了个精光。

这个我出世前后遭遇的大不幸，既是我、我的一家和我们全村人的大不幸，更是全中国全民族的大不幸。

但是这个"大不幸"却有幸成为中国共产党的大幸运，也是我本人的大幸运。

正是因为日军的入侵，促成了停止内战一致抗日，令中国共产党凭借此一契机进驻夺取天下的枢纽——中华屋脊太行山，有了大片的根据地，军需有赖，兵力扩充，为日后问鼎中原、夺取天下奠定了坚实的基础。

日军烧毁了我们全村，令我家自此一贫如洗。据大姑讲，日本人未纵火之前，我家宅院完整，庭室辉煌，堂桌上摆设有青花瓷巨瓶，楼上存放着成堆粮食，农忙顾不过来，经常雇短工帮忙收割庄禾。

如此看来，我家不算地主，也是富农。如果在土改时被土改工作队划定地主或富农成分，我的前程与今日相比，自然是另当别论。

如此想来，令我头上冷汗直冒。日本人欺压，最长不过8年，即使死了，也是为国捐躯或受敌摧残的忠魂。日军败走，此种不幸随之消除。如果土改时被划定地主、富农成分，时间长达30年"左极"政策的整肃高压，确实会令我吃不了兜着走。

谢天谢地，土改时，依据此前3年的经济状况，我家被划定为"下中农"成分，虽然较贫农的政治地位略低，却也相差无几。我的许多初中与高中同学，学习成绩甚佳，却因为阶级成分不好，从而失去了上高中、升大学的机会。

我的大学同学、著名作家韩石山先生虽然上了大学，却因为家庭成分问题而屡遭整压，命运多舛，至今说来仍恨恨不平，余愤难消。我因为家庭成分好、父亲是革命干部，就与他有了不同的际遇，不但升学、就业一路坦途，而且大学就读、单位工作时身边多有美女相伴，令他说来便扼腕叹息，频添感慨，以至有了"羡慕嫉妒恨"。

与那些上不了学或上了学又饱受欺压的同龄人相比，我是幸运儿。虽然我也曾经在政治运动中被整得死去活来、被下放当过裁纸工人、"文革"结束报考硕士研究生却因为政审不合格而失去了升学机会、被恩将仇报的人恶语相向死命挤对，我却置诸脑后不去计较。我自当昂首高歌，低头长吟；热心对乾坤，冷眼看世界；做慈悲事，怀感恩心；好好地念叨我这一辈子因为大不幸而导致的大幸运。

作为知识分子和文化人，我为我在"而立"与"不惑"之年的交错期能够进入由邓小平开创的改革开放新时代而欢欣鼓舞，极感庆幸，视之为我人生履历中的"大幸运"。

而今的时代，人们远离了饥饿和物质的匮乏，过上了先前所绝不可能享受到的富裕生活。生养我的故土世代以农为业的乡亲们种地不再交纳以公、余粮为名号的赋税，反而有了补贴，这在中国历史上才堪称真正具有"开天辟地"重大意义的大德政。包括故乡在内的全国农民不再被城乡二元结构捆绑在公社的土地上，他们可以自由地外出旅游或打工。我不再为故乡的亲戚操心衣食问题，我的心情缘此而获得了大疏解和大欢喜。知识不再越多越反动而是越多越有用；大中国历史和大中华文化不再被割裂被抛弃被蔑视被批判，而是被继承被发扬被优化被利用；我们的思想已经冲破牢笼并且获得了极大的自由，于是享受到了创意的快感及其丰厚的回报。此一时段实乃自春秋以来中国历史上的最幸运和最幸福时代。现时代或许尚存诸多弊端亟待克服和修正，但是我并不像某些人那样苛严和悲观，我对现在、对未来充满信心。如果苍天慈悲，能够再给我30年、再给中国30年如已过去的那30年大体相同的时空条件或和平机遇，我对于我和我的祖国会变得如何美好简直难以想象。

生逢此时，吾之大幸。我不想回到过去，我也无法飞跨至未来，如鲁迅先生所言那般坐在地上想升天，当了人类想成仙，分明生活在现代，却偏想回归到从前。想上天的让他升天，想成仙的让他成仙，想回归从前的让他回到从前，我愿意永远生活在生养了我的土地上，做一个恬淡静谧快活自在的普普通通的人，把我肉眼可见的"现在"尽可能延长、延伸、拓展、扩张，是为大幸。

我先天不足，缺斤短两；路不会走，饭吃不饱；近视眼鼠目寸光，弱体质四肢无力；斗不过男娃娃，打不过女孩子。如此等等，俱属无人堪比之大不幸。

诸如此类的大不幸令我把自己归入弱势群体，对人礼让三先，不敢逞凶斗狠，虚怀若谷，唯唯诺诺。我既然手无缚鸡之力而欠缺强壮，那就只有发愤读书以弥补不足。路不会走，我偏拼命走路；饭吃不饱，那是饥饿疗法。迄今我虽年近古稀，却仍可健步如飞，走过了祖国的万水千山，在"读万卷书"的基础上又实现了"走万里路"。当年不会走路的那个山里娃而今以善于走长路、快走路驰名朋友圈和熟人圈。年逾花甲之后本人曾历经骑自行车在大马路上翻跟斗、汽车压住左足而骤然跌倒于大街上、在家中浴池冲澡时因足底涂抹浴液导致从浴池翻身跌落地板上之"三大跌"，结果皆安然无恙而令人庆幸。看来小时候走路时由于体弱而不间断的"小跌"为花甲年之后的"大跌"打下了坚实的基础，我在《佛眼看凡尘——人生苦乐一念间》一书之代前言所写《"某公三跌"赋》详述此事，倘有雅兴，不妨一阅。现在远离了那个"什么都吃不上"的年头，来到了"什么都吃过了，什么都不想吃"的时代，我却依旧是"淡饭粗茶分外香"。这辈子绝没有抽过一口烟，几乎堪称"滴酒不沾"，极少吃肉，远离海鲜，扑克甩不了，麻将不会打，不会用电脑，不会上网络，不会舞厅周旋，不会卡拉OK。每日除了看书，便是写作，看似乏味，我却快乐。别以为我是木乃伊、老保守和榆木疙瘩，本人思想开放，不循常规，逆向思维，正话反说，头脑活络，理事敏捷，以文为主，多元发展，能够旁征博引端的利嘴似剑，不会说普通话却可巧舌如簧，有人封我"三晋第一嘴"，木讷起来则似聋哑人。如此这般大不幸影随大幸运之人，普天之下，舍我其谁？

我出生在既非东部沿海省份、亦非西部边疆地区之"不是东西"的山西省，山西省内崇山叠置沟壑纵横的太行山，太行山南端山大沟深交通闭塞的阳城县，阳城县名不见经传的大山沟内之小山村。山里人闭目塞听，乡巴佬胆小怕事，生来苦大仇深，活得底气不足。有鉴于此，所以我自山村入县城读高小，在城里人面前木讷；我自阳城县至长治市读高中，在长治人面前害羞；我自长治市抵太原市读大学，在太原人面前自惭形秽；我自山西省赴省外大都市开会、出差，在都市人面前手足无措……知我者闻听此言定会讽刺讥笑、质问反诘：你小子假话连篇，一派胡言！我们与你交往，何尝见你木讷过、害羞过、自惭形秽过、手足无措过？我们的印象中，你张牙舞爪，神奇诡异，张狂自傲，不可一世。

面对如此批判，我会畅然答之曰：诸公所言极是。我前期的非木讷、不害羞、无自惭形秽、非手足无措是假象，是掩饰，是装腔作势，是故作姿态，虽然"色厉"，却难掩"内荏"。而后期依旧呈同一表情，乃是真情凸显、发自内心使然。

倘欲探测原因，且听细说详端。

我曾经为我的故土、故乡、出生地而自我小瞧底气不足，以为是前世有罪上天惩罚将我的生命种子随意播撒在了偏僻遥远的大山沟、小山村，因而视之为此生之大不幸。与外省、外乡、大都市的繁华富足四通八达时髦先进相比较，吾之自豪从何而来？我的底气焉能冲涨？

看问题一定要透过现象看本质，缺乏了历史的眼光，便难以判断现实。

我在书海中徜徉邀游，被任命为山西省地名办公室主任之后又借全省地名普查之机走过了山西省的几乎每一个角落，缘此而使我对我的故土、我的故乡、我的出生地有了深刻而真切的感知和理解，令我获知这里曾经的辉煌和未来发达的潜力，此时此际如果有谁胆敢小觑我的故土、故乡、出生地，吾自当将其批判得体无完肤。

自此之后，我以为，我能够出生在这个小山村、存活在这座太行山、工作在这片热土地，是我此生至感快慰的大幸运！如果我生不在这一方热土，我大约撰写不了也出版不了40余册各种专著和图书。

吾生斯地，甚幸甚幸。

20世纪六七十年代发生的历时10年之久的"文革"，当然是一场酿成全中国全民族之大浩劫的大不幸。但是对于我本人，出于我的逆向思维和正话反说以及"借力发力"之原理，我却视之为"大幸运"。

上大学期间爆发的这场所谓"革命"导致了全面停课。大学，当然是利用此平台大量地学习大知识。课停了，学什么？怎么学？理工科同学的损失，难以弥补。但是就文科而言，或许另当别论。

写大字报，练了书法，练了文笔，此种机缘则是不幸中之万幸。在学校，我一期不落地看过韩石山所写全部大字报。我对其所谓观点的正确与否漠不关心，我只关心他的文章结构、遣词用句、风格韵味，并且获得了深刻启迪和巨大收获，习其文风，备尝甜头。

当时破"四旧"和查抄"黑帮家室"，收来大量所谓"封、资、修"书籍，我作为小头目负责保管。获此便利，我一一拜读，收获甚巨。此后，我们这一派又长期占据了学校图书馆，我干脆将铺盖卷搬到了这里，于身下卧书、头下枕书、四周摞书。我随心所欲地尽情阅读，于是有了"满腹经纶"。

在此基础上，我参加了系里和学校的大辩论。在当年毛泽东倡导的这种"无法无天"的舞台上，你有了满腹经纶和一肚子诗书，当然还要加上出身好的政治条件，便可以随心所欲为所欲为地尽情挥洒，一展才华。

老实说，"文革"之前的我的确愚钝木讷，不善言词，我的父亲缘此而为我发了几乎一辈子愁。当我历经"文革"的锻炼，谈吐已呈口若悬河滔滔不绝之势后，由于我的这一"才华"从未在他面前表露，他还一直为我的不善言词、不会说话而忧心如焚呢！

我之辩论行状，试举一例说明：

记得"大串联"将兴未兴之际，我作为红卫兵代表赴西安声援大学生的"革命造反"行动。当时，西安的报纸上所载毛泽东畅游长江的照片看不到江水，显得好似毛之头颅被切割后放置于白布上。西安的大学生认为是报社在恶意侮辱伟大领袖，于是砸了报社。报社工人包围了砸报社的学生，双方发生了一场恶斗。后来，西安体育学院组织了一群彪形大汉手持体操棒杀入重围，救走了被围困的大学生。包括我在内的山西大学若干赴西安声援的学生不知底细，留在包围圈里。

我的一位郭姓同学，有"郭克思"之雅号，头脑简单，言行极"左"。他被工人们发现是外地来此声援西安高等院校学生造反的山西大学学生（我们佩戴校徽和红袖章），遂将其推上木板凳，让他回答西安的大学生之所作所为是否为革命行动。"郭克思"激昂慷慨地说，将伟大领袖的光辉形象糟蹋成了如此惨不忍睹的样子，这样的报社，该砸！他话音刚落，工人们一声呐喊，用脚踢翻了凳子，将他一顿痛打，逐出圈外。

工人们看见了我，立刻将我推到凳子上站立，要我回答同样的问题。

我一阵惊慌，随即镇定，朗声作答：把伟大领袖的光辉形象弄成那样，包括工人阶级在内的所有敬爱伟大领袖的革命群众都无法容忍。考虑到这张照片是新华社的传真而非实拍，这就有两种可能：一是非政治的技术性问题；二是阶级敌人有意为之。如果是钻入报社篡党夺权的阶级敌人有意为之，这样的报社，该砸！

工人们问：就是该砸，难道连印刷机也该砸毁么？

我答：我说的"砸"是思想上的砸而非器物上的砸。如果有谁胆敢借口所谓政治问题公然破坏国家财产，我们工人阶级有权保卫！

全场掌声雷动，我乘机突出重围。

我的另一大不幸，是身处被爱情遗忘的角落而沦落为爱情的"绝缘体"和"半导体"，浪费了诸多本不该浪费的十分珍贵思之痛心的爱情资源。

我的婚姻弥补不了这一巨大缺憾，文化人偏又不甘寂寞，生理上失去的，在心理上求取，而物质上没有的，于精神上占据。我缘此而在"爱情"此一神圣问题上陷入了超凡脱俗的理性思考和高屋建瓴的理论解答，从而成为该领域虽无声名却不可小觑的"学者"，是为"大幸运"。

我在理论上将"情"与"爱"划分为五大类：血亲情、姻亲情、情爱情、性情、友情。将男女之情感交结划分为五重阶梯：伙计、老伴、夫妻、爱人、情人。在情爱关系上，一般说来是男性出击女人承纳，缘此我为女性朋友追求完美制定了一个算术等式：女性的完美性=

女儿性+妻性+母性+社会性+时代性。

人类能够循规蹈矩依时按序地生生不息延续至今，关键在于男婚女嫁的婚姻构建。

每一个人都具备血缘亲情，这一点当毋庸置疑。婚姻关系形成之后，同时又增添了姻亲亲情。此两种亲情导致了人类的繁衍，是人类所有"情"与"爱"的本源，属伦理范畴，受法律约束。

男欢女爱、男婚女嫁及其情感交结，其萌芽和初始乃是动物式的"性情"，即由性差异、性需求、性吸引、性亢奋、性交媾引发的性爱之情。

在文明社会，"性情"建立于"友情"之上。我这里所说的"友情"，宽泛地讲，是人与人之间超乎普通交情而彼此有了绵密接触相互了解的朋友之情，同性别的人彼此可以有"友情"，异性当然也可以有"友情"，本文所谓"友情"特指异性友情。

异性友情发展到一定阶段，于是便会生发朝思暮想、长相厮守的超越了朋友感情的"情爱"之情，也就是"爱情"。爱情的结果，是常态的法定婚姻关系之确立，亦有可能是非常态的情人关系之形成。

由此我们可以将男欢女爱的情感交结划分为五重阶梯：第一阶是由赤裸裸的性需求或者加上日常生活需求而导致的男女结合，此种情即所谓"性情"，人们以"伙计"相称，农村人谓之"打伙计"。而今城市老年人在丧偶之后找异性同居而不履行结婚手续，也就是"打伙计"。第二阶是"伙计"关系上的提升，谓"老伴"。老伴与二人所生子女组成了家庭，"性情"、"友情"、"爱情"兼而有之，或者什么情也没有而只是稀里糊涂地在一起过日子。第三阶是法定的"夫妻"。倘若此种关系一旦破裂，其结果必然导致财产的分割。我尝言：在当今时代当今社会，妻子只可有一个而切忌多妻。人问之曰：为什么？我答：倘若是一妻，婚姻关系破裂顶多带走你一半财产；如果多妻，你家庭财产的损失将无法估量。众人应之曰：说得好，坚决拥护一夫一妻制。夫妻间的"情"与第二阶雷同，但是非经中介介绍而是自由恋爱结婚者彼此间或许有"爱情"。但是夫妻间果真有"爱情"，我将之单列而提升为第四阶，即"爱人"。各种情愫之外，称为"爱人"之男女关系的感情必定具备"情爱情"，亦即"爱情"。第五阶是"情人"。依据老子《道德经》所言："无名天地之始，有名万物之母，故常无欲以观其妙，常有欲以观其徼。"道家因而竭力主张"无为而治"。有鉴于此，所以我将非常态无婚姻的情人关系定为男女关系的最高级。"契约"和"法律"乃无奈之举，是为了制约不守信诺之人的"制后"法。男女间果真有了"天长地久有时尽，此恨绵绵无绝期"的真爱和大爱，对于彼此间的"名分"是什么并不在意而只注重真感情。只要有了真感情，所谓"形式"便无关紧要。以企盼成佛累积功德而"心中有佛"固然可贵，但是对佛陀言教心悦诚服毫无任何功利色彩地多行善事，"心中无佛"，亦即不以佛给予了自己什么或成就佛陀果位为目的，佛陀言教早已成为其灵魂而情不自禁地慈悲待人和做事，其实具备如此心态和形态之人就已经是佛了。彼此真心相爱而天长地久，当然会令刻意追求形式变得毫无意义。

"情人"是什么？是想起来心里甜甜的，有时候也觉得酸酸的，反复咀嚼或许会有点苦苦的，反转来仍会是甜甜的；其感情不会因时间的漫长和空间的遥远而消逝，真的是天长地久，永无绝期。

于是我对"爱情"的最佳载体女人有了特别的感知和体悟，因而乐于为天下女人修炼自我提供良方和妙策。

一个女人，当然应当具备决定其本质和形态的"女儿性"。贾宝玉说：男人是泥捏的，女子是水做的。说明女子务须如水一般阴柔、温馨、随意、体贴、"善利万物而不争，居众人之所恶"而几于道。女子成人之后要嫁人，有了丈夫便应当具备为男人所喜欢所需求所渴望的"妻性"。自母腹而来的女人迟早要做母亲，因此不可欠缺母亲所应当具有的"母性"。

女性的内核是"母性"，它是女人自爱、自敬、自尊、自强、自贵的最大资本。

女人首先必须是女人，然后待条件成熟时再去做女能人、女高人、女强人。但是无论做了什么人，都勿丢失女人的本性和女性的本分。

女人应该在生活中发现自我、充实自我、塑造自我、完善自我、提升自我，并且首先学会做一个有味道、有情调、有

放飞思想，畅想天下。

风采、有魅力、有神韵的真正的女人，然后再去逐步追求女性的完美性，做一个无伪饰无缺憾无瑕疵的完美女人。

一个女人必须具备了女儿性、妻性和母性之后，才像女人，才是女人，才无愧于"女人"的称号。

作为女人，在具备了女儿性之后，还应当隐约地具备妻性和母性；具备了妻性之后，也还要发扬光大女儿性和导引阐发潜伏着的母性；在母性产生之后，不应当淡忘了女儿性和妻性。三者兼备，缺一不可，同时一个时段必须有专属于此一时段的侧重点，重点的次序不容做超越生理、心理、身份、名位条件的互换与倒置。

在具备了上述"三性"的基础之上，作为社会一员的女子还必须具备"社会性"而切忌沦落为家庭和丈夫的奴隶，作为时代产物的女子还必须与时俱进紧跟时代而富有"时代性"。

一个女人如果"五性"俱备，才可以说是步入了"性"修炼的圆满境界而趋于完美。

基于如上所述，于是一个女性完美性的算术等式自然天成应运而生：

女性的完美性=女儿性+妻性+母性+社会性+时代性

女性同胞们倘能依此模式修炼自我，必当获得一副超凡脱俗的灵魂。

不厌其烦地罗列我对爱情理论的胡说八道，是为了使人领略一个爱情"绝缘体"与"半导体"虽然实践无能然而却理论超凡的从"大不幸"走向"大幸运"的文化人之奇奥诡谲。

爷爷教诲要我视读书为至高品位之雅行，并且早识字、早读书、多识字、多读书，做知识人和文化人，我想我没有辜负他老人家。

有人说，缺什么也不要缺钱，有什么也不要有病，或许是至理名言。我却以为任凭欠缺了什么也不要欠缺文化，因为人与动物之区别就在于人有了脱离兽性而走向文明的文而化之的过程和果报。文化之获得在读书，读书之条件在识字。斗大的字不识二升，如何读书？

识了字，读了书，有了文化，自然不会胸无点墨而野蛮粗俗。人若胸怀翰墨，做到"人情练达即文章"，也就不虚此生了。

想要干什么或者成为什么，将大目标沁入灵魂，不再去牵挂，不再处心积虑地一定要怎么样或者不怎样，以致酿成沉重的心理负担，专心致志地朝大目标奋进，能不能成为什么任凭天意、机缘去确定。只要你真实而刻苦地去做了，享受了做事的过程及其过程中的诸般苦楚和乐趣，也就够了。胸中无牵挂，心理坦荡荡，反而能成就大业。这就像刘翔参加奥运会，平常刻苦练，赛时平常心，是否夺得冠军无所谓，只要尽了最大努力便觉得问心无愧，反而能创佳绩；如果老想着夺冠军，心理负担过重，反而会途中跌倒，伤脚扭腰。

《心经》说："菩提萨埵，依般若波罗蜜多故，心无挂碍。无挂碍故，无有恐怖，远离颠倒梦想，究竟涅槃。"这就是说，你想要干什么或者成为什么，切莫时时挂念而形成心理障碍，这样才不会有畏怖情绪和担惊受怕，就不会做违反常规和常理之事，方能够成就大业。想成佛的念想过重反而不能成佛，无牵无挂地怀菩提心做慈悲事，没有成不了佛的心理障碍，无私欲无畏怖，才可以彻底地成就佛陀果位。

基于如上所述，故本人自传选题，采用了"胸有翰墨，心无挂碍"这八个字。或许如此用字未必最佳，我却可聊以自慰。

2013年2月23日于太原汾东般若斋

王宝库

王宝库，1945年生，山西阳城人。长期担任山西省地名办公室主任。2000年自山西省民政厅提前退休，从事旅游策划与规划和山西地方历史、传统文化研究。现任山西省人民政府文史馆馆员、山西省旅游学会副会长、山西省关公文化研究会副会长、山西佛教文化基金会副会长、三晋文化研究会副秘书长、山西省炎帝文化研究会副秘书长、山西省社会科学院校院联合办学佛教文化课题兼职教授。著有《山西古迹之最》、《山西古建筑通览》、《佛教常识与佛寺艺术》、《中国分省市县大辞典》、《心事浩茫连广宇·王宝库游记散文选》、《陈廷敬和他的学生康熙皇帝》、《山西宗教文化游》、《晋商文化之旅》、《佛国圣境》、《法眼看山西——这方水土这方人的超时空审视与大文化解读》、《慧眼看上党——长治、晋城风土人情》、《天眼看古建——中国古建筑文化暨山西精品古建筑点评》、《佛眼看凡尘——人生苦乐一念间》等几十本。

追忆潘先生

金德仪　著

传主简介 潘雨廷（1925—1991），著名道教学者，易学专家，上海人，生前曾任华东师范大学古籍研究所教授、中国《周易》研究会副会长、上海道教协会副会长。一生撰写了大量道教史和道教文化等方面的论著。治易40年，既继承了传统的象数理论，又发展了象数学义理，代表著有《周易终始》、《周易表解》、《易学史论文集》、《周易参同契考证》等。

1974年6月，弟弟的同学胡惠充留条："大姐，上次金德荣嘱托，现有一位约大同学，49年毕业，住复兴中路，姓潘，约五十，未婚，身材约1.70米。"22日约见于绍兴路胡惠充家里，在场的除了他夫妇俩，还有潘教育系的同系同学吴荷轩。字条上的约大，指圣约翰大学，是老上海有名的教会学校。

潘一身半旧的白衬衣，灰色裤子，足履白球鞋，极朴素。沉默寡言，气质不凡。

吴荷轩讲：他个性如此，素不多言，谈及大自然和《易》，才会滔滔不绝。在校时功课一般，毕业后，反而发奋向学，四处求贤。

潘先生告诉我，他家数代单传。1925年父母40岁才喜获次子，阖家欢乐。他少小体弱，14岁五年级时曾因病休养，以戏剧自娱。到了后来不但善唱小生，能演奏二胡，也会弹钢琴。

1940年16岁，初读《易》，读而未完。

1944年20岁，高二开始收藏古书。

1946年22岁，大二读毕《周易本义》，好戏曲，出入佛老。

1948年24岁，"哀母丧之悲，有过乎礼，赖父之曲为开谕，辗转以求，始有乎悟《易》。"

师从杨践形研究《易》与中医理论。师从薛育津研究《周易》与科学理论。

1949年25岁，志于读《易》，日往鸿英图书馆或合众图书馆，认识顾廷龙先生。读历代易著，略有札记，一年中约40余种，旋即解放。

1949—1950年，春三四月完成《读易札记》，是书解二篇、《彖》、《象》，未及《系辞》以下，用一爻变取义。

解放前后，家中常有学者相聚研讨，有尹石公、金月石、昆山周云祥、王梼生、邵学明、傅紫显等。首由薛、杨二位老师主讲，最后由潘先生跟着讲。

1951年27岁，从唐文治经学大师读《尚书》。

《茹经先生年谱续编》记载：辛卯87岁（1951），四月间宝山同乡金巨山先生介绍上海浦东潘光霆来受业，初授《尚书》，既授《国文经纬贯通大义》《孟子救世编》等。潘生笃好国学，除攻读经籍外，购余读文灌音片正集及通用集，研习读文法，颇饶兴趣。（潘光霆系潘先生学名）

又从周孝怀学《周易》，钟泰学《庄子》。

1955年31岁，自马一浮师学理学、佛教。认识刘公纯老。

1956年32岁，自刘公纯介绍熊十力师学《易》，新唯识论。

1966年42岁"文革"，历年著作及收藏之书皆佚，幸于来学者处尚存若干未佚，就此中止在家读书、写作。

1966年—1970年，像潘先生这样"不老"也"不少"，从未工作的，经里委安排参加人防劳动。

1971年47岁，通过劳动由街道分配（5月14日）进新乐纸品组工作，培养成一名切纸工，月入26元。开始自食其力，就餐于里弄食堂，曾示我"收入册"。

296

潘先生无烟酒的嗜好，我也见到他午餐后随带一份3分钱青菜盒饭回家当晚餐。是时他体格魁梧，气血旺盛。去重庆路大姐家，华山路二姐家，均以步行。工作之余去公园锻炼，持乐观豁达精神养生。

大学时父母在，曾谈过对象。女方好撒娇，中止后又要求介绍人挽回，潘先生婉言拒绝。现在50岁谈对象，家中只有二位姐姐热烈支持。新康花园与潘先生家同一里委，我穿过此弄，时有数个不相识的大姐上来告我，他是好人、老实人，鼓励我勿背他。

潘先生自1942年从南市西仓桥迁复兴中路。这些年他实在住厌了，多次欲搬迁。1978年找到华山路长乐路口一户人家，面积相似，双方同意对调。艰苦往返于房管所、里弄、派出所多次，总难成事。此时潘先生告我，因为所居是私房，房管所非要等到落实政策，才肯办理。

1977年53岁，潘先生自1955年认识刘公纯老后，常常去杭州访刘老，畅谈治学之道，研讨易学，为不可多得的益友。在杭州识朱少滨、徐映璞等杭州文坛受人尊敬者。

刘老也常来上海，宿于潘先生处。所住的是简陋的车间楼，除了一张小书桌，只有一旧单人沙发。潘先生将钢丝床让给刘，将床垫置地自卧。我见他恭恭敬敬，尊刘老如父辈，随侍在侧，甚为敬佩。

1977年刘老自北京来信，提起有北京文史馆卢松安来联系，他是著名易学研究者和收藏家。

卢老青年曾从尚秉和先生受学，50年来搜藏易学图书1300余种，为使全部图书不致失散和使爱好者取阅方便，1978年捐赠山东图书馆，设"易卢易学"专门藏书处。自刘老处得知潘先生后，卢老推荐潘雨廷赴济南协助整理。（此事见《古籍整理出版情况报》1989年7月1日骆伟文。）

卢老爱才，委托刘老随信送潘先生100元。潘先生接信，立即要去北京会见卢老。我担心北京天寒地冷，为他准备了大棉外套与两靴，结果均未用上。在北京宿刘老少君家，随刘老、卢老与北京诸学者及易友史廉揆、黄念祖、何奇、王沪生、袁鸿寿、尚养中、王力军等相聚。

刘老又推荐拜访任继愈老。任老认为上海目前"四人帮"余势未尽。他介绍长沙李吟秋、福州黄寿祺、杭州黎子耀等助潘先生开展易学工作。

1979年刘老少君来信，刘老1月17日乘火车120次自杭州8时出发，11时左右过沪。惜信件失又复得，错过与20余载忘年交刘老最后一面。

是年终，卢老亦病故。

1978年末至1979年，傅紫显、邵学明、陈世忠等开始走动，展开讲学。黄福康、张大文源自陈世忠。刘衍文先生与张大文同路，常一起过来，他一进门立即热闹起来。以后老一辈吴广洋、吴中、朱泠等又介绍年轻人来。华沙源自顾康年，是当时唯一女生，衡迪源自顾毓璪，后来他和华沙结伉俪。还有些人自荐互荐，如王介眉、杜之苇、周坤荣等。房小容纳不下，年轻人分移至周末晚上。

刘衍文先生是个极热心人，好为伯乐，受到恩泽的人不少。他竭力向华东师大古籍研究所叶百丰教授推荐潘先生。

1979年9月，潘先生进华东师大古籍研究所，作为临时人员，与研究生讲"周易史"。潘先生在古籍所油印多份讲稿散发，朱菊如老师多次提醒他当心别人抄袭。他对我讲，他一肚子经书，别人取一点不足道。

国务院重视古籍整理，不再闭关锁国，学校接受外来学者访问。11月8日，华东师大委派吴泽教授与潘先生一起接待法国代表团，与法籍荷兰人施舟人（schipper）博士谈道教。接待后，潘先生于1980年1月4日向校方呈送《研究道藏初步规划》。

国际道教中心每两年召开会议一次，讨论道教内容与现代思想的关系，最近一次于1979年9月在瑞士召开，邀请我国参加。我国有陈国符等两位参加，自然受到国际道教中心的重视。会后我国邀请了主持者法籍荷兰人施舟人博士来访问，十一月已来我国，自北京、天津而上海，在上海时组织座谈会，以华东师大吴泽主任等为主。

国际道教中心正在大力研究《道藏》，希望和潘先生交流《正统道藏书目提要》，施博士云："《道藏》内的作品有百分之七八十不知作者及时代，正须进一步研究，其内容与化学、气功、中医、音乐有密切关系。"此确为科学研究道教的基本方向，潘先生为此计划研究《道藏》，初步规划1981年6月前写出《正统道藏书目提要》，以备在下一届国际道教中心会议上，我国对《道藏》的内容更有发言权。希望本校领导大力支持。这一工作人力物力并不太费，主要宜直接看《道藏》的每一种作品，仅在写提要前需要查阅资料的助手一二人及抄写一二人，经费方面亦极为一般的支出。

此后各图书馆有关道教书均向潘先生开放。

是年任继愈老介绍潘先生于上海罗竹风，他还携历年易著去见华东师大哲学系冯契教授。潘先生一生好传道，不重视出版，文章由学友传抄，油印散发。

1980年由华东师大转正为10级教师，每月82元。

1980年7月26-31日，应北京中国宗教学会邀请参加在香山召开的"学术讨论会"。大会由任继愈老主持，参加会议论文为《周易象数与道教》，会前赴济南参观山东图书馆见卢老易书。会后重访二年前在北京相识诸老。

1980年11月26日-1981年1月10日，由河北中医学会袁鸿寿教授介绍，应武汉刘建军邀请参加青山市武汉冶金医专生物磁学班讲课。由袁老介绍认识萧萐夫等。在武汉讲如下题目：

1. 空间坐标——外物人体
2. 时空坐标——外物人体

3. 时空标准——由宏观到微观

4. 时空的实质——原子

5. 生物与非生物的不同——律吕与乐曲

6. 时空坐标与动量的实质——量子

7. 多维空间——希尔伯特空间与阴阳五行的关系

8. 生命起源与进化——由黑洞到黑箱

9. 中西医的理论——三类辩证，生理与心理

10. 人体场——气功原理与养生

武汉归，我96岁老父特更新餐具上桌，庆祝潘先生展开新的气象。

1981年51岁，每天赴上海图书馆，为抓紧时间，日以3只菜包为午餐，攻写《道藏提要》，每天10部，计划6月底前完成。《参同契、悟真篇注释》计划年底完成，每天五万字。

1982年春，参加钱学森、杨超主持"量子会议"。5月参加上海社科院宗教学会，加拿大神学教授白理明主讲"北美宗教文化现状"。

1982年5月26日，提升副研究员，每月82元。

1982年10月16—22日，接受福建师大黄寿祺、刘蕙孙邀请为研究生杨际德、张善文作答辩，杭州黎子耀亦参加。会后赴厦门访应成一，应老年衰体弱，由他女儿接待。10月25—27日，继之访泉州与杭州，在杭州各图书馆查阅《道藏》与《周易》文献，据说有明以前《道藏》，今已无法查到。阅读《周易》二抄本，清余姚朱全卿《读易管窥》对六位贞爻，颇有独见，及近代人淮阴范耕研作《周易诂辞》仅明字义，考据可参考，未及《周易》的哲理。

此后潘先生又多次赴福建师大参与研究生答辩。

1982年58岁。12月接受湖南湘潭师院聘，担任该校中国科技史研究室顾问。后参观马王堆原址，访问岳麓书院、韶山等地。遇唐明邦、徐志锐，与唐畅谈明年开易学会纲要。有徐苏铭来访吴立民，为

会议外又一收获。归程转杭州又访周采泉、杭大黎子耀及杭州学友。

12月招第一届研究生丁钢。

为上海古籍所校订《周易浅述》。

1983年家中听课满座，又为年轻人增开星期三晚班，除了杜之韦、李慧明、王介眉、周以雯、郭建萍等，还有刘秣、朱岷甫、张亦煦、陆一，又有戏剧学院陈金龙、上影厂胡依红、彭小莲、李子羽、张小梅、雪娅、同济王小慧等。

1983年6月，应朱代谟邀请参加国防科大在北京师范学院召开"量子物理与人体科学讨论研讨会"，提交发言稿《〈周易〉与六维空间》。出席会议有南京天文系、上海交大、长沙国防科技大学等单位，又遇到王沪生和牛实为教授。

1983年冬，"文革"房客迁出，归还二楼，是时物资紧俏，尤其木材玻璃等。在杜之韦设计安排下，潘先生有了自己的书房。这样的规模与环境，大家均感喜悦。周末白天有刘衍文先生等老一辈，晚上与星期三有青年人辗转介绍济济一堂。自开讲《庄子》，又根据同学爱好，讲《安般守意经》、《维摩诘经》、《五灯会元》、《悟真篇》、《黄庭经》等。雪娅就像班长，年末要为潘先生热闹热闹，大家一致高兴同意。

潘先生喜爱年轻人的朝气。除了讲课日，白天和晚上本地外地都有自荐上门的人。潘先生来者不拒，有问必答。他说凡是好学生，他均愿传授。

我家除了书即是椅子，人多时还供应不上。吴广洋先生让朱岷甫去他家再搬来4只折椅。朱岷甫由吴先生介绍而来，1982年左右先参加周末白天班，有时课散后留下来与潘先生一起吃简易晚餐，接着上晚班和星期三晚班。后来得知他和张文江、宋捷三人经常聚集一起，切磋学问。1984年左右，张文江和宋捷感到同一起步线的朱岷甫思路突飞猛进，难究其然。直到1984年底朱岷甫移居深圳开发区，临走前一夜才留下潘先生地址，他俩立即上门自荐。在喜乐活跃的青年人中，张文江与众不同，他学习极其严肃。

1984年60岁。3月18日应北京大学邀请参加吴承仕纪念会，住师大小红楼，与章太炎孙念驰同室。此去北京：

1. 对吴承仕生平能进一步了解，对遗著当力有所及为之整理。《正统道藏笔记》交北师大，自有留底，1984年7月底完成抄文。

2. 中华书局约定三书，又为湘潭师院介绍。

3. 访熊仲光，对熊十力师生平又进一步了解。仲光师姐之功夫亦有所理解。

4. 梁漱溟师书题签，亦是一机会。

5. 史廉揆老体尚健，然未能详谈。

6. 尚养中二月故，何奇、王沪生赴通州送丧。

4月3—9日，参加世界宗教所"道藏提要会"，会议代表有谷枫、曾召南、王沐、李养正、任继愈、陈耀庭、孟小忠、朱越利、陈兵等。

1984年5月30日至6月5日，武汉湖北社科院召开"第一届周易学术会议"，提交论文《易学史简介》。20多位著名学者发起建立"中国《周易》讨论会"，推举刘蔚华、唐明邦、潘雨廷、陈俊民、徐志锐、王兴国、陈德述、张善文等9人为《周易》研究会筹备组。

初识刘大钧，计划由潘先生、刘大钧、徐志锐三人写易学史。

1984年9月20日至10月24日，率华东师大古籍所8名研究生赴郑州、洛阳、开封、西安、成都、重庆、武汉等地教育考察36天。

在开封河南大学开座谈会，讲《道藏》、《周易》。

徐锡台来，与潘和二研究生赴周原遗址。又至岐山文管会，见西周甲骨，叹为观止。

与川师大卿希泰、陕西师大陈俊民等重逢，并在陕大讲"介绍道藏编目的意义"。

10月20日，经宝顶山后，于三时即在重庆，醒后悟及六维易理，四时写此：

　　凡三维具体是谓六合之内，当八卦，四维加时间线8cell。指1.法先王；2.法后王；3.上层；4.下层；5.光明；6.黑暗；7.积极；8.消极。

　　凡上层犹天，下层犹地，光明面犹夏，黑暗面犹冬，积极面犹春，消极面犹冬，天地四时，合以先后王，庶可理解所谓时间。

　　此仅《庄子·齐物论》之初及六合之卦，继之须辨宏观与微观，即爱因斯坦致力于力场与电磁场之统一。所以未能有成者，不辨此系时间之不同，非时空之不同。乃当庄子逍遥之义，大年小年为之，而须合以时间线之8cell，是当天干十。由宏观与微观之转复，义在法先后王之外，三世如来之十方世界已洞悉宏微观之差别。若易理解爻，义及自然与生物，此乃庄子之养生，须认识十二地支之十二爻，逐爻皆可变，乃当六维黎曼几何，尽于4096变而易理止于此。具体之三维空间外增以时间，宏微观，天地与人，此三才之道之妙义非古人能说明，宜易理始终被认为是神秘之物，实则确具极深邃之三才哲理。昨午后观三教合一之大足北山石刻，清晨即得此比较进一步明确的概念，可见我国文化至于朱学，明末后期之发展即须合以西方文化。然迄今四百年来正在继续，尚未见有合，实因东西方文化本身各在前进，尚未闻能取其要加以总结者，然今正当其时。尤以易理当以阐明之，方能迎合时代之前进。

1985年61岁，4月22—24日，上海市道教代表大会召开。上海道协正式成立，当选第一届上海道教协会副会长。

5月13日，在华东师大古籍所召开《周易》学术研究筹备会议，组长刘蔚华、组员潘雨廷等9人。1.关于筹备建立易学会问题。2.落实第二届会议，时间1987年，地点山东。3.下届会议中心议题。4.介绍分析国内外易学研究情况。

6月24日，邀请黄寿祺、苏渊雷参加丁钢答辩会。

9月13—25日，参加道协代表团访武当山、庐山。

9月17日，武当山访问毕，六时由紫霄宫出发，七时离武当至六星坪上火车，下午5时至武昌（经岩城、襄樊、枣阳、随县等由汉口至武昌，住第一招待所）。

20日晨未参加游市区，访唐明邦。

22日自九江上船至武汉，整整两天写《周易·大象》，归家整理，将近两万字。由《大象》以及《象》与《小象》，又成论文《周易·小象传》作者的思想结构，主旨得一"位"字。同时又及《象传》，亦可写成《周易·象传》作者的思想结构，并认识到《象》与《小象》可能一人所作，皆本诸乾《象》之"六位时成"、"时乘六龙以御天"等思想衍生。初位当元士等思想，先秦当已俱备，似非京房所创，可以《乾凿度》为准。

9月校中评级，工资102元。

11月10—15日，参加由杨超主持在湘潭岚园宾馆召开老子学术思想讨论会，提交论文《〈道藏〉中所收〈老子〉注本提要》。出席有王沐、唐明邦、周士一、曾乐山、朱贻庭、翟廷晋、郭树森、莫善钊、伍伟民等，老友又重逢。

12月25—28日，赴黄岗参加纪念熊十力百岁诞辰学术讨论会，提交论文《敬论熊师之思想结构》。

1985年末，潘先生在家中举行同学联欢会，略备小礼品摸彩助兴。抽签中的最佳奖品，是潘先生为上海古籍出版社校订的《周易浅述》全套四本，为张文江获得，似乎埋下先兆。

学生张亦熙的加拿大籍朋友，在张文江家为潘先生照了一幅个人照片，还放大了送来。这时候正值潘先生体态不肥不瘦的阶段，外国的相机高级，光线、角度，均极完善。不论站在照片的前面或者左右，潘先生自然的目光总是凝视着你。我没想到后来被选用在他的追悼会上，此照已放足了尺寸，置在龙华大厅似不够大，但当时选用彩色照片的不多。

1986年62岁。3月为上海戏剧学院讲课6次——道教与小说戏剧。家中与青年晚间讲《庄子》，满座。

4月学校体格检查，说有甲状腺乳头癌；5月3日上午在第六人民医院手术切除。华沙伴我于手术室外，切片化验为良性结节。华东师大研究生伍伟民伴他在病房第一夜，家中学生宋捷伴第二、第三夜。5月9日出院开始服甲状腺素，医嘱休息，二三个月内少用脑。闲不住的潘先生不到二个月，工作依然。

6月为第二届研究生伍伟民、林平国主持答辩会。

7月为上海音乐学院、上海道教协会"中国道教斋醮"上海卷录像片顾问。参加鉴定有胡道静、高振农、林石成、金村田、江明惇、俞振飞等。

潘鉴定，道教斋醮仪式可以说有近2000年历史。斋醮从南朝刘宋陆修静起，在民间和道教内部一代又一代流传下来，到了今天总算有人把它录像记录下来。道教的斋醮最具中国色彩，完全民族化，有其世界影响。它的渊源还应追溯到《楚辞》那个时代，"九歌"本来是祭祀用的。深入研究道教斋醮的仪式，能大力加深从秦到唐的文化史了解。

9月6——10日，参加北京白云观四届全国道教代表大会。

来京日记：9月7日星期日访梁漱溟老、史廉揆老家属、黄寿祺老。下午访姜老太未遇，访王星贤。

小组讨论，遇陕西道协研究室闵智亭等，晚访刘原祐。

9月10日访任继愈老，晚同王沪生访胡老。

10月应刘秣请，与年轻人讲《五灯会元》，自4月停课已半年矣。

1986年以后，张文江已不满足于星期日与星期三晚两次讲课，不畏我家门庭紧锁，呼前门、呼后门而入。有时一天一次，有时上午来过，下午又来，直至晚上，一天跑三次。他为潘先生整理稿件，也求教学问。我对潘先生调侃说："张文江这样如饥似渴，非要生吞你下去才是。"他的勤学和积极追随，潘先生从他身上看到自己年轻时，益感他十分亲热。

潘先生素不跑医院，略有不适，以休息静坐调养。

1986年11月，自感调息难平胸闷，一再恳请动员，才肯赴市六人民医院就诊、检查，为风湿性心脏病，伴二尖瓣狭窄与闭锁，医嘱要立即休息。

其时应香港圆玄学院邀请，随上海道协回访的工作一切准备就绪。抓紧休养，自己小心控制，随队出发。

这次香港之行，适遇潘先生父亲百岁冥寿纪念，祭于大屿山。潘先生父亲自1950年离沪，一别即未能相见。

1987年63岁。3月为上海社科院研究生杨宏声、顾林玉等讲易学半年（每周一次）。在家讲，有张文江的笔记。

8月底，市六医院检查心跳120/分钟B.P110/80，像潘先生的心脏病，目前已可手术治疗。当时梁传礼医生暗示，目前人的寿命过了60岁，也不言为少。潘先生深谙六十为一甲子轮回，他不畏死而是担心易学史与道教史教不下去，关键性的东西要抓紧时间讲出来。

9月5日，为华东师大哲学系研究生讲课8次，易学、道教概论，为博士研究生讲宋元理学。

10月9—14日，参加成都道教与中国传统文化研讨会，论文《道教与三教合一的道教》。

12月5—9日，参加山东国际易学讨论会，论文《论〈左传〉与易学》。

1988年64岁。2月25日，上海白云观道教知识讲座。

3月3日由张小梅介绍，上海科协邀请为上海社会科学院领导夏禹龙、刘吉等讲课六次。总提要：六十四卦简释、汉以来研究方向流派、当前国内外研究方向。

3月13日，家中与青年人讲《安般守意经》。

4月，为道教文化班讲课，停服甲状腺素——有损心脏。

6月，当时能平卧150/分，易咳，多白黏液。

7月，提升教授，工资168元。

1988年7月20日—8月12日，应钱信莎邀参加国防部张震寰主持大专班"华夏人体信息研究中心"讲座，在山东湛山寺举办。

1988年11月，我随潘先生赴北京体育学院，原约定的会议改变。我们人到了，体育学院不放弃机会，邀请潘先生为学生讲课。这突然的邀请，我为潘先生身边一无资料与准备而不安。刘衍文先生来我家，总说喜欢听潘先生讲课，还尊我为师母，我认为他过于高抬潘先生，尊我师母实受之有愧。我和潘先生是两类人，我自己从不买正规书，对他的学问也极朦胧。我闲来只替他抄抄稿子，从不求理解，现在后悔没抓紧机会学。在上海，不论在外还是家中，我从不旁听他的讲课。晚上年轻人来，只参加他们说东道西的开场白，一上正课，我立即闭门而退。这次我认认真真地听课，潘先生一无提纲手稿，从容不迫，侃侃而谈，前后章节衔接，有引申补缺，又复回原处。他的脑子一如电脑精确，出口成文，一无差错，如数家珍。台上的潘先生谈吐风度，光彩夺目，与台下似乎说话不多的他宛若二人。我为潘先生骄傲，感受与他为伴侣的幸福，胜过中了大彩票。

1988年12月，晚上与青年讲《黄庭经》。

1989年3月，65岁，医院X光检查心脏较前扩大，夜不易平卧，需加高枕。干咳，加服地高辛。

4月在白云观认识秦梦啸，秦介绍与摄影家金宝源合作，和香港海峰出版社签约出版《道教文化》画册。几经反复，因出版社改组后未成，留一张彩印广告招贴做纪念。

5月为上海气功科技研究会讲课8次。

1989年秋，上海道协成立道教文化研究所，主办《上海道教》，潘先生为主编，杨友仁先生为副主编。1990年出创刊号。

9月赴北京，参加中国道教在白云观主办纪念陈撄宁会长仙逝20年，骨灰重葬八宝山。陈撄宁生于光绪六年（公元1880年），喜读《庄子》，好仙道，中秀才，不满清朝腐朽，无意仕途，后入新学，为道教著名学者，任全国政协三届委员。在北京，又遇张震寰、王力军等。

1990年66岁。4月，在华东师大参加"传统思想与科学技术研讨会"，讨论儒、道、佛、《周易》及诸子百家传统思想对天文、数学、农学、医学发展的作用和影响，并与西方科学交流等问题。

7-8月不易平卧，无食欲，人逐渐清瘦。经就诊中医柯雪帆，9月开始中西药并进，夜逐渐能眠，气喘稍少。

潘先生不肯跑医院。淮海医院谢文岚医生与青海路中医柯雪帆爱才，尤其柯医生也感到自己有病难觅医生，肯移步上门为潘先生复诊。柯医生欣赏潘先生的书房，后来介绍他的研究生刘立公参加晚上听课。

11月心跳78~90，能看书、写文章1-2小时。

11月29日起，为上海易经学会办易学讲座共10讲，在家讲课。

1991年67岁。4月15日至5月7日心衰发作，在淮海医院干部病房治疗。出院，他要去华山路二姐家休养。自5月7日至5月30日回家休养，中西药并进，恢复理想，又欲正常工作。周末有刘衍文先生等来听课，又是满座。

潘先生一直不注意出书，现同意自费出版《周易表解》。此书成于上世纪60年代，目前他精力注重易学史与道教史，分不开身，委托张文江整理就绪。这本书到潘先生去世后，于1993年才出版。我忙得非凡，利用发动一切关系协助推销与赠送，总算将自费部分轧平。

6月16日夜11时许，潘先生突然脑血栓，左上肢失去功能，神志尚清。这种情况应愈早去医院愈好，但他执意不愿就医，一直拖到次日下午2时才进淮海医院。这次在干部病房，他极反常地不安分，可能因为身体不适吧。凑巧刘衍文先生也住院，在同一病区。疗程未结束，即吵着要出院。这次我不再同意他去华山路二姐家，幸好北京胡卫国、杜炯来上海，他才同意回家。经胡卫国协助针灸、气功治疗，加上杜炯推拿，逐步能站立扶行。8月19日，胡返北京，由杜炯继续，进展良好，饮食也改善，逐渐能坐桌进食。他也能摸到楼梯口，说以后可叫出租车，依然上华东师大。

潘先生在病中，有同济研究生倪学寨，宿我家月余，协助陪伴照顾他。

10月16-28日，北京王力军来上海，夜与他同床解闷谈学。

10月29日，朱岷甫自深圳来上海，最后一次机会见潘先生。

潘先生又拒服中药，饮食减退，心衰又发。

12月23日下午4时许，家中这时有学生张文江、刘松等，潘先生口中黏痰难吐，他有自察，这次主动要医生，不论中医西医，当即急救车送淮海医院。谢医生查房后对我说："情况不好，今晚家属宜留院。"夜11时开始气急，满身大汗，无力启口。当时在场除了我，还有刚雇进门的保姆。24日零时三分，停止呼吸和心脏跳动。

潘先生少期家境不凡，他不重经济，只重学习访贤；中期不畏生活艰苦，依然不弃好学。自进华东师大，除完成校内工作，参加接待中外学者来访和本市社会活动，马不停蹄参加各地学术会议与讲课。在旅途中也分秒必争，若有所思、有所悟，随笔记录或摘写提纲，回家立即整理。每到一处必参观原址、图书馆、纪念馆等，寻找与复核资料。他极敬老，旧地必重访，不忘旧情。晚年有病魔与居家不宁的纠缠，他始终以沉默应之。

他自己曾总结他与众不同特点，上有名师提携，左右有学友，下有若干学生能承接所学。

潘先生走了，带走了讲课，所幸留下历年丰富写作。自1989年以来经张文江努力整理，已陆续出版，流传供后人研究。

潘先生走了整整20年，人走了，茶不凉。这20年间蒙华东师大伍伟民、白莉明、张薇等及家中学生不间断访问关怀与相聚。国内与国外归来学生也总会上门，连学生的学生，未见到他本人，也要来书房追思一下。

潘先生人不在，留下他的余热温暖我孤寂之心。特写不成文以志纪念。

（以上凭我回忆，与摘自潘先生随笔记录）

2012年8月30日

把自己当传主　给文学开生路

——自传是实行"为生者立传"的最佳模式之一

王成军　著

《立传》主编，传记理论家李健健博士后，近期提出了"为生者立传"的主张，倡导"为生者立传"之重大学术意义：在21世纪是传记文学的世纪这一大潮中，"为生者立传"顺应世界传记文学发展的方向，是对传记真实性的恪守。唯有尊重科学、倡导人性、求真务实的精神，才能努力实现我国传记文学的复兴与繁荣。"生不立传"恰恰妨碍了传主立体多面、善恶兼具、复杂人性的全面展现。古人也认识到，品骘时人，时人犹有自辩之余地。戴名世曾说："夫与吾并时而生者，吾誉之而失其实，必有据其实而正之者，吾毁之而失其实，其人必与吾争辩，而不吾听也。若乃从数十百年之后而追前人之遗迹，毁之唯吾，誉之唯吾，其人不能起九原而自明也。"[①]所以，无论是传主还是传记家都应该秉持"我手写我心，我手写我见"，而不是错误地任其"盖棺论定""生不立传"。

"为生者立传"或曰倡导传记文学创作的为在世者写作，谈起容易，做起来何其难也！早在20世纪30年代，胡适博士凭借其对传记文学的偏爱和蜚声中华之名声，极力鼓吹人们写自传：

> 我在这十几年中，因为深深地感觉中国最缺乏传记的文学，所以到处劝我的老辈朋友写他们的自传。不幸得很，这班老辈朋友虽然都答应了，终不肯下笔。最可悲的一个例子是林长民先生，他答应了写他的50自述做他五十岁生日的纪念；到了生日那一天，他对我说："适之，今年实在太忙了，自述写不成了；明年生日我一定补写出来。"不幸他庆祝了50岁的生日之后，不上半年，他就死在郭松龄的战役里，他那富于浪漫意味的一生就成了一部人间永不能读的逸书了！梁启超先生也曾同样允许我。他自信他的体力精力都很强，所以他不肯开始

---

① 李健健主编：《立传(6)》，当代中国出版社2013年版。

把自己当传主　给文学开生路

写他的自传。谁也不料那样一位生龙活虎一般的中年作家只活了55岁！虽然他的信札和诗文留下了绝多的传记材料，但谁能有他那样"笔锋常带情感"的健笔来写他那五十五年最关重要又最有趣味的生活呢！中国近世历史与中国现代文学就都因此受了一桩无法补救的绝大损失了。此外，我还劝告过蔡元培先生，张元济先生，高梦旦先生，陈独秀先生，熊希龄先生，叶景葵先生。我盼望他们都不要叫我失望。"①

我们认为胡适的遗憾是字字见血的，在胡适看来像梁启超这样的传主，死后固然不会少了别人为他写的传记——事实证明，梁启超的传记迄今出版的至少不下数十种了——但是，"谁能有他那样'笔锋常带情感'的健笔来写他那55年最关重要又最有趣味的生活呢？"但我们认为胡适的感慨——"中国近世历史与中国现代文学就都因此受了一桩无法补救的绝大损失了"——更应引起我们文学界，尤其是当下的文学理论界的高度重视与重新反思。事实上，就是胡适本人，也没有真正践行他的写自传主张，其《四十自述》篇幅短少，叙事拘谨，既给"史家"做的材料不多，也没有开出一条自传文学新的生路。由此看来，时代发展到21世纪的今天，诚如李健博士后所主张的那样，该到我们在理论层面上深入剖析和总结"为生者立传"的相关问题了。

> 其一：大力倡导撰写自传之风气，
> 形成以写自传为荣的新型传记文化

由于中国传统文化中的儒家文化，缺乏西方忏悔文化之基因，加

---

① 欧阳哲生编：《胡适文集1》，北京大学出版社1998年版，第27—29页。

上儒家文化的自敛和隐讳本质——叶公语孔子曰："吾党有直躬者，其父攘羊，而子证之。"孔子曰："吾党之直者异于是：父为子隐，子为父隐，直在其中矣。"① 因而中国最不发达的不是传记写作，而是自己写自己的自传文化。日本学者川和康三指出："从忏悔、告白出发的西欧自传，其本质是自我省察，即今日之我已非昨日之我，然回顾昨日之我，乃知自己之非。作为'精神的自我形成史'的'西欧近代自传'，就是这样发展起来的。而中国的自传中，一般缺乏忏悔、告白那样自我批评的性质。"② 更由于中国文化推崇同质，反对差异，而自传的出现首先来自于叙述者的自我觉醒与自我肯定，甚至是自我夸美。其结果是要么人们不愿意写自传，要么是出了自传却得不到中国文化的肯定与文学理论的支持。

之所以提倡更多的人参与自传写作，是因为，即使是当时普通的一个市民，假如他能把他所观所历记诸笔端，哪怕是口述方式记载，也是对历史甚至是文学的贡献。如"四五"天安门广场的任何经历者的记载，今天看来都弥足珍贵。自传文学发展史告诉我们，那些堪称自传文学名著的，往往出自非文人写作者。如西方著名自传《切利尼自传》的作者是个金匠，中国《浮生六记》的作者是个普通的画匠。

可喜的是，自从上个世纪胡适大力倡导自传写作后，在20世纪30年代的中国已经形成了一次自传文学小高潮。"我的这部《自述》虽然至今没写成，几位旧友的自传，如郭沫若先生的，如李季先生的，都早已出版了。自传的风气似乎已开了。我很盼望我们这几个三四十岁的人的自传的出世可以引起一班老年朋友的兴趣，可以使文学里添出无数的可读而又可信的传记来。我们抛出几块砖瓦，只是希望能引出许多块美玉宝石来；我们赤裸裸的叙述我们少年时代的琐碎生活，

---

① 《论语·子路第十三》。
② 川合康三：《中国的自传文学》，蔡毅译，中央编译出版社1999年版，第3页。

为的是希望社会上做过一番事业的人也会赤裸裸的记载他们的生活，给史家做材料，给文学开生路。"①

陈思和为此有一段精辟论述：

> 现代传记文学是中国晚清以来，尤其是"五四"新文学运动以来的现代文学长河中的一个分支，它与现代文学的主流基本上采取了同一的流向。在现代文学的创作里，有一种自传体的散文，如胡适的《四十自传》、鲁迅的《朝花夕拾》、沈从文的《从文自传》、巴金的《忆》、郁达夫的自传体散文以及郭沫若的《少年时代》《学生时代》《革命春秋》《洪波曲》等多卷本自传体作品，都构成了波澜壮阔的现代传记文学的最初阶段的主体。"五四"以来几乎重要的作家都写过自己的自传。追究起来，这也许与"五四"提倡的"自我的发现"有密切关系，在社会科学、生理医学、心理学的领域处于一片空白的时代，自传是人们用自己的肉身经验和社会经验来做活体解剖，从自我经验中证明某些新的科学原理的正确性，这多少有些悲壮，同时也证明了中国传统中的自叙传的因素仍然对现代传记存在着影响。②

近几十年来，随着西方大量自传经典的翻译引进，当代文坛也涌现了不少自传佳作，如《王蒙自传》等也得到了评论界的重视。但是当下中国仍然没有形成以写自传为荣的新型传记文化，所以大力倡导那些参与历史大事件的人们撰写自传之风气，便有着十分重要的历史和文学之意义。

---

① 欧阳哲生编：《胡适文集1》，北京大学出版社1998年版，第27—29页。
② http://book.sina.com.cn/news/a/2010-12-17/1023281441.shtml 陈思和：传记文学的原则与基本精神。

其二：积极宣扬自传文类的文学价值，从文艺美学的高度推崇自传文学的经典性

　　自传的史学价值不说自明，我们这里所要强调的是自传的文学价值。众所周知，自传在撰写过程中由于是叙述者叙述自己的生活，尽管理论上说，由于叙述者对自己的事件了解最多，但是事实上，自传却会由于种种原因所致，恰恰在说真话这个问题上，让人们产生了怀疑。莫洛亚就指出了自传"叙述不准确或产生谬误"的6个原因：首先是对事实的遗忘，"当我们试图撰写自己的生活史，我们多数会发现，其中的绝大部分我们已遗忘殆尽。"第二个因素，是由于审美原因而产生的有意忽略："记忆力是一个伟大的艺术家。对每一个男子和女子来说，记忆力使他或她，在回忆一生时，创造了艺术作品和不可信的记录。"第三个因素是潜意识的压抑导致自传作者的改变事实。第四个因素则是由羞耻感所引起的，"几乎没有男子有勇气说出他们性生活的事实真相。"第五，记忆不仅疏忽遗忘，它还对事实加以理想化。第六，在自传中还有一个缺少诚实的原因，那就是，当我们描述往事时，希望保护那些已成为我们朋友的人。[1]保罗·德曼说得更为尖锐，严格意义上的自传，绝非是历史的而是诗学的。[2]

　　我们认为，莫洛亚的论析可谓一语中的；保罗·德曼的论断当属洞见。过去我们在文类上太多地肯定了自传的史学价值，却不无看轻了自传的文学价值。从时间与自传记忆的关系来看，自传文本的真实性，必然是一种叙述人用满足当下自我意识的方式来"认同"自我的构建性。因此，自传的真实性是一种有选择的真实。它是自传叙述人

---

[1] 莫洛亚：《论自传》，杨民译。刊于《传记文学》（文化艺术出版社）1997年第3期。第153~156页。

[2] 保罗·德曼：《解构之图》，中国社会科学出版社1998年版，第190页。

对自我真实的解读。换句话说，在真不真实的层面上讨论自传的真实性没有多少理论意义和实践价值。事实上，莫洛亚、保罗·德曼等的论证，恰恰说明，在对自传的史学价值产生怀疑的地方，自传的文学富矿出现了。遗憾的是，这里还有待于我们的理论工作者进行开发。尤其是我们中国当代文坛，自传文体与小说文体相比，还处于尴尬的"小三"身份地位，而世界文坛早已经改变了这个不公正的现象，如萨特凭借自传《词语》获得了1962年的诺贝尔文学奖，汤亭亭因《女勇士》为华裔美国文学开出了一片新天地。

> ### 其三：广泛张扬自传文体的"对话"特征，让事实大"辩"于天下

我们之所以特别认同李健健博士后"为生者立传"的主张，是因为给生者立传最能够展示传记文本的"对话性"特征。无论是他传还是自传都因为被叙述者仍然活着，这样便出现了叙述者不得不尊重事实的前提，假如传记家的他或她说假话，或早或晚会得到知情者的回应。因此我们主张自传出版的及时性，反对自传的延迟某某年后出版的方式。只有这样，自传的对话性特征才能得以实行，由此来看，主张"为生者立传"还是个颇富有道德价值的学术话题。

周国平的自传《岁月与性情》写到了他的北京大学同学曹天予与郭世英（郭沫若的儿子）的一段经历，特别是涉及到了"X小组"与郭世英的部分引起了当事人和知情者的注意。尤其是当事人之一的曹天予在书中被指为"告密者"，曹天予本人立刻在2004年8月5日的《南方周末》上发表言论，对书中的一些情节和观点提出了异议，并且上诉到了法院。于是"对话"产生了。

曹天予诉称：1962年至1964年间，我在北京大学哲学系与周国平

为同学。"曹秋池"为我在北京大学读书期间使用的笔名。周国平在所著自传《岁月与性情》书中毫无事实依据地指责我"出卖"了郭沫若之子郭世英,将郭世英之死归咎于我,并以侮辱性词语对我进行人身攻击以及人格贬损。1. 采用虚构事实或者借他人之口的手段,指责曹天予"告发"了"X小团体之事"。相关文字见《岁月与性情》第91、92、93页。2. 周国平以"知情人"的身份,将1963年被定为反动组织的"X小团体"的遭遇毫无根据地断定为导致郭世英死亡的原因。相关文字见《岁月与性情》第71、95、96页。3. 虚构事实、主观臆断误导读者,将郭世英之死归咎于曹天予。相关文字见《岁月与性情》第134、135、137页。4. 无端指责曹天予"利用"和"出卖"郭世英,毫不掩饰其对曹天予的仇视。相关文字见《岁月与性情》第102~103页。5. 借人之口,使用侮辱性言词宣扬曹天予"经常撒谎""虚伪""总是在演戏",甚至编造情节,说曹天予有"演戏冲动",把曹天予描绘成一个人性扭曲、心理病态的人。对曹天予的人格肆意丑化。

周国平辩称:1. 我作为本案所涉历史事件的亲历者,本着对历史负责的严肃态度,对自己所见所知的相关事实做了客观的有分寸的叙述。2. 郭世英死亡的原因是复杂的,是多种因素共同作用的结果。如果没有"文革",就不会产生郭世英死亡的结果。我并没有把郭世英死亡的原因单一地归结为"X小团体"的遭遇。即使我写到"X小团体"的遭遇与郭世英之死的联系,这个内容本身对曹天予构不成任何损害。3. 我在书中没有使用侮辱性词语对曹天予进行人格贬损。曹天予所举"撒谎""虚伪""演戏"等词语,在原书中皆有具体语境。我是从善意出发试图对曹的"毛病"给予同情的诊断和理解,完全没有丑化之意。我于2004年7月出版自传性质的《岁月与性情》,此书写作的初衷只是追忆和反思历史,绝无使任何人现有社会评价降低的动机。全书24万字,其中写到"曹秋池"的篇幅仅3000余字,出现在我对四十几年前大学时代的回忆中。我在书中不用"曹秋池"的真名，用意正是不让一般读者知道所写的那个人是谁，同时希望书中所写的往事能引起曹天予的反省。

最后法院在尊重事实的基础上，又依照法律进行了一次"对话"：在本案中，《岁月与性情》一书是周国平根据其个人回忆撰写的心灵自传，其中在"北大岁月"一部中回忆作者与郭世英交往过程时有部分篇幅涉及到了曹天予(书中化名曹秋池)，因相关史实历史久远，相关史料多至今尚未公开，故曹天予与周国平根据各自回忆对同一事实的描述存在较大争议，应当允许双方在法律的限度内发表各自不同的意见。综观书中该部分内容，周国平在肯定曹天予有"毅力和才分"的同时，又较直白地表达了其对大学时代曹天予的一些负面的看法和评价，文章并未故意使用侮辱、诽谤性的语言，作者在表达其负面看法时多具有特定的语境和历史背景，不应割裂看待。关于双方争议较大的涉及曹天予与郭世英及"X小团体事件"的部分，周国平一方面记录了陈志尚、张鹤慈等历史亲历者在事件发生时的语言和事后的回忆，另一方面表达了其在事件中的亲身感受。应当指出，周国平在书中的记录客观反映了陈、张等历史亲历者当时所要表达的真实意思，不存在歪曲意思、故意侵害曹天予名誉权的情形。在"不得不提及一个人"一章中，周国平提到曹天予时的确使用了"对曹就有多恨、利用、出卖"等一些带有贬义性的词汇，但该章主要是记录周国平在曹天予批判会上的内心真实感受，是特定历史时代的产物，并且，周国平在该部分中也对这种批判方式和自己当时的行为进行了一定程度的反思，更表达了希望曹天予对该部分事实予以指正的愿望。曹天予在事后也确实根据其回忆发表了多篇针锋相对的文章，言辞激烈，客观上为读者提供了不同的历史资料和阅读角度，为最大限度地还原历史真相提供了另一种可能。①

———————————

① http://blog.sina.com.cn/s/blog_471d6f68010006rv.html 周国平的BLOG。

当然，有时细读相关当事人的叙述后，"公说公有理，婆说婆有理"，事实虽大"辩"于天下，却不一定大"白"于天下，有时甚至还会越描越黑。但是我们认为，周国平等作家的自传无疑是引领了一个新的风尚，在当事人活着时出版自传，自传的"对话性"特色得以充分展现。周国平的自传官司恰恰提醒那些"给生者立传"的叙述者们，要在自传中讲真话，时刻想着有一个甚至是多个"对话者"存在。否则，自我夸美带来笑谈；诬陷别人会成被告。

其四：真正明晓自传文体的分类，允许自传叙述者"戴着镣铐跳舞"

朱文华教授指出：自传作品，以及以回顾本人生平思想为内容的回忆录，在行文语言上也有史学笔法和文学笔法之分。如用文学笔法来写，自然在体例上有较多的灵活性。[①]胡适在《四十自述》中就曾运用了文学笔法来写他母亲的婚姻传说："关于这书的体例，我本想从这四十年中挑出十来个比较有趣味的题目，用每个题目来写一篇小说式的文字，略如第一篇写我的父母的结婚。这个计划曾经得死友徐志摩的热烈的赞许，我自己也很高兴，因为这个方法是自传文学上的一条新路子，并且可以让我（遇必要时）用假的人名地名描写一些太亲切的情绪方面的生活。但我究竟是一个受史学训练深于文学训练的人，写完了第一篇，写到了自己的幼年生活，就不知不觉地抛弃了小说的体裁，回到了谨严的历史叙述的老路上去了。这一变颇使志摩失望，但他读了那写家庭和乡村教育的一章，也曾表示赞许；还有许多朋友写信来说这一章比前一章更动人。从此以后，我就爽性这样写下

---

① 朱文华：《传记通论》，1993年8月，复旦大学出版社。第238页。

去了。因为第一章只是用小说体追写一个传说，其中写那太子会颇有用想象补充的部分。"①

我们需要特别强调的是，胡适的退回老路，是一次正确选择，因为用小说的笔法来写自传，已经超出了自传文类的真实底线，即使属于自传文学的新路子，那也是类属于小说文学的新路子了。这里需要特别明晰自传的文体分类，大致来说，自传可以分为三类：自传史学、自传文学、自传小说。

自传史学：法国理论家菲力浦·勒热讷指出："一个真实的人以其自身的生活为素材用散文文体写成的回顾性叙事，它强调的是他的个人生活，尤其是他的个性的历史。"②也就是说，任何真实的人，以自己的真实生活为题材，朴实地叙述自己的个人生活史，抱着给史家做材料的目的，都可以视为史学范围的自传。胡适在《四十自述》如此，《实庵自传》也如此。

自传文学：则不同了，它是非虚构文学。重点在于叙述者是把它当作文学来构想的，当然，虽不属于史学范畴了,叙述者却又始终力图忠实于他笔下的自我真实生活。美国批评家华莱士·马丁认为："自传文学是有关个人如何成长或自我如何演变的故事。"③我们则把自传文学定义为："自传是一个真实(自传契约中的真人)的叙述人(当下的我)通过记忆和有意无意的遗忘,用话语语言(discourse)而非历史语言对自我人生镜像(多重的我)的不断(纠葛着叙述时的情感、欲望与身份政治等)重新塑型与叙述的非虚构文学形式。"我们的这个定义强调了下面几个重要因素: (一)真实之人是"自传契约"中的人,即有其他资料可证明这个人写过这个自传。如沈复的《浮生六记》。(二)叙述者是当下

---

① 欧阳哲生编：《胡适文集1》，北京大学出版社1998年版，第27~29页。

② 菲力浦·勒热讷 ：《自传契约》，杨国政译，三联书店2001年版，第201页。

③ 华莱士·马丁：《当代叙事学》，伍晓明译，北京大学出版社2005年版，第67页。

的我而非被叙述的我，如萨特《词语》中的叙述者是存在主义者老萨特，而非十岁左右的自传主人公小萨特。(三)所谓话语(discourse)语言是指法国语言学家邦维尼斯特在《普通语言学问题》中所发现的"历史叙述排除所有自传语言形式"，即史学家不说你、我和现在，话语叙事则一定假设了说话者和听者，而且说话者企图影响听者。(四)自我人生镜像指的是自传的"多重之我"，或曰"叙述之我"。(五)重新塑形强调的是自传的可重复性写作性，也就是说自传总是随着叙述人的情感、欲望与身份政治等的变化而变化。如《道格拉斯自传》。(六)非虚构文学强调的是自传叙事中的纪实性，叙述者不能有意虚构个人历史。但又特别重视文体的文学属性。[①]

自传小说：尽管与自传史学与自传文学关联性非常大，但是它已经是虚构小说而不是非虚构文学了。自传小说"是指作者根据自身经历，在虚构加工的基础上完成的带有个人生活色彩的小说"。因此有必要将它和"自传""自传性的"以及"文学自传"区分开来。"刘丹在区分这个概念时，强调其是小说，是非常清晰和富有启发价值的。"[②]我们认为，像《追忆逝水年华》和乔伊斯的《一个青年艺术家的肖像》都属于自传小说。显然，我们这里所论述的"为生者立传"的自传，应该不包括这类作品，因为我们所强调的是"戴着镣铐来跳舞"的自传史学和自传文学，尤其是有意写成文学的自传文学。像卢梭的《忏悔录》、歌德的《诗与真》、纪德的《假如种子不死》、萨特的《词语》、纳博科夫的《说吧，记忆》等等都是自传文学而非自传小说。

总之，"一个人的生命最好能由他本人来记录。如果他能言行一

---

① 王成军：《自传文学关键词》，《荆楚理工学院学报》2009年04期，第16页。
② 刘丹：《二十世纪初期英语自传体小说叙事策略研究——以〈儿子与情人〉等四部作品为例》（博士论文）。

致，利用他曾经使许多人永垂不朽的清晰言辞、优雅文字，来书写自己一生的历史，那么，在世间的传记文学中，也许会留下一部完美的典范之作。"①说这话的正是那位世界传记文学史上最著名的传主约翰逊博士。由此看来，李健健博士后的"为生者立传"的主张，对繁荣中国的传记文学的创作与研究，功莫大焉！而把自己当传主的自传文学，无疑是"为生者立传"的最佳模式之一。假如我们能够从以上四点出发，克服自传写作中的诸多困难，那么，中国自传文学与世界自传文学共同繁荣的"梦想"一定会成真。

王成军

王成军，江苏师范大学"比较诗学与比较文化研究中心"执行主任、教授。本文为"国家社会科学基金一般项目：20世纪西方自传理论的话语模式研究"（编号：13BZW018）和"江苏省社会科学基金项目：西方自传理论比较研究"（编号：11WWB003）之阶段性成果。2012年6月，在《立传4》发表传记理论作品《书信在传记中的作用及其运用策略》。

---

① 包斯威尔：《约翰逊传》，罗洛珈等译，中国社会科学出版社2004年版，第1页。

（说明：本书的照片均由作者、传主提供）